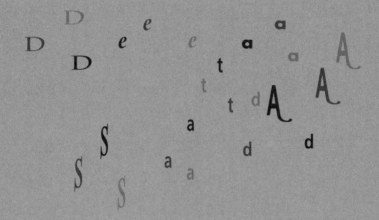

La escritura desatada
destos libros da lugar
a que el autor pueda mostrarse épico,
lírico, trágico, cómico, con todas
aquellas partes que encierran en sí las
dulcísimas y agradables ciencias
de la poesía y de la oratoria;
que la épica tan bien puede escribirse
en prosa como en verso. ✍

MIGUEL DE CERVANTES
El Quijote I, 47

EL DICCIONARIO DEL MAGO

ALLAN ZOLA KRONZEK
Y ELIZABETH KRONZEK

EL DICCIONARIO
DEL MAGO

Conoce todas las claves
del universo de HARRY POTTER

Traducción de Inés Belaustegui y Paula Vicens

EDICIONES B
GRUPO ZETA

Barcelona . Bogotá • Buenos Aires • Caracas • Madrid • México D. F.
Montevideo • Quito • Santiago de Chile

A Ruby, con amor
A. Z. K.

A mi madre, que siempre está ahí
E. K.

Título original: *The Sorcerer's Companion*
Traducción: Inés Beláustegui y Paula Vicens
6ta. edición: febrero, 2003
Publicado por acuerdo con Broadway Books, una división de Random House, Inc.
The Sorcerer's Companion © 2001, Allan Zola Kronzek y Elizabeth Kronzek
© 2001, Ediciones B, S.A.
en español para todo el mundo
Bailén, 84 - 08009 Barcelona (España)
© 2002, Ediciones B México, S.A. de C.V.
Bradley 52, Colonia Anzures
11590, México, D.F.
www.edicionesb.com.mx
Impreso en México - Printed in Mexico
ISBN: 970-710-056-7
Impreso por Gráficas Monte Albán,
Fraccionamiento Agroindustrial La Cruz.
El Marqués. Querétaro.

Diseño de interior: Ellen Cipriano

Introducción

Si eres como la mayoría de los seguidores de Harry Potter, seguramente sabrás que la posesión más preciada de Harry es su escoba voladora, que la asignatura favorita de Hermione es la aritmomancia y que una criatura magnífica llamada hipogrifo ayudó a Sirius Black a escapar.

Pero ¿sabías que hubo un tiempo en que se creía que los brujos volaban montados en horcas, que la aritmomancia es una forma muy antigua de adivinación del futuro y que los primeros jinetes de los hipogrifos fueron los legendarios caballeros de Carlomagno? ¿O que Nicholas Flamel, amigo del profesor Dumbledore y creador de la piedra filosofal, existió de verdad?

El caso es que las extraordinarias aventuras de Harry y sus amigos suceden a tal velocidad, que apenas nos queda un momento para reflexionar sobre la cantidad de auténtica mitología, folklore e historia que se oculta bajo la superficie.

Uno de los grandes placeres de leer los libros de Harry Potter deriva de la extraordinaria riqueza de su universo mágico, creado, en parte, por la imaginación

7

aparentemente ilimitada de J. K. Rowling, y en parte, por la sabiduría popular y colectiva tan amplia que sobre lo mágico existe en todo el mundo. Pociones, encantos, gigantes, dragones, calderos, bolas de cristal, todos estos elementos tienen detrás una intrigante y a menudo sorprendente historia, que se remonta a cientos de años, a veces miles. Las varitas mágicas como las que se venden en el callejón Diagon eran creadas antiguamente por los hechiceros druidas, que extraían la madera del tejo, un árbol sagrado. El origen de las pociones amorosas se remonta a las antiguas Grecia y Roma. Y los libros de conjuros y maldiciones (que son de lectura obligada en el Colegio Hogwarts de Magia y Hechicería) eran muy populares, aunque también muy criticados, en la Edad Media.

Este libro ofrece al lector curioso la posibilidad de buscar cualquier elemento «mágico» que aparezca en los primeros cuatro libros de Harry Potter, así como de descubrir todo un mundo de información fascinante y sorprendente. ¿Cómo consiguió su poder la piedra filosofal? ¿Cuáles fueron las primeras palabras mágicas? ¿Son el basilisco, la *veela* o el malvado *grindylow* fruto de los sueños de J. K. Rowling? Y si no los soñó ella, entonces, ¿quién? Este libro contiene todas las respuestas.

La historia de las creencias mágicas es extensa, y al escribir esta obra hemos tenido que dejar fuera más datos de los que hemos incluido. Las ricas tradiciones de magia y mitología de China, África, India, Japón, Australia y Suramérica se mencionan sólo de pasada. Más bien, hemos limitado nuestra atención a aquellos aspectos de la sabiduría popular que están relacionados de manera más directa con el universo de Harry Potter. Casi todas las prácticas mágicas que se enseñan en Hogwarts hunden sus raíces en la tradición mágica occidental, que a su vez surgió de los antiguos imperios de Oriente Medio, Grecia y Roma. Algunas criaturas imaginarias como los centauros, la mantícora o el unicornio, proceden de la misma tradición. Otros muchos seres mágicos, tales como los elfos, los gnomos, los trasgos, los *hinkypunks* y los trolls, proceden del folklore del norte de Europa y de las islas Británicas.

Cuando empezamos a escribir este libro, preguntamos a los seguidores de Harry Potter qué materias les interesaban más. Algunos querían conocer más detalles sobre conjuros, encantos y maldiciones. Otros tenían ganas de aprender cosas sobre los *boggarts* o sobre los gorras rojas, y conocer la diferencia entre las brujas y las arpías.

Suponemos que tú también tendrás tus propios intereses, y decidirás tu propio orden de lectura. Este libro no está pensado para ser leído siguiendo el orden alfabético, aunque también es posible hacerlo así. Quizá quieras comenzar por **magia**, a modo de introducción a este fascinante tema. Pero, en verdad, puedes empezar por donde quieras. Y es muy probable que acabes leyéndolo todo.

En cada entrada hemos querido ofrecer una visión general del tema y de sus raíces mitológicas, folklóricas e históricas. Cuando aparece una letra en negrita, significa que tiene su propia entrada.

Durante el trabajo de investigación para elaborar este libro, hemos aprendido muchas cosas curiosas que no nos esperábamos, como el método para leer hojas de té, o la manera de librarse de los trasgos, o cómo recolectar mandrágora sin correr peligro, y cómo usar la aritmomancia para escoger el desayuno. Y nos sentimos más seguros ahora que sabemos cómo reconocer a un demonio, y qué hay que hacer si nos ataca un demonio necrófago (nunca le golpees dos veces). Esperamos que toda esta información te resulte tan interesante como lo es para nosotros. Quizás algún día pueda serte útil.

Adivinación

«¿Con quién me casaré? ¿A qué edad moriré? ¿Cuál será el número premiado de la Lotería? ¿Se venderá bien este producto? ¿Se va a estrellar el avión? ¿Ganaremos la guerra?» Todo el mundo, desde los adolescentes enamorados hasta los líderes del planeta, quiere saber lo que depara el futuro. Por eso la adivinación, el arte de predecir el futuro, ha existido de una forma u otra en todas las culturas de la historia. En casi todas las ciudades del mundo podemos encontrar personas que se dedican a practicar alguna variante de la adivinación: **astrología**, lectura del tarot, consulta de la **bola de cristal**, **quiromancia**, numerología, interpretación de las **hojas del té**, y estos ejemplos son sólo una pequeña muestra de los cientos de sistemas de adivinación que se han desarrollado a lo largo de los siglos.

Muchos métodos adivinatorios se crearon en la antigua Mesopotamia hace más de cuatro mil años. Allí, las artes adivinatorias eran practicadas por los sacerdotes, que estudiaban los movimientos de los astros y planetas, y examinaban las entrañas de los animales sacrificados en busca de pistas acerca del futuro del monarca y de la comunidad. Algunos adivinos buscaban información acerca de acontecimientos futuros entrando en estados de trance y pidiendo ayuda a los espíritus. Otros observaban la naturaleza en espera de augurios. Un eclipse, una tormenta de granizo, el nacimiento de gemelos, el modo en que el humo se elevaba en el aire o casi cualquier fenómeno, podían ser interpretados como señales del porvenir.

En las antiguas Grecia y Roma había dos niveles de adivinación: adivinos profesionales y muy bien entrenados, que trabajaban para el gobierno, y adivinos corrientes, que decían la buenaventura a todo el que pudiera pagarles. De los adivinos oficiales, el más valorado en Grecia era el Oráculo de Delfos. La gente acudía con sus

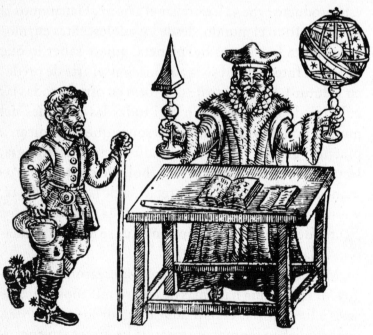

Con su sombrero, su atuendo y sus libros, el adivino era fácilmente reconocible. Éste, del siglo XVII, sostiene un astrolabio como símbolo de sus conocimientos de astrología.

Gentes de toda clase y condición acudían a los adivinos profesionales.
Aquí vemos a un joven noble sorprendido ante lo que las cartas revelan.

preguntas (tipo multirespuesta) y recibían una contesta-
ción directamente del dios Apolo, canalizada a través de
una de las sacerdotisas del templo. Incluso emisarios de
reyes vecinos consultaban al Oráculo sobre cuestiones
tan importantes como dónde erigir un templo, o si de-

Las artes mánticas

¿Qué tendrá que ver ese temible depredador verde del reino de los insectos, conocido con el nombre de mantis religiosa, con los sistemas de adivinación? Pues no mucho, la verdad. Lo único que tienen en común es una curiosa conexión en cuanto al lenguaje: la palabra griega mantikos, *que significa «profeta». Dada la naturaleza profética de la adivinación del futuro, a veces se dice que los adivinos practican las «artes mánticas», y los redactores de diccionarios usan el sufijo «-mancia» para referirse a cualquier forma de adivinación. La lectura de las palmas de la mano se llama quiromancia (xhiros es la palabra griega para «mano»), la interpretación de los sueños es la oniromancia (oneiros significa «sueño»), y así sucesivamente. La voraz mantis de jardín recibe su nombre de la típica posición de sus patas delanteras, que nos recuerda a un profeta con las manos juntas en actitud de rezo. Sin embargo, normalmente las mantis religiosas suelen estar más concentradas en la presa que en adivinar el futuro o implorar al cielo.*

bían lanzarse a una guerra. Los adivinos que trabajaban para el estado en Roma eran llamados augures (vocablo que procede del latín *avis* [pájaro] y *garrire* [charlar]), ya que sus consejos, que el Imperio tenía en mucha consideración, se basaban en la observación de los pájaros. De todas las criaturas de la Tierra, los pájaros eran las que estaban más cerca del cielo, así que se comprende que se los creyera buenos indicadores de lo que podía agradar o disgustar a los dioses. La interpretación se fundaba en muchos tipos de observaciones, como la cantidad y especie de aves y sus esquemas de vuelo, sus reclamos y cantos, la dirección del vuelo y su velocidad. Julio César, Cicerón, Marco Antonio y otros eminentes romanos ejercieron de augures alguna vez.

Adivinos mucho menos famosos estaban al alcance de casi todo el mundo (incluso a los esclavos se les permitía a veces hacer consultas), y el negocio de la predicción del futuro florecía en todos los rincones del mundo antiguo. La interpretación de los **sueños** y la **astrología** eran los sistemas con mayor tradición, pero también eran populares la **aritmomancia**, el divisamiento (método parecido a la consulta a la **bola de cristal**) y la **quiromancia**, así como otros sistemas que tenían que ver con pájaros, dados, libros, flechas, hachas y otros muchos objetos sorprendentes. Los adivinos populares, muchos de los cuales también vendían **talismanes** y **amuletos**, no gozaban del respeto que tenían los adivinos oficiales. A menudo eran unos timadores, y los humoristas disfrutaban burlándose de la gente que acudía en masa a pedirles consejos sobre cualquier asunto sin importancia.

Muchos antiguos sistemas de adivinación perduraron en la Edad Media, a pesar de la oposición de la Iglesia en Europa. Seguía habiendo adivinos profesionales en las ciudades más grandes. También había adivinos ambulantes que iban de pueblo en pueblo, y **hechiceros** de aldea y mujeres sabias hacían esa misma función en sus pequeñas comunidades. Hay que señalar que se esperaba de los **hechiceros** de las aldeas que vieran el pasado además del futuro. Muchas veces se les pedía que encontraran objetos perdidos, identificaran ladrones, adivinaran dónde se encontraban personas desaparecidas y descubrieran la localización de tesoros enterrados (hace siglos, cuando había pocos bancos, mucha gente enterraba sus posesiones más valiosas en un agujero en la tierra, práctica que llevó a que los demás quisieran localizar el sitio y desenterrar el tesoro). La gente corriente también podía practicar un poco de adivinación casera, que aprendían de baratos librillos ilustrados sobre **quiromancia, astrología** y otros temas, que se podían comprar ya en el siglo XVI. Sin embargo, en su mayor parte la adivinación estaba en manos de profesionales, que aseguraban poseer información, entrenamiento adecuado y un «don», negados a los demás.

Siglos más tarde se añadieron dos sistemas de predicción del futuro al arsenal de la adivinación. La cartomancia, adivinación mediante las cartas de la baraja, se desarrolló a partir de mediados del siglo XVII, unos 150 años después de la primera aparición de las cartas de juego en Europa. Pronto se convirtió en el sistema más usado por los adivinos zíngaros nómadas. El segundo, la taseomancia, adivinación por lectura de las hojas del té, aunque se practicaba en China desde el siglo VI aproximadamente, no llegó a Europa hasta mediados del siglo XVIII. Estos nuevos sistemas se hicieron muy populares, quizá porque jugar a las cartas y tomar té ya formaba parte de la vida cotidiana en esa época. Aunque muchos sistemas antiguos de adivinación no se siguen practicando, todos los que se enseñan en Hogwarts están vigentes hoy día.

Glosario de la adivinación

A lo largo de los siglos han ido creándose cientos de sistemas de adivinación. Aquí están algunos de nuestros favoritos:

AEROMANCIA: Con este antiguo sistema de adivinación no se predice el tiempo, sino que es el tiempo el que predice el futuro. Los creyentes veían profecías en las condiciones atmosféricas, o sea, en truenos, relámpagos, las formas de las nubes, la dirección y fuerza del viento, y la presencia de halos alrededor del Sol o de la Luna. La aeromancia era practicada por los sacerdotes de Babilonia, y es uno de los sistemas adivinatorios más antiguos.

ALECTROMANCIA: Un gallo (*alektor* en griego) era la clave de esta antigua forma de adivinación. Se trataba de dibujar las letras del alfabeto alrededor de un gran círculo y poner granos de trigo sobre cada letra. El orden en que el gallo iba comiéndose los granos revelaba un mensaje. Si las palabras no tenían ningún sentido, el adivino las interpretaba. En cuanto el gallo se comía un grano, se volvía a poner otro en la letra para que todas pudieran aparecer tantas veces como el mensaje lo requiriera.

ALOMANCIA: Hubo un tiempo en que en muchas partes del planeta se creía que la sal poseía propiedades mágicas. En este sistema de adivinación, el practicante echaba un puñado de sal sobre una superficie y después interpretaba las figuras que habían aparecido. Esta antigua práctica puede estar relacionada con la superstición de que derramar la sal da mala suerte, o con la idea de que echar un puñadito por encima del hombro (normalmente el izquierdo) da buena suerte o bien ahuyenta la mala fortuna.

APANTOMANCIA: Encontrarse con un animal por azar era algo que se consideraba lleno de significado. En la Europa medieval, cruzarse accidentalmente con una cabra o con una liebre era señal de buena suerte inminente, sobre todo si se veía a la liebre escapando de unos sabuesos. Ver un murciélago, un cuervo o un asno era mala señal. La interpretación de estos encuentros fortuitos varía según la cultura. En Estados Unidos cruzarse con un gato negro suele considerarse indicio de mala suerte, mientras que en el Reino Unido puede tener justo el significado contrario.

ASTRAGALOMANCIA: La adivinación mediante dados se remonta al antiguo Egipto, y a lo largo de los siglos han ido transmitiéndose muchos métodos diferentes. (Si te estás preguntando de dónde procede el nombre, es de la palabra griega *astrágalos*, que se refiere a un hueso pequeño de animal, que era el material original con que se fabricaban los dados). Un librillo medieval explica un sistema muy simple, con tres dados. Sacar tres seises significa que tus deseos se van a hacer realidad. Dos seises y un dos indicaban éxito, pero con esfuerzo. Un seis y dos cuatros significaban que era mejor que te olvidaras del asunto, pues lo que deseabas no era buena idea.

BIBLIOMANCIA: Sólo hace falta un libro. El adivino plantea una pregunta, abre el libro al azar y, con los ojos cerrados, pone el dedo en algún sitio de la página. La frase o el párrafo donde está el dedo se toma como respuesta, o al menos como un comentario sobre la pregunta. La Biblia fue el libro elegido durante siglos, pero después se hicieron más populares los clásicos (Homero, Virgilio y Shakespeare). De todos modos, prácticamente cualquier libro puede servir, incluso éste.

CEROMANCIA: Este antiguo sistema, de uso muy extendido, se centra en la cera derretida en un cuenco de metal. La cera caliente va vertiéndose poco a poco en otro cuenco lleno de agua fría. En cuanto la cera toca el agua, se solidifica y adquiere formas diferentes que luego son interpretadas por el vidente. A lo largo de los siglos se han recogido una serie de interpretaciones fijas para cada forma, de manera que cualquier persona puede aprender el sistema. Esas mismas interpretaciones fueron aplicadas después a la taseomancia, la lectura de las hojas del té.

GEOMANCIA: Se recoge un puñado de arenilla con las manos y se echa suavemente al suelo. El vidente interpreta las siluetas que se han formado. Hay una versión más reciente llamada geomancia de papel, en la que el adivino plantea una pregunta y, con los ojos cerrados, apoya la punta de un lápiz sobre una hoja de papel y empieza a dibujar garabatos. Transcurrido el tiempo que considere necesario, termina el proceso y se interpretan los dibujos.

HIDROMANCIA: En varias formas de adivinación, el agua era un elemento importante. Hay un método, que se practicaba en la antigua Grecia, consistente en lanzar tres piedras al mismo tiempo dentro de un charco de agua mansa. La primera piedra era redonda, la segunda, triangular, y la tercera, cuadrada. El adivino estudiaba los dibujos que hacían las ondas concéntricas y buscaba imágenes o reflejos que pudieran ser interpretados.

MURMANCIA: Adivinación basada en el aspecto, color y sonidos de los ratones. Se extraía una gran variedad de predicciones, desde guerras hasta hambrunas, a partir de la observación directa de los ratones, y a veces de las ratas, así como de las señales de su presencia: huellas o marcas hechas con los dientes. El historiador romano

Herodoto relató la derrota de un ejército ocurrida después de una plaga de ratas. Sin embargo, más bien parece tratarse de un resultado lógico, y no una predicción, ya que las ratas royeron los carcajes y los arcos de los soldados, dejándolos virtualmente desarmados.

PEDOMANCIA: Semejante a la quiromancia, pero con las plantas de los pies. Este sistema de adivinación se usó mucho en la antigua China.

XILOMANCIA: La forma en que quedaban en el suelo las ramas de árboles caídas, astillas, palitos y otros trozos de madera eran estudiados e interpretados por los videntes de la época de la Biblia. Al principio sólo se usaban las ramas que habían caído de forma natural. Pero métodos posteriores arrancaban la mitad de la corteza de las ramas y la tiraban al suelo. Se interpretaba sólo las que caían con la parte interior de la corteza hacia arriba.

Breve historia del tarot

Aunque el aspecto sorprendente y las imágenes misteriosas de las cartas del tarot puedan hacerte pensar que se crearon sólo para usarlas en adivinación, en realidad inicialmente no eran más que una bonita baraja de cartas para jugar. Se crearon en el siglo XV y se usaban para jugar a un popular juego llamado tarrochi (de donde procede la palabra «tarot»), un juego más o menos parecido al bridge actual. Sin embargo, las vistosas ilustraciones de personajes como el Ermitaño, el Mago, el Ahorcado, el Diablo, la Sacerdotisa y el Loco sugieren que quizá se usaran también para contar historias.

La primera vez que se asoció esta baraja de cartas con la adivinación del futuro fue en la década de 1770, cuando un francés llamado Antoine Court de Gebelin expuso una teoría rocambolesca y totalmente errónea sobre el origen y significado de estas cartas. De Gebelin creía que procedían del antiguo Egipto y que eran una fuente de sabiduría secreta. Aunque más tarde se demostró que no había ninguna conexión con Egipto, su imaginativa teoría hizo que la gente se interesara por el tarot. En 1785, un lector profesional de cartas, Jean-Baptiste Alliette, publicó el primer sistema completo de adivinación a través de las cartas del tarot. También creó una baraja con diseño original suyo y asignó significados específicos a cada una de las cartas. Alliette enseñó su método a más de 150 estudiantes y contribuyó a hacer del tarot uno de los sistemas de adivinación más conocidos del mundo.

Cartas de un tarot suizo de 1800 aproximadamente.

Alfombra voladora

Las alfombras voladoras están prohibidas por el Ministerio de Magia, pero eso no ha impedido que algunos de los **brujos** y **magos** más poderosos del Lejano Oriente sigan usando estos fabulosos tapices.

Los cuentos más antiguos sobre alfombras mágicas son los que tienen que ver con el rey Salomón. Hijo de David (el de la famosa historia de David y Goliat) y Bathsheba, Salomón es considerado tradicionalmente el monarca más importante del antiguo Israel. Según el Libro de los Reyes del Antiguo Testamento, era un político muy capaz además de un guerrero feroz. Con sus poderosos ejércitos, creó un imperio que se extendía desde Egipto hasta el río Éufrates en Irak. Fue un rey extraordinariamente sabio y justo, amaba la belleza, escribió hermosos poemas, y construyó templos y palacios espectaculares.

Los logros de Salomón fueron tan impresionantes que, tras su muerte, muchos escritores judíos y musulmanes llegaron a pensar que había sido un **mago** muy poderoso. El libro sagrado del islam, el Corán, asegura que Salomón podía «hablar el lenguaje de los pájaros», dirigir los actos de los ángeles y los genios (llamados *jinn*) y que «poseía todo tipo de dones». Los narradores árabes posteriores ampliaron la leyenda, otorgando al rey israelita un anillo mágico y un **caldero**, el poder de controlar los vientos y una magnífica alfombra voladora que le llevaba a donde él deseara.

Las descripciones de la alfombra voladora de Salomón varían mucho de una historia a otra, pero la mayoría de los escritores están de acuerdo en que era de fina seda verde y muy, muy grande, quizá más de noventa kilómetros de ancho. Según Richard Burton, explorador y erudito del siglo XIX, «era tan larga y ancha que las huestes del Sabio Rey podían caber en ella, con los hombres a la izquierda del trono y los *jinns* a la derecha». Y cuando el ejército entero se encontraba cómodamente situado sobre la alfombra, «el Viento, a una orden del monarca, la elevaba y la transportaba adonde dijera el Profeta [Salomón], mientras una tropa de pájaros volaba por encima para dar sombra a los soldados».

Es evidente que esta alfombra milagrosa de Salomón sirvió de inspiración para las alfombras voladoras posteriores, más modestas, que se citan en muchos cuentos populares árabes, como «El cuento del príncipe Ahmed y el hada Paribanou». En esta fábula popular persa perteneciente a *Las mil y una noches*, un joven príncipe llamado Houssain encuentra accidentalmente una alfombra increíble que puede llevar a su dueño a cualquier parte del mundo. Con ella, Houssain es capaz de salvar la vida a su amada princesa, llevando al instante una manzana mágica junto a su lecho en cuanto se entera de que ella está agonizando a miles de kilómetros de distancia.

Quizá debido a que en Europa y Norteamérica no se usaron alfombras hasta finales del siglo XIX, la variedad voladora nunca ha ocupado un lugar destacado en la mitología y el folklore occidentales. (Por eso, muchos occidentales caen en el error de asociar las alfombras voladoras con el cuento de Aladino, donde en realidad no aparece ninguna.) En vez de alfombras voladoras, los **magos** y héroes occidentales recurren a una amplia gama de objetos levitadores, que van desde sandalias aladas a maletas planeadoras y enormes ascensores de cristal. Incluso uno de los cuentos infantiles populares norteamericanos habla de un sofá volador. Y, por supuesto, también están las **escobas**, como la *Firebolt* tan querida de Harry, que seguro que puede volar mucho mejor que cualquier alfombra lo suficientemente tonta para ponerse a flotar por encima del campo de *quidditch*. La única pega es que la mayoría de las escobas son vehículos para un solo pasajero. Si alguna vez Harry llegara a juntar un ejército tan numeroso como el del rey Salomón (o si consiguiera una cita con Cho Chang), tendría que pedirle prestado el coche volador al señor Weasley.

Amuleto

¿Padeces resfriados o infecciones con frecuencia? ¿Tienes tendencia a atraer la atención de quien menos lo deseas? ¿Te persigue la mala suerte? Si la respuesta a cualquiera de estas preguntas es «sí», un amuleto podría ser la solución. De hecho, siglos atrás un amuleto se habría considerado la única solución para proteger de enfermedades, evitar la mala suerte o deshacerse de los malos espíritus.

Un amuleto (del latín *amuletum*, que quiere decir «sistema de defensa») es un objeto pensado para proteger mágicamente del mal a su dueño. Los amuletos pueden ser de cualquier material, forma o tamaño. Cuando una extraña epidemia de **petrificación** ataca Hogwarts, Neville Longbottom se protege con un amuleto ¡fabricado con una olorosa cebolla verde! Hay desde pequeños colgantes, anillos y bolsitas con hierbas (que se llevan al cuello para prevenir las enfermedades) hasta estatuas descomunales y tapices que protegen una casa, un edificio o un pueblo entero. Los antiguos babilonios solían llevar diminutos cilindros de arcilla con incrustaciones de piedras preciosas para protegerse de los espíritus malignos. Por su parte, los romanos coleccionaban esculturas de Príapo, el dios de la buena suerte y la fertilidad, y muchos norteamericanos todavía hoy cuelgan herraduras de la suerte encima de la puerta de sus casas para protegerse de las desgracias y los visitantes no bienvenidos.

Encontramos amuletos en casi todas las civilizaciones desde el origen de la historia. Los más antiguos probablemente sólo eran pedazos de piedra o de metal que, por su brillante colorido o por sus formas raras, daban la impresión de poseer propiedades mágicas. (En India y en Tailandia siguen usándose trozos de coral rosa para protegerse contra el mal de ojo.) Sin embargo, con el paso del tiempo se adoptó la costumbre de fabricar amuletos con forma de animales, de estatuillas de un dios o una diosa y de otros símbolos mágicos. Por todo el mundo encontramos imágenes que representan cuernos y manos (símbolo de la fertilidad y la vida) y dibujos o grabados del ojo humano (que sugiere vigilancia eterna). También hay muchos amuletos grabados con **palabras mágicas, conjuros** breves, o nombres de dioses.

Aunque su atractivo sea casi universal, los amuletos se asocian sobre todo con los antiguos egipcios, que los usaban en todas partes, incluso en la tumba. La costumbre era enterrar a las momias con docenas de amuletos en forma de escarabajo. Se creía que estas figurillas de piedra, cuyo nombre corresponde a un tipo real de escarabajo egipcio, impedían que el alma del difunto fuera comida por Ammit el Devorador (un ser terrible, mezcla de león, hipopótamo y cocodrilo, que vigilaba la balanza de la justicia en el más allá de los egipcios). Al parecer, cuanto más importante había sido en vida el difunto, más escarabajos le acompañaban en su tránsito al otro mundo. Cuando se exhumó el cuerpo del rey Tutankamon, hace unos 80 años, se encontraron más de 140 amuletos remetidos entre las vendas que envolvían su cadáver momificado. Otros amuletos comunes entre los egipcios eran el *ankh* (un jeroglífico egipcio que simbolizaba la vida) y el *wadjet* (conocido como el Ojo de Horus), que se usaban para fines más mundanos: proteger a los vivos de la muerte, las enfermedades y el mal de ojo.

Por desgracia, los amuletos tienen sus límites. Por ejemplo, sólo te pueden proteger de los peligros específicos para los que han sido diseñados. Un escarabajo egipcio puede asustar a Ammit el Devorador, pero no sirve para nada cuando se trata de enfrentarse a **vampiros**, *hinkypunks* y arqueólogos sedientos de tesoros. Y si vas a entablar una batalla con las fuerzas del mal, es muy importante que no confundas los amuletos con los **talismanes**, sus primos hermanos. A diferencia de las espadas encantadas, las **capas de invisibilidad**, y otros talismanes clásicos, los amuletos no confieren habilidades mágicas al que los lleva. Un amuleto no puede usarse como arma, sino sólo como escudo protector. Así que, si estás planeando embarcarte en alguna aventura épica (como matar un dragón), probablemente te interesaría cambiar tu pata de conejo por la espada de sir Godric Gryffindor. Pero si lo que prefieres es quedarte en casa a gusto y calentito, nada mejor que un amuleto para mantener a raya a las fuerzas hostiles.

El ankh simbolizaba la vida eterna y se llevaba para protegerse contra la enfermedad.

Mal de ojo

La sobrecogedora idea de que una mirada puede matar ha existido en casi todas las civilizaciones a lo largo de la historia, y ha motivado la creación de amuletos y de muchos otros instrumentos de defensa contra la maldad sobrenatural. El mal de ojo, es decir, una mirada hostil que se cree que provoca desgracias, enfermedades e incluso la muerte, aparece tanto en el Antiguo como en el Nuevo Testamento de la Biblia, así como en textos de la antigüedad sumeria, babilónica y asiria. En la Edad Media, se creía que las brujas echaban el mal de ojo a cualquiera que las disgustara, haciendo que la víctima cayera enferma, perdiera el amor de su cónyuge o se quedara en la ruina.

Se dice que los niños pequeños y los animales son especialmente vulnerables al mal de ojo. En muchos lugares donde aún sigue creyéndose en el mal de ojo, no se considera prudente hablar demasiado sobre lo guapos que son los hijos, por temor a que alguien pueda echarles un mal de ojo con una mirada de celos.

La defensa más eficaz contra el mal de ojo es un amuleto, que para este caso suele tener forma de rana, cuerno o, como los de los antiguos egipcios, de ojo que se conoce como Ojo de Horus. Si no hay a mano nin-

Se creía que el Ojo de Horus protegía a quien lo llevara contra el mal o contra cualquier daño y era uno de los amuletos más populares del antiguo Egipto.

*gún amuleto, se recomienda responder rápidamente con un gesto simbólico: formar los «cuernos» con los dedos, estirando el índice y el meñique. Pero hay otras maneras de defenderse, como usar signos contra **maleficios**: tréboles (en Irlanda), ajo (en Grecia) o cebada (en India). Otra manera de evitar atraer el mal de ojo es atar campanillas o cintas rojas a los animales o prenderlas en la ropa de los niños.*

Aritmomancia

Hermione, que se burla de la **lectura de hojas de té** y de la consulta a la **bola de cristal**, parece, no obstante, ser toda una fan de la aritmomancia. Aunque no deja de ser un método para decir la buenaventura basado en nombres y números, esta antigua forma de **adivinación** es una de sus asignaturas preferidas. Quizá se deba a que, a diferencia de otros métodos de predicción del futuro, la aritmomancia no trata de interpretar imágenes confusas ni de atribuir significados a formas y garabatos hechos al azar, sino que se fundamenta en reglas puras y duras, y en cálculos matemáticos, que son precisamente el tipo de procesos mentales con los que Hermione parece disfrutar más.

Los **magos** y **hechiceros** llevan más de dos mil años utilizando la aritmomancia (del griego *arithmo*, que significa «número», y *manteia*, que significa «profecía») para ayudar a la gente a analizar y desarrollar su talento y sus puntos fuertes, superar obstáculos y trazar su camino en el futuro. También conocida como numerología, la aritmomancia se basa en dos ideas muy antiguas. La primera es que el nombre de una persona contiene pistas importantes acerca de su carácter y destino. La segunda, enunciada hace más de 2.500 años por el sabio griego Pitágoras, es que cada uno de los números entre el 1 y el 9 posee un significado único que puede ayudar a la comprensión de todas las cosas. Los aritmománticos combinaron ambas ideas y, con el paso de los siglos, desarrollaron muchos sistemas complejos mediante los cuales podían convertir nombres en números y luego analizar los resultados. Uno de los sistemas más utilizados consiste en extraer tres números clave a partir del nombre de la persona (el Número del Carácter, el Número del Corazón y el Número Social) e interpretar el resultado según una serie de significados preestablecidos. Este sistema, que suponemos es el que se enseña en Hogwarts, era muy conocido en la Edad Media y sigue usándose hoy día. Lo único que se necesita es lápiz, papel y saber sumar y deletrear.

El primer paso para analizar un nombre es convertirlo en un grupo de números. Cada letra del abecedario tiene asignado un valor numérico entre 1 y 9 según la siguiente tabla:

1	2	3	4	5	6	7	8	9
A	B	C	D	E	F	G	H	I
J	K	L	M	N	O	P	Q	R
S	T	U	V	W	X	Y	Z	

Como se ve, las letras A, J y S tienen el valor «1», B, K y T tienen el valor «2», y así sucesivamente. Para analizar cualquier nombre, escríbelo y debajo de cada letra anota su valor numérico correspondiente. Como ejemplo, analicemos el nombre de **Nicholas Flamel**, el alquimista medieval que se hizo famoso por haber hallado la **piedra filosofal**:

```
N I C H O L A S     F L A M E L
5 9 3 8 6 3 1 1     6 3 1 4 5 3
```

Cuando tengas escritos todos los números, súmalos. En este caso, el resultado es 58. Según los procedimientos utilizados en aritmomancia, cuando el total excede de 9 (cosa que suele ocurrir) debe «reducirse» a un solo dígito sumando los números que lo componen, y haciéndolo más de una vez si fuera necesario. Así pues, 58 se reduce a 13 (5 + 8 = 13), que a su vez se reduce a 4 (1 + 3 = 4). El resultado final, es decir, el número reducido de todos los valores numéricos del nombre, se conoce como Número del Carácter. Este número indica el tipo general de personalidad del individuo, según un sistema de interpretaciones que expondremos más adelante.

El siguiente número que se calcula es el Número del Corazón, que se refiere a la vida interior del individuo y que, según se dice, indica los deseos y miedos ocultos. El Número del Corazón es el total reducido de todas las vocales que contenga el nombre.

```
N I C H O L A S     F L A M E L
  9     6 1         1   5
```

Estos números suman 22, que se reduce a 4 (2 + 2 = 4). En este ejemplo, el Número del Corazón y el Número del Carácter son el mismo, pero esto no siempre pasa.

El tercer número que se calcula es el Número Social,

que se refiere a la personalidad externa, a la cara que el individuo muestra al mundo exterior. El Número Social se determina sumando el valor numérico de las consonantes del nombre.

N	I	C	H	O	L	A	S	F	L	A	M	E	L
5		3	8		3		1	6	3		4		3

En este caso, el total es 36, que se reduce a 9 (3 + 6 = 9). Con los números del Carácter, del Corazón y Social (4, 4, 9) resulta posible trazar un retrato del sujeto utilizando un conjunto de rasgos positivos y negativos asociados tradicionalmente con cada número. Estos rasgos se basan en parte en las ideas de Pitágoras, pero también recibieron la influencia de otros muchos sabios.

El significado de los números

UNO: Es el número del individuo. Los Unos son independientes, de ideas claras, audaces y decididos. Se fijan una meta y van a por ella. Son líderes e inventores. A los Unos les cuesta trabajar en equipo y no les gusta recibir órdenes. Pueden ser egocéntricos, egoístas y dominantes. Suelen ser solitarios.

DOS: El dos representa la interacción, la comunicación en dos direcciones, la cooperación y el equilibrio. Los Doses son imaginativos, creativos y amables. Sus características son la paz, la armonía, el compromiso, la lealtad y el sentido de la justicia. Pero el dos también introduce la idea de conflicto, de fuerzas opuestas, y de facetas en contraposición: el día y la noche, lo bueno y lo malo. Los Doses pueden ser retraídos, volubles, tímidos e indecisos.

TRES: El tres representa la idea de la plenitud o totalidad, como en los tríos de pasado/presente/futuro y mente/cuerpo/espíritu. Los pitagóricos consideraban al tres el primer número «completo», ya que, igual que tres guijarros puestos en fila, posee un comienzo, un medio y un final. El tres indica talento, energía, natural artístico, sentido del humor y facilidad para el trato social. Los Treses suelen ser gente con suerte, de trato fácil, ricos y con mucho éxito, pero también pueden ser personas dispersas, que se ofenden con facilidad y superficiales.

CUATRO: Como una mesa que reposa firmemente sobre sus cuatro patas, el cuatro indica estabilidad y firmeza. Los Cuatros disfrutan con el trabajo duro. Son prácticos, fiables y con los pies en el suelo; prefieren la lógica y la razón a los vuelos de la fantasía. Son buenos organizadores y consiguen que las cosas se hagan. Como el ciclo de las estaciones, también resultan predecibles. Pueden ser tozudos, recelosos, excesivamente prácticos y con tendencia a tener arrebatos de mal genio. Cualquier conflicto posible con los Doses se duplica en los Cuatros.

CINCO: El cinco es el número de la inestabilidad y el desequilibrio. Indica cambio e incertidumbre. Los Cincos se sienten atraídos por muchas cosas a la vez, pero no se centran en ninguna. Son aventureros, están llenos de energía y siempre dispuestos a arriesgarse. Les encanta viajar y conocer gente nueva, pero puede que no permanezcan mucho tiempo en un mismo lugar. Los Cincos pueden ser engreídos, irresponsables, irascibles e impacientes.

SEIS: El seis representa la armonía, la amistad y la vida familiar. Los Seises son leales, fiables y amorosos. Tienen facilidad para adaptarse. Se les dan muy bien la enseñanza y las artes, mientras que los negocios no suelen ser lo suyo. A veces tienen tendencia al chismorreo y a la complacencia. Los pitagóricos consideraban el seis el número perfecto, ya que es divisible tanto por dos como por tres y contiene la suma y el producto de los tres primeros dígitos ($1 + 2 + 3 = 6$, $1 \times 2 \times 3 = 6$).

SIETE: Perceptivos, comprensivos y brillantes, a los Sietes les gusta el trabajo duro y los retos. Suelen ser serios, estudiosos y les interesan todas las cosas misteriosas. Para ellos, la originalidad y la imaginación son más importantes que el dinero y las posesiones materiales. Los Sietes pueden ser también pesimistas, sarcásticos e inseguros. El siete se considera a veces un número místico o mágico, debido a que se asocia con los bíblicos siete días de la Creación, y con los siete cuerpos celestes de la antigua astronomía (el Sol, la Luna, Mercurio, Venus, Marte, Saturno y Júpiter).

OCHO: El ocho indica la posibilidad de gran éxito en los negocios, las finanzas y la política. Los Ochos son prácticos, ambiciosos, comprometidos y trabajadores. Pero también pueden ser celosos, codiciosos, dominantes y sedientos de poder. Se dice que el ocho es el número más impredecible de todos, y puede indicar tanto el éxito máximo como el fracaso más rotundo; ambas posibilidades están presentes desde el principio.

NUEVE: Representa totalidad y logro en el grado más alto, ya que es el número «completo» (el tres) expresado tres veces ($3 \times 3 = 9$). Los Nueves dedican su vida al servicio al prójimo, a menudo como maestros, científicos y humanistas. De fuertes convicciones, trabajan incansablemente y sirven de inspiración para los demás. Sin embargo, también pueden ser arrogantes y engreídos cuando las cosas no salen como ellos esperan.

Según estas interpretaciones, podemos decir que Nicholas Flamel (4, 4, 9) es una persona muy trabajadora y práctica. Para resolver un problema, lo ataca por el lado más práctico. Es emocionalmente estable, pero puede ocultar algo de rabia y un cierto recelo; sin embargo, la cara que muestra al mundo es la de un hombre amable, generoso y preocupado por sus semejantes. Por último, podemos añadir unos cuantos retoques finales a su retrato si volvemos a considerar la composición numérica inicial para ver si hay dígitos que aparecen con más frecuencia que otros. En este caso, los números 3 y 1 son los que más se repiten, lo cual indica que, además de lo que ya sabemos, Flamel es una persona que aspira a la perfección, posee la habilidad de hacer dinero fácilmente y pone todo de sí en cada cosa que hace. Lo sorprendente es que la mayor parte de lo dicho aquí sobre el famoso alquimista parece ser cierto (véase **Nicholas Flamel** para conocer más detalles sobre su vida y su personalidad). Sin embargo, como sucede con la mayoría de los sistemas de adivinación, es fácil escoger la mejor interpretación de los datos si disponemos de mucha información sobre el sujeto que estamos analizando. El verdadero reto es realizar un retrato de un individuo sin disponer de ese tipo de ayuda o conocimientos previos.

Como ocurre con la **astrología**, la aritmomancia también presume de ser un sistema capaz de determinar qué días son auspiciosos y qué días son nefastos. En general, se consideran días favorables aquellos que corresponden al número del carácter del sujeto. Por ejemplo, se aconsejaría a una personalidad «ocho» planear acontecimientos importantes (como iniciar un negocio o casarse) para los días 8, 17 o 26 del mes (cada uno de los cuales se reduce a 8). Dado que cualquier nombre o palabra puede convertirse en un número, la aritmomancia se usa también para revelar «afinidades ocultas» entre personas, lugares y cosas (la teoría es que las palabras y los nombres que comparten el mismo valor numérico están relacionados, y se unen de manera natural). Así pues, a un Seis le irá mejor si conduce en un tipo de coche cuya marca se reduzca a 6 (como Honda o Toyota) y a un Siete le hará más feliz conducir un Ford. Un Dos será más compatible en el terreno amoroso con otro Dos. Los Cincos tendrían que plantearse vivir en una ciudad que se reduzca a 5 (como Tokio o Pittsburgh), y así sucesivamente. Aunque nosotros no lo recomendamos, prácticamente todas las decisiones de una vida pueden tomarse «según los números», desde la elección de los amigos hasta los alimentos que ponemos en la mesa del desayuno (leche = 6, cereales = 5, tostada = 8).

Arpía

Se dice que en las islas Británicas habita una inmensa variedad de arpías. Algunas son espíritus benevolentes asociados con las cosechas y la hilandería, mientras que otras son figuras parecidas a **brujas** que se dedican a atormentar e incluso devorar a la gente. Hay una que es un antiguo espíritu de la Naturaleza, responsable de los cambios meteorológicos y de las variaciones en el paisaje. Pero todas ellas poseen unas cuantas cosas en común: todas son mujeres, ancianas y horripilantes.

Salir por ahí con arpías como las que frecuentan el Caldero Chorreante puede ser peligroso, ya que la mayoría tienen la cabeza llena de malas ideas. Les encanta sentarse encima de los humanos mientras éstos duermen, provocándoles pesadillas y sofocándolos. Quien se encuentre sometido a una de estas «arpías jinete» se despertará agotado, si es que tiene la suerte de llegar a despertarse. Para evitar que una arpía se nos monte encima, se puede colocar un tamiz para harina debajo de la almohada, pues la arpía se sentirá obligada a pasar por cada agujero del tamiz, labor que la entretendrá toda la noche.

La arpía más famosa de Inglaterra es Black Annis, una caníbal tuerta de piel azulada, largos dientes blancos y garras de hierro. Se dice que mora en las colinas de Leicestershire, en una cueva que ella excavó en el rocoso terreno con sus propias uñas. Enfrente de su cueva hay un viejo roble enorme, al que se sube para otear la campiña en busca de presas. Cuando ve algún niño de aspecto apetitoso, baja de un salto y se da un buen banquete. Si no está subida en su árbol, Black Annis suele ser vista a la entrada de su cueva, encaramada en lo alto de una montaña de huesos de sus víctimas.

Para los escoceses, la más fácil de ver es la arpía de las tormentas, una antigua diosa celta también conocida como Cailleach Bheare. Igual que Black Annis, la arpía de las tormentas tiene el rostro azul y un solo ojo. Se la distingue por su melena blanca, que parece un manojo de ramas secas y retorcidas, y por el vestido gris de cuadros escoceses que siempre lleva puesto. Se la asocia con el invierno, y se cree que provoca el inicio de la estación fría cuando lava la ropa en el Corrievreckan (literalmente, «el **caldero** moteado»), un remolino inmenso que se for-

Black Annis subida en su árbol.

ma en la costa oeste de Escocia y que puede resultar muy peligroso para los barcos. También lleva consigo un báculo o **varita mágica**, para dar golpes en la hierba y en los cultivos, cubriéndolos así de escarcha cada año después de Halloween. Según cuenta la leyenda, la arpía de las tormentas creó las islas de las Hébridas Interiores lanzando rocas y turba al mar. También se atribuye a su arte la creación de muchos lagos y montañas escoceses.

Artes oscuras

Si desde las conocidas aceras del callejón Diagon te metes en una calleja sucia y sombría que queda cerca del banco Gringotts, llegarás al callejón Knockturn, sede de los proveedores de cabezas reducidas, cuerdas de ahorcado, velas venenosas, y otras cosas igualmente siniestras. Hagrid se acerca por allí cuando necesita comprar repelente contra babosas carnívoras, pero lo cierto es que la mayoría de las personas que visitan esta parte de la ciudad son practicantes de las artes oscuras, la rama de la magia que se dedica a provocar daño a otros.

Al igual que las otras variantes de la magia, las artes oscuras (también conocidas como magia negra) existen desde hace siglos. Mientras en las civilizaciones más antiguas había personas que desarrollaron **conjuros** y **palabras mágicas** para intentar curar enfermedades, hacer que lloviera sobre campos abrasados por el sol o proteger a un pueblo de la invasión del enemigo, también había quienes se dedicaban a trabajar en **maldiciones** y otros medios sobrenaturales de infligir dolor y provocar desgracias a sus convecinos. Dichos métodos se usaban para vengarse de un insulto personal, eliminar a la competencia en un negocio o conseguir mejores resultados que un adversario político. Cuando en el año 19 de nuestra era murió el general romano Germanicus, se encontraron pruebas de que alguien había usado magia negra contra él: huesos humanos, maldiciones escritas y pedazos de plomo (que entonces era considerado el metal de la muerte) escondidos debajo del suelo y tras las paredes de su alcoba.

En Hogwarts, los alumnos más jóvenes aprenden co-

Edward Kelly, el necromántico del siglo XVI, y su ayudante, Paul Waring, protegidos por un círculo mágico, conjuran un espíritu en un cementerio en Lancashire, Inglaterra.

sas sobre las artes oscuras cuando estudian el malvado comportamiento de los **gorras rojas,** los *kappas,* los **hombres lobo** y otras criaturas amenazadoras. Los estudiantes más maduros aprenden a defenderse de las maldiciones de **hechiceros** y **brujas** malvados, que utilizan estos medios ilegales para conseguir el control total de otras personas, torturar a alguien sin tocar a la víctima o incluso cometer asesinato. Hay muchas otras prácticas que se han considerado tradicionalmente artes oscuras, pero por lo que sabemos, no forman parte del currículum educativo de Hogwarts. Sin embargo, corre el rumor de que se pueden estar enseñando en Durmstrang, y no viene nada mal conocer con qué tipo de trucos cuenta un aspirante a hechicero de magia negra.

Una de las formas de magia negra que más se ha practicado es la de «magia con imagen». Se trata de dibujar a la víctima elegida, o bien modelar una figurilla de barro o de cera igual a ella, y a continuación dañarla o destruirla adrede. Se supone que los daños infligidos sobre la figurilla (que también se conoce con el nombre de efigie) hieren también a la víctima. En la Antigüedad, en India, Persia, África, Egipto y Europa era común usar efigies de cera con forma de muñeco, ya que eran fáciles de fabricar y se podían destruir derritiéndolas, un método que, según se creía, provocaba a la víctima una enfermedad lenta y devastadora que acababa en la muerte. También se podían hacer pequeños muñecos de barro, madera o tela que se pintaban para parecerse a la víctima. Otros métodos habituales de dañar la efigie eran pincharla con alfileres o cuchillos (se creía que se provocaba dolor o malestar) y enterrarla para que se descompusiera, si estaba hecha con materia animal o vegetal.

Otra forma antigua de magia negra era la necromancia (del griego *nekros*, que significa «cadáver», y *mancia*, que significa «profecía»). Se trataba de invocar a los espíritus de los muertos, para la **adivinación**. La creencia era que los muertos, al haberse liberado de la vida en el plano terrestre, tenían acceso a datos sobre el presente y sobre el futuro, una información que estaba fuera del alcance de los vivos. La necromancia aparece en la Biblia, se practicó en las antiguas Persia, Grecia y Roma, y vio renovada su popularidad en Europa durante el Renacimiento. Algunos necrománticos intentaban resucitar cadáveres de verdad (algunos fueron acusados de querer enviar a esos cadáveres a atacar a los vivos), pero la mayoría se conformaban con convocar sólo al espíritu del muerto, celebrando rituales encima de su tumba, en los que pronunciaban encantamientos y dibujaban en el suelo palabras y símbolos mágicos. Muchas veces, el necromántico se rodeaba de cráneos y otras imágenes de la muerte, se vestía con ropas robadas a un cadáver y concentraba todos sus pensamientos en la muerte, mientras aguardaba a que apareciera el espíritu. Cualquier pequeña señal, por ejemplo, el temblor de la llama de una vela, se podía tomar como indicación de que el espíritu se encontraba presente. Entonces, el necromántico le hacía preguntas, unas veces sobre los grandes misterios de la vida, otras, sobre el futuro y a veces sobre asuntos más mundanos, como dónde encontrar un tesoro escondido. Aunque el propósito de la necromancia no siempre era el de hacer daño a alguien, en general se consideraba que el proceso de convocar a las almas de los muertos (y quizá molestarlos) era algo inmoral y despreciable, por lo que se ganó su puesto en la categoría de las artes oscuras.

Hay escritores que sugieren que la magia no tiene «color», porque una práctica puede ser «magia negra» o «magia blanca» dependiendo de la intención con que se realice. Por ejemplo, derretir una efigie de cera para matar a un dictador cruel podría ser considerado magia blanca por parte de la gente que sufre la opresión del dictador, pero éste podría tomárselo como magia negra. Otros estudiosos sugieren que la guerra entre la magia negra y la magia blanca es una expresión más de la naturaleza dual de los seres humanos, de nuestra capacidad para hacer el bien, pero también para causar daño. Igual que todos nosotros, los hechiceros pueden utilizar sus poderes para crear, para ayudar a otras personas, y para contribuir a mejorar el mundo. O, como los mortífagos, pueden dar rienda suelta a otros aspectos de la naturaleza humana: ser egoístas, dominantes, sedientos de poder, y capaces de cometer terribles atrocidades. Como Dumbledore le dice a Harry: de qué lado estés no es cuestión del destino, sino de tu propia elección.

Astrología

Cuando los **centauros** del **bosque prohibido** comentan lo brillante que está el planeta Marte, no sólo están charlando sobre la belleza del firmamento nocturno, sino que además están haciendo una velada predicción sobre algo terrible que está a punto de ocurrir, un suceso cargado de furia y violencia, quizá con derramamiento de sangre y venganza. En efecto, los centauros practican la astrología y saben leer el futuro en las estrellas.

No hay que confundir astrología con astronomía, aunque ambas compartan la misma raíz griega *astron*, que significa «estrella». La astronomía es el estudio cien-

Los observadores babilonios del cielo fueron los primeros en registrar exactamente todos los acontecimientos celestes que veían. Dibujaron los primeros mapas astrales alrededor del año 1800 a.C.

tífico de los cuerpos celestes, como estrellas, planetas, lunas, cometas y meteoros, mientras que la astrología es una actividad más imaginativa que trata de explicar e interpretar la influencia de los cuerpos celestes sobre la vida terrestre. Ambas disciplinas surgieron en la antigua Mesopotamia (el actual Irak) hace más de siete mil años, cuando los observadores del cielo empezaron a llevar registros exactos de los movimientos del Sol, la Luna y las estrellas. Una de las primeras observaciones que realizaron fue que, aunque la mayoría de las estrellas permanecían en la misma posición en relación a las demás, había unas cuantas que no. Junto con el Sol y la Luna, las así llamadas «estrellas errantes», que para los antiguos eran el hogar de los dioses, se desplazaban a lo largo de una banda estrecha de cielo conocida como Zodíaco. Hoy sabemos que esos astros errantes no son estrellas, sino planetas (*planeta* significa «errante» en griego).

Con el paso del tiempo, los mesopotamios asignaron significados y deidades residentes a los planetas, según su apariencia. Por ejemplo, Marte, que posee un resplandor rojizo muy visible, fue considerado un planeta feroz y sanguinario y pasó a identificarse con el dios de la guerra (Nergal para los babilonios, Ares para los griegos y Marte para los romanos); Venus, que supera a todos los demás astros en brillo, pero puede asimismo desaparecer de ciertas zonas durante seis semanas seguidas, fue considerado el planeta portador del amor, tanto del amor fiel como del amor voluble; y Saturno, que parece recorrer el firmamento más lentamente que los otros planetas visibles, porque es el más distante de todos, se asoció con el mal, la vejez, el abatimiento y la muerte. En aquella época sólo se conocían los cinco planetas que son visibles a simple vista (Mercurio, Venus, Marte, Júpiter y Saturno), y se creía que los cinco, junto con el Sol y la Luna, daban vueltas alrededor de la Tierra, que era el centro del universo.

Además de observar los movimientos del cosmos, los astrónomos mesopotámicos trataron de hallar una relación entre lo que veían y los acontecimientos que sucedían en la Tierra, como terremotos, inundaciones y otros desastres naturales. Su razonamiento era muy simple: creían que todo el universo estaba conectado y que los hechos que tenían lugar en el cielo tenían que reflejar hechos ocurridos en la Tierra, o incluso presagiarlos. Por ejemplo, la aparición de un cometa, que es el acontecimiento celeste más impredecible de todos, podía augurar un hecho importantísimo, como la muerte de un rey. Otros hechos más habituales (como lunas llenas, eclipses, aparición de un halo alrededor de la Luna, o la convergencia de dos o más planetas) eran menos inquie-

Los monarcas europeos solían consultar a sus astrólogos antes de tomar decisiones importantes. Éste es un supuesto retrato del gran astrólogo francés Nostradamus.

tantes, pero también se consideraban presagios de hambrunas, tormentas, riadas, epidemias o cualquier otro desastre.

Así pues, la astrología, en su forma más básica, se convirtió en una herramienta muy importante para la **adivinación**. Sus practicantes buscaban profecías en el firmamento y hacían sus predicciones, pero a diferencia de los astrólogos de hoy día, que trabajan para muchos clientes particulares, los antiguos astrólogos se centraban sólo en el rey y la sociedad en su conjunto.

La situación cambió en el siglo V a.C., cuando se fijó el concepto del zodíaco como grupo de doce constelaciones, y los astrólogos empezaron a hacer **horóscopos** a clientes particulares. Los griegos y los egipcios comenzaron a interesarse en el tema en el siglo III a.C. y añadieron muchos procedimientos nuevos y complejos que la relacionaban con la medicina y la **magia**. No sólo se creía que la posición de las estrellas y los planetas presagiaban acontecimientos, sino también que las estrellas ejercían influencia sobre la naturaleza física de todas las cosas y todos los individuos de la Tierra. Se decía que cada signo del zodíaco influía en una parte diferente del cuerpo humano, y cada flor, planta y hierba medicinal estaba regida por un planeta diferente. Incluso los minerales y las joyas absorbían la influencia de las estrellas. Por tanto, los médicos tenían que entender los principios de la astrología para poder diagnosticar y tratar a sus pacientes. De modo similar, los **magos** que quisieran llevar a cabo experimentos, hacer conjuros o fabricar **talismanes** también tenían que entender los mecanismos de la astrología para determinar las influencias planetarias y descubrir cuál era el momento más favorable para realizar sus actividades. Por ejemplo, un **conjuro** de amor tendría más éxito si coincidía con la influencia de Venus y no con la de Saturno.

Desde Grecia y Egipto, la astrología llegó a Roma, donde fue aceptada como una maravillosa adición a los numerosos sistemas de adivinación que ya se usaban allí. Muchos pensadores influyentes hicieron campaña en contra de la astrología, a la que consideraban una superstición inútil, y sus practicantes eran expulsados una y otra vez de la ciudad, pero siempre regresaban debido a la demanda del público. Tras la caída del Imperio Romano en el siglo IV de nuestra era, la astrología dejó de ser un factor importante en la vida europea hasta el siglo XII, cuando volvió a introducirse a través de fuentes árabes.

Desastres y enfermedades:
La culpa es de las estrellas

En inglés, gripe se dice flu, *que es un acortamiento de la palabra* influenza. *Pero cuando alguien de la Edad Media decía que estaba enfermo de* influenza, *no se refería a ningún virus. En efecto, al principio la palabra significaba «influencia», y se refería estrictamente a la influencia astrológica de las estrellas y los planetas. La gente creía que la enfermedad era causada por esta influencia y no por ningún germen. Por otro lado, la palabra «desastre» procede también de las creencias astrológicas: es una combinación de* dis, *que significa «cualidad negativa», y* astron, *que significa «estrella». Cuando sucedía alguna calamidad, solía echarse la culpa a un* dis-astron, *o sea, una mala estrella.*

Durante la Edad Media se enseñó astrología en las universidades de Inglaterra, Francia e Italia, y la mayoría de los reyes y reinas europeos tenían astrólogos en la corte para que les hicieran el horóscopo y les aconsejaran acerca de cuáles eran los días más propicios para acometer diferentes acciones. En la Inglaterra del Renacimiento, la reina Isabel I eligió al matemático y astrólogo John Dee para que decidiera la fecha de su coronación según las influencias planetarias. En Francia, el célebre astrólogo Nostradamus llevó a cabo funciones similares para la reina Catalina de Médicis. Y, aunque en general la Iglesia se mostró hostil a la astrología, el papa

Urbano VIII contrató a un astrólogo en 1629 para que realizara rituales de magia con el fin de contrarrestar los perniciosos efectos anticipados de una serie de eclipses.

Sin embargo, en esa época la revolución científica ya se había iniciado. En 1542, Copérnico afirmó que el Sol, no la Tierra, se hallaba en el centro del sistema solar. Aquello pareció amenazar los cimientos de la astrología, ya que significaba que los planetas, que supuestamente irradiaban sus influjos hacia la Tierra, en realidad no daban vueltas a su alrededor. En el siglo XVII se sucedieron otros descubrimientos científicos, y la gente seria se apartó, en su mayor parte, de la astrología. Pero a pesar de que la astrología perdió prestigio, se hicieron muy populares los almanaques astrológicos, y la gente empezó a seguir con interés la sucesión de sus días buenos y malos sin tener que recurrir a la ayuda de un profesional. Las predicciones mensuales y diarias que hoy podemos encontrar en revistas y periódicos forman parte de una tradición que comenzó con aquellos almanaques de hace siglos.

Hoy día, la astrología ocupa una posición curiosa. Aunque ya no cuente con el respeto intelectual que tuvo en su tiempo, su popularidad es inmensa y mucha gente se toma los consejos astrológicos como si fueran verdades absolutas. De todos modos, existen muchos escépticos. De hecho, muchos de los escépticos que se nos vienen a la mente resulta que son estudiantes de cierta escuela de brujería.

El zodíaco

Hace miles de años, los antiguos observadores del firmamento se fijaron en que cuando el Sol y los planetas cruzaban el cielo a lo largo del año, lo hacían siempre siguiendo un mismo estrecho sendero que rodeaba la Tierra.

Este sendero, al que los griegos denominaron zodíaco, fue dividido por los astrólogos en doce secciones iguales llamadas signos, cada uno de los cuales se asociaba a una constelación (Aries, Tauro, Géminis, Cáncer, Leo, Virgo, Escorpio, Sagitario, Capricornio, Acuario y Piscis) y a una época del año. Los astrólogos usaban la posición del Sol y de los planetas dentro del zodíaco para hacer sus predicciones y para determinar la personalidad de la gente nacida bajo los diferentes signos. Las características asociadas a cada signo fueron desarrolladas hace miles de años, pero se han ido elaborando y completando a lo largo de los siglos. Éstos son los rasgos básicos:

ARIES EL CARNERO (desde el 21 de marzo hasta el 19 de abril). La gente nacida bajo el signo de Aries se caracteriza por ser energética, entusiasta, directa, independiente, creativa e impaciente. Igual que los carneros se abren paso a empellones, los Aries tienen fama de ser agresivos, decididos e irascibles.

TAURO EL TORO (desde el 20 de abril hasta el 20 de mayo). Tal como cabría esperar de un toro, los que hayan nacido bajo el signo de Tauro tienen un montón de fuerza y de aguante, y también pueden ser tozudos. Pero a la vez son fiables, cálidos, pacientes, artísticos y formales.

GÉMINIS LOS GEMELOS (*desde el 21 de mayo hasta el 20 de junio*). *Se afirma que los Géminis son versátiles, animados, curiosos, listos y habladores, pero a menudo superficiales. Igual que Cástor y Póllux, los míticos gemelos que dan nombre a la constelación, se dice que los géminis adoran la vida de familia.*

CÁNCER EL CANGREJO (*desde el 21 de junio hasta el 22 de julio*). *A los cáncer se los considera intuitivos, compasivos, temperamentales, tenaces, amantes de la vida en familia, imaginativos y hogareños. Igual que le pasa al cangrejo, pueden parecer duros por fuera pero son blandos por dentro.*

LEO EL LEÓN (*desde el 23 de julio hasta el 22 de agosto*). *Se suele describir a los leo como personas de confianza, teatrales, seguras de sí mismas, generosas, extrovertidas y orgullosas. Como el rey de la jungla, pueden ser dominantes y valientes, y exigir atención por parte de los demás.*

VIRGO LA DONCELLA (*desde el 23 de agosto hasta el 22 de septiembre*). *Se considera que los virgo son analíticos, detallistas, diligentes, astutos y críticos, y con tendencia a ser perfeccionistas. Virgo se asocia con la imagen de una doncella, y pueden ser también modestos y prudentes.*

LIBRA LA BALANZA (*desde el 23 de septiembre hasta el 22 de octubre*). *De los libra se dice que son gente con estilo, amables, idealistas, románticos e inteligentes, pero a menudo indecisos. La constelación de Libra se representa por una balanza, y por eso se considera que los libra son equilibrados en sus pensamientos y emociones, y que sopesan con cuidado todas las cosas.*

ESCORPIO EL ESCORPIÓN (*desde el 23 de octubre hasta el 22 de noviembre*). *Se considera a los escorpio como seres apasionados, intensos, misteriosos, magnéticos, poderosos y vengativos. Como sus homónimos, pueden ser rápidos y osados, y actuar en el momento clave.*

SAGITARIO EL ARQUERO (desde el 23 de noviembre hasta el 21 de diciembre). La constelación de Sagitario se representa por un **centauro** tensando un arco. De los sagitario se dice que son gente amante del aire libre, los deportes y los animales. Honestos y filosóficos, se considera también que son incansables, aventureros y animosos.

CAPRICORNIO LA CABRA (desde el 22 de diciembre hasta el 19 de enero). Como las cabras, los capricornio tienen fama de tener una personalidad estable y formal, pero pueden igualmente superar situaciones peligrosas y abrirse camino con determinación. También se los describe como ambiciosos, bien organizados, disciplinados, prácticos y materialistas.

ACUARIO EL AGUADOR (desde el 20 de enero hasta el 18 de febrero). A los acuarios se les describe como originales, visionarios, amigables e idealistas, pero también distantes y obstinados. La imagen tradicional es la de una figura sosteniendo un cántaro de

agua, y se dice que simboliza el espíritu de ayuda y el altruismo.

PISCIS LOS PECES (desde el 19 de febrero hasta el 20 de marzo). Como ya anuncia la imagen de los peces, se dice que los piscis adoran el agua y nadar. Sensibles, receptivos, emocionales, imaginativos y empáticos, tienen fama también de mal organizados y poco prácticos.

El significado de los planetas

El Sol, la Luna, Mercurio, Venus, Marte, Júpiter, Saturno, Urano, Neptuno y Plutón. Los astrólogos creen que cada uno de ellos caracteriza un aspecto diferente de la personalidad. Éstos son los significados tradicionales que se les asigna:

EL SOL, el cuerpo más grande y brillante de nuestro sistema solar. Representa la personalidad esencial del individuo, los rasgos básicos y la actitud general ante la vida.

LA LUNA representa las reacciones emocionales, los instintos, las necesidades inconscientes.

MERCURIO, llamado así en honor al dios romano mensajero, representa la comunicación. Es el planeta que se mueve más rápido, y por ello se asocia con la inteligencia y el cambio.

VENUS, el planeta más brillante del firmamento, lleva el nombre de la diosa romana del amor. Simboliza romanticismo, relaciones sentimentales, amor y belleza.

MARTE, llamado así por el dios romano de la guerra y fácilmente reconocible por su color rojizo. Representa la agresión, la fuerza física y la habilidad de tomar la iniciativa.

JÚPITER, *el planeta más grande del sistema solar, representa la buena suerte, la oportunidad y la habilidad para ampliar los horizontes propios. Júpiter era el dios supremo del panteón romano, el equivalente al dios griego Zeus.*

SATURNO, *el planeta que se mueve más despacio de entre los planetas visibles, simboliza obstáculos, miedos y desafíos. Saturno era el dios romano de la cosecha.*

URANO, *lleva el nombre del dios griego que personificaba el cielo. Representa el lado excéntrico y rebelde de las personas. Indica cambio súbito, trastornos e impaciencia.*

NEPTUNO, *representa la imaginación, la creatividad, los sueños y la capacidad para distinguir entre realidad e ilusión. Llamado así por el dios romano del mar, Neptuno simboliza los aspectos más profundos.*

PLUTÓN, *el planeta más alejado del Sol, representa la obsesión, la mente inconsciente y la capacidad de transformar la propia vida. Plutón era el equivalente romano de Hades, el dios griego del mundo subterráneo.*

Banshee

Ver a una *banshee* es la cosa más espantosa que puede imaginarse Seamus Finnigan, el compañero de clase de Harry. Y con motivo: cuando alguna de estas apenadas figuras hace acto de presencia ante un irlandés, significa que un miembro de su familia va a morir pronto.

Las *banshees* forman parte del folklore irlandés desde el siglo VIII. No se trata de criaturas malvadas, pero sus inquietantes alaridos las hacen parecer bastante horripilantes. El rasgo físico más distintivo son los ojos, que se les han vuelto de un rojo encendido tras siglos de llorar a quienes amaron y por los que guardan duelo. Se las suele describir como mujeres altas y extremadamente delgadas, con una mata flotante de cabellos blancos, un vestido verde y una capa gris con capucha. Sin embargo, a veces pueden aparecer bajo la forma de una viejecita menuda o de una hermosa joven de cabellos dorados vestida de rojo.

Cada *banshee* se dedicaba exclusivamente a una de las grandes familias irlandesas, a la que servían durante siglos y siglos, aunque sólo aparecen cuando un miembro de la familia está a punto de morir. La *banshee* más famosa de la antigüedad se llamaba Aibhill, y rondaba a la familia real de los O'Brien. Según cuenta la leyenda, el anciano rey Brian Boru partió hacia la batalla de Clontarf en 1014 sabiendo que no sobreviviría, pues Aibhill se le había aparecido la noche anterior, lavando las ropas de los soldados hasta que toda el agua se hubo vuelto roja de sangre.

Posteriormente se dijo que las *banshees* mostraban su respeto hacia los difuntos gimiendo o lamentándose

debajo de la ventana del moribundo, a veces elevándose por los aires hasta varios pisos de altura para poder hacerlo. En una historia famosa que data del siglo XVII, la invitada de una casa irlandesa describe el susto que se llevó al oír una voz en mitad de la noche: «Aparté la cortina y, en el hueco de la ventana, vi a la luz de la luna a una mujer que se apoyaba contra el cristal; tenía el pelo rojo y su tez estaba pálida y demacrada. Hablaba muy alto, en un tono que nunca había oído antes, y entonces, dando un suspiro que parecía más una ráfaga de viento que un aliento, se desvaneció.» Como luego descubriría, alguien había muerto esa noche en la casa.

Una *banshee* puede también permanecer a cierta distancia, una figura solitaria que nos anuncia una muerte paseando por las colinas que circundan la casa de la familia (*banshee* proviene del gaélico *bean si*, lo cual significa «mujer de las colinas») o sentada sobre un muro de piedra. A veces no es visible, pero sus gemidos penetrantes no dejan lugar a dudas respecto a su presencia.

En las pocas ocasiones en que varias *banshees* aparecen juntas, se sabe que va a morir alguien muy importante o respetado.

Sólo las familias más antiguas, las que pueden trazar su linaje hasta los legendarios héroes irlandeses de la temprana Edad Media, tienen su *banshee*, según se dice. Al principio, esto sólo incluía a las familias cuyo apellido comenzaba con O' o con Mac', pero después de siglos de matrimonios mezclados hay cientos de familias que pueden atribuirse también este honor. Como sienten auténtico fervor por las líneas de sangre, las *banshees* seguirán a su familia allá donde ésta vaya. Por eso, se dice que los lamentos de estas brujas se pueden oír en Inglaterra, América y en cualquier sitio donde un irlandés haya fijado su residencia.

Basilisco

El basilisco es uno de nuestros monstruos preferidos. Dependiendo de las versiones, el basilisco es un reptil que escupe veneno, un lagarto feroz, un dragón gigantesco o una auténtica quimera con cabeza y alas de gallo pegadas a un cuerpo de **serpiente**. Igual que la enorme serpiente verde que Harry se encuentra en la Cámara de los Secretos, el basilisco siempre es temible y casi siempre letal, con el poder de matar a sus víctimas con sólo mirarlas.

La primera referencia sobre este encantador reptil nos viene de Plinio el Viejo, el escritor latino del siglo I, cuyo libro *Historia Natural* refleja mucho de lo que los antiguos romanos creían acerca del mundo de la naturaleza. Según Plinio, el basilisco es una serpiente pequeña pero letal, de no más de treinta centímetros de largo, originaria del norte de África. Conocido como el «rey de las serpientes» debido a las señales en forma de corona que tiene en la cabeza (*basiliskos* significa «pequeño rey» en griego), el basilisco se abalanzaba sobre sus víctimas con el cuerpo erguido, en lugar de hacerlo reptando por la tierra como las otras serpientes, y era capaz de incendiar arbustos y quebrar rocas simplemente respirando sobre ellas. El basilisco vivía en el desierto, pero no porque así lo hubiese elegido, sino porque allí donde morara, la tierra se convertía en un desierto a causa de su aliento abrasador. Su veneno era tan potente, según escribió Plinio, que si un jinete mataba a un basilisco con una lanza, el veneno ascendería por la lanza, mataría al jinete y luego al caballo.

Si una serpiente puede tener un talón de Aquiles, el basilisco tiene dos: no puede soportar ni el olor de las comadrejas ni el canto del gallo. Para matar un basilisco con una comadreja, primero hay que atraer al reptil hacia la guarida de la comadreja y luego tapar las salidas, y así sucumbirá a los olores de ella. Matarlo con un gallo es mucho más sencillo, ya que, según el escritor romano Claudio Aedo, con sólo oír cantar a un gallo, el basilisco empezará a sufrir convulsiones y morirá (precisamente fue para evitar que el basilisco de la Cámara de los

Secretos padeciese ese destino por lo que Tom Riddle organizó la eliminación de muchos de los gallos de Hogwarts). Pero quizá la mejor defensa de todas es sostener un espejo frente al basilisco, para que vea su propia mirada letal y se muera de puro miedo.

Como tantas otras criaturas imaginarias, probablemente la idea del basilisco surgió de un animal auténtico, en este caso la cobra egipcia, que posee un veneno mortal, se mueve con la cabeza erguida, y tiene marcas en la cabeza que semejan una corona. Sin embargo, como era habitual en la Antigüedad, los escritores que describieron las costumbres y las criaturas de tierras lejanas solían hacerlo sin siquiera haber salido de casa. Por el contrario, basaban sus escritos en crónicas escuchadas a viajeros, los cuales, sin duda, embellecían sus relatos para hacerlos más interesantes. A medida que esas historias pasaban de boca en boca, fue creciendo la fama de los basiliscos.

Hacia la Edad Media, los famosos libros de bestias míticas (los bestiarios) ya habían comenzado a describir a los basiliscos como monstruos extraños que tenían cuerpo de serpiente (en las tradiciones griega y romana, eran sólo serpientes) y cabeza, alas, y a veces patas, de gallo. Esta versión del bicho, que según la leyenda podía encontrarse ya en Inglaterra igual que en África, era también conocida por el nombre de *cockatrice*. Parece ser que la rara combinación de serpiente y gallo surgió de las historias sobre su nacimiento, que decían que el basilisco nacía de un huevo de gallo puesto en la ladera de una colina e incubado por un **sapo**. Ésta es la imagen de basilisco más conocida y más representada en el arte medieval y la heráldica, a veces con el cuerpo cubierto de plumas y otras de escamas.

De todos modos, el basilisco de la Cámara de los Secretos es, evidentemente, del tipo más antiguo, o sea, una serpiente sin más ni más, pero una bien grande, como corresponde al heredero de Slytherin.

El basilisco hoy

El actual portador del mítico nombre de basilisco es un sorprendente lagarto tropical que vive en la selva de América Central y Suramérica. Pertenece a la familia de las iguanas, habita en los árboles y las rocas, y es capaz de corretear a toda velocidad por el agua, sobre sus finas patitas, con el cuerpo casi erguido del todo. Nada y trepa de maravilla, y se alimenta de insectos, arañas y otros animales pequeños. Porque parece caminar sobre el agua, algunas veces se le llama lagarto Jesús.

Boggart

El *boggart* es muy conocido en el folklore del norte de Inglaterra como un espíritu de forma cambiante que, si bien normalmente es invisible, puede materializarse bajo la apariencia de un humano, un animal, un esqueleto o incluso un **demonio**. A la mayoría de los *boggarts*, como el que tiene el profesor Lupin dentro de un armario en Hogwarts, les encanta asustar a la gente. Algunos sólo son traviesos, simulando al *poltergeist* en sus esfuerzos por crear caos en un hogar ordenado. Según la tradición, se puede saber que una de estas molestas criaturas está rondando cerca si las puertas se cierran de golpe sin motivo aparente, se apagan de repente las velas, desaparecen herramientas, o se oyen ruidos misteriosos resonando por toda la casa. Los *boggarts* más maliciosos, rondan por los caminos oscuros y asustan a los viajeros solitarios, en ocasiones causando heridas o la muerte.

El *boggart* es pariente (hay quien dice que es el hermano malo) del mucho más amable *brownie*. Los *brownies* aparecen en los cuentos tradicionales ingleses como ayudantes del hogar, que se toman una gran responsabilidad personal en las casas en las que viven y dan buena suerte a su propietario. Limpian, acaban tareas, hacen el pan, cosechan el grano, llevan a las ovejas a pastar, y arreglan utensilios estropeados y ropa desgarrada. A cambio de su trabajo, a cada uno les corresponde cada noche un cuenco de leche o nata, y un pedazo de pastel. Si se les ofrece alguna compensación mayor, se lo toman como un insulto. Y los *brownies* se ofenden y se enfadan con mucha facilidad. Cuando se ha producido alguna ofensa, puede ocurrir que llegue un *boggart* para reemplazar al *brownie*.

Se dice que los *boggarts* domésticos son oscuros, peludos y feos, con manos y pies enormes. Para colmo, van vestidos con harapos. En siglos pasados, cuando se creía que una casa estaba plagada por un *boggart*, el propietario solía hacer denodados esfuerzos por librarse de él. Pero los *boggarts* eran tozudos, y en ocasiones la familia se veía obligada a cambiarse a otra ciudad para escapar de una de estas criaturas. A veces ni siquiera eso servía. Hay una historia que dice que un granjero se hartó tanto de la destrucción que provocaba un *boggart*, que reunió a su familia, hizo las maletas con todas sus pertenencias y salió en busca de un nuevo hogar. Justo al cruzar la cancela, un vecino, extrañado, le preguntó si se mudaba de casa. Antes de que tuviera tiempo de contestar, se oyó una alegre voz que salía de los baúles, diciendo: «Sí, ¡nos marchamos!» Con gran pena, el granjero y su familia dieron la vuelta y se metieron de nuevo en casa, al darse cuenta de que no había manera de escapar del astuto *boggart*.

El coco

«¡Si no te portas bien, vendrá el coco y te comerá!»
Esta advertencia nos suena a todos. El coco es un ser
sobrenatural que acecha debajo de la cama, en los armarios, debajo de las escaleras sin luz y en cualquier
otro lugar oscuro y tenebroso. El coco no tiene una
apariencia específica. Más bien, como el boggart de
Hogwarts, adopta la forma que más te asusta.
El equivalente inglés del coco es el bogeyman

(también escrito boogieman)*, que desciende de otros dos espíritus maliciosos: el* bogle *escocés y el* bogie *inglés, que a su vez están emparentados con el* boggart. *El* bogle *es un transformista capaz de aparecer bajo cualquier forma, como perro, nube o saco de grano, por ejemplo. Lo más característico de los* bogles *es su afición a gastar bromas a los viajeros, pero sólo hacen daño de verdad a los villanos que merecen la muerte. Por su parte, los* bogies *son* **duendes** *traviesos, pequeños, oscuros y peludos, a los que les encanta hacer trastadas. Igual que sucede con el* bogeyman *(nuestro coco), suele llamarse a los* bogies *cuando se quiere asustar a los niños para que se porten bien.*

Bola de cristal

«Deja que mire en mi bola de cristal...»

Hoy día estas palabras se dicen casi siempre como respuesta sarcástica a preguntas sobre el futuro. Sin embargo, los que practican alguna de las muchas artes de **adivinación** se toman la bola de cristal muy en serio. En Hogwarts, la profesora Trelawney enseña a sus alumnos de tercero el método correcto de escudriñar el brumoso interior de la bola, y les asegura que si tienen paciencia y están relajados, serán recompensados con alguna visión premonitoria. Harry, Ron y Hermione se muestran, como poco, escépticos, pero son muchos los que sí creen en los poderes reveladores de la bola de cristal.

Durante las décadas de 1920 y 1930, el artista de vodevil y telépata Claude Alexander Conlin usaba una bola de cristal para simbolizar su capacidad de «saber todo, ver todo, y predecir todo».

Aunque hasta la Edad Media no se usaran bolas de cristal, la cristalomancia, el arte de mirar el interior de un cristal, ya sea pulido o natural, tratando de ver el futuro, forma parte de una tradición más antigua. Se trata de una variante del divisamiento, un método de adivinación que consiste en mirar fijamente una superficie clara o reflectante hasta que empiezan a formarse imágenes, ya sea dentro del objeto mismo o dentro de la mente del practicante. Parece ser que en todas las culturas se ha practicado alguna forma de divisamiento. En la antigua Mesopotamia, los adivinos vertían aceite en cuencos con agua e interpretaban las formas que aparecían en la superficie. El profeta bíblico José llevaba siempre encima una copa de plata que usaba para beber y para divisar el futuro. Los antiguos egipcios, árabes y persas miraban en cuencos llenos de tinta, mientras que los griegos observaban espejos relucientes y metales bruñidos con la esperanza de percibir visiones iluminadoras. Por su parte, los romanos fueron los primeros cristalománticos auténticos, pues preferían escudriñar el interior de cristales de cuarzo o berilo pulidos (aunque no necesariamente redondos).

Pero incluso en aquellos tiempos, una escéptica como Hermione no podría haberse convertido en una buena observadora de cristal, ya que la sinceridad, una actitud mental positiva y la fe en el proceso eran consideradas fundamentales para el éxito. El cristalomántico ideal tenía que ser una persona pura, tanto en lo espiritual como en lo físico, y debían preparase para cada sesión rezando y haciendo ayuno durante unos días. Solía usarse una habitación especial, de ambiente solemne y ceremonial. Con esta preparación y esta atención por el mínimo detalle se trataba de ayudar al vidente a conseguir un estado de trance mientras contemplaba el cristal, facilitando así que aparecieran imágenes en su mente. Los antiguos reconocían que, fuera lo que fuera lo que veían los cristalománticos, era fruto de su propia mente y no procedía realmente del cristal. De todos modos, estas visiones se tomaban como verdaderas profecías y no como meras ensoñaciones.

En algunas culturas se pensaba que los niños resultaban los mejores videntes, pues eran espiritualmente puros y más abiertos a la imaginación que los adultos. Esta teoría era ampliamente aceptada en la Europa renacentista, donde era posible contratar a un niño o niña para que predijera el futuro mediante un ritual de consulta del cristal, similar a aquél de épocas antiguas, donde también había plegarias, incienso y **palabras mágicas**. En este período tanto niños como adultos comenzaron a escudriñar bolas de cristal con fines más prácticos, como descubrir la identidad de algún criminal o localizar algún bien perdido o robado. Por ejemplo, en una crónica fechada en 1671 se habla de un mercader que, viendo que estaban constantemente robándole su mercancía, decidió pasearse por las calles cercanas a media noche en compañía de un niño y una niña, a los que hacía mirar dentro de un cristal hasta que vislumbraran cómo era el ladrón. Lo que nunca sabremos es si al final atrapó al hombre correcto.

Sin duda, la bola de cristal más famosa del Renacimiento perteneció a John Dee, un matemático, astrónomo, alquimista y erudito inglés muy respetado, que fue contratado para calcular la hora astrológicamente más adecuada para la coronación de la reina Isabel I, en 1588. Dee profesaba un gran interés por el divisamiento como modo de contactar con el mundo de los ángeles y los espíritus, que él creía que poseían unos conocimientos imposibles de obtener en otro sitio. Tenía una bola de cristal, que él mismo describió como «brillantísima, nítida y gloriosa, del tamaño de un huevo». Desgraciadamente, por muchas horas que pasara Dee mirando su bola, no era capaz de ver nada. En lugar de rendirse, contrató a Edward Kelly, un vidente profesional al que muchos estudiosos consideran un estafador. Durante dos años, los dos hombres trabajaron codo con codo, Dee haciendo preguntas y Kelly mirando el interior de la bola de cristal y dando las respuestas. Juntos, Dee y Kelly redactaron un montón de libros llenos de mensajes de espíritus, incluido uno en que se predecía la ejecución de María Estuardo, reina de los escoceses, que ocurrió en febrero de 1586. Actualmente la bola de cristal de Dee está guardada en el Museo Británico de Londres, Inglaterra.

Al igual que Dee, algunos lectores modernos de bola de cristal usan sus esferas con la intención de comunicarse con el mundo espiritual. Otros dicen la buenaventura o tratan de localizar a personas desaparecidas. La mayoría siguen procedimientos similares a los de las épocas más remotas, si bien los preparativos no son tan rigurosos. Eso sí: se presta especial atención al aspecto de la habitación, y la sesión de lectura de la bola suele hacerse bajo una luz tenue. La bola de cristal es, por lo general, una esfera perfecta de unos diez centímetros de diámetro, y puede ser de color blanco, azul, violeta, amarillo, verde, opalescente o transparente. Tradicionalmente, la bola reposa en un pie de ébano, marfil o madera de boj, muy pulido. Cuando se realiza la lectura, el vidente puede colocar la bola sobre una mesa o bien sostenerla en la palma de la mano contra un fondo de tela negra.

Hoy día suele asociarse las bolas de cristal con los escaparates de las tiendas donde trabajan personas que se hacen llamar videntes, o con adivinos itinerantes que, como el doctor Maravilla de *El Mago de Oz*, aseguran ser capaces de «verlo todo y saberlo todo». Aunque el arte del divisamiento ya no cuenta con el respeto universal del que gozaba en épocas pasadas, sigue desempeñando un papel importante en muchas culturas. Hay que destacar que el actual Dalai Lama fue descubierto precisamente a través del divisamiento por un comité de monjes que buscaban su identidad contemplando las aguas del lago Lhotso, en Tibet.

Bosque prohibido

Cada vez que Harry se adentra en el bosque prohibido nota una cierta sensación de temor. Y con razón, ya que tanto él como sus compañeros de clase están más que avisados sobre los peligros que acechan en el bosque tenebroso. Al igual que los bosques de nuestros cuentos de hadas favoritos están poblados de **brujas** y ogros, **enanos** y **trolls**, el bosque de Hogwarts está repleto de monstruos de todo tipo. Lo que hace que estos sitios sean tan terroríficos, y tan excitantes, es que nunca sabes qué te está esperando detrás del siguiente árbol.

El bosque siempre se ha asociado con el peligro, con el riesgo de perderse, de encontrarse con desconocidos malvados o de ser devorado por fieras salvajes. En el siglo I a.C., Julio César escribió sobre unos viajeros que caminaron durante sesenta días por un bosque horripilante, sin llegar nunca a la linde, y que al conseguir escapar de allí describieron sus encuentros con las criaturas extrañas que se habían extinguido hacía tiempo en cualquier otro lugar. Para los antiguos romanos, el proceso de limpiar y cultivar la tierra, y la construcción de ciudades representaban el triunfo de la civilización sobre lo bárbaro. Un paisaje agradable era aquel que había sido modelado por la mano del hombre, mientras que las espesuras silvestres eran consideradas feas y terroríficas. El mejor modo que encontró el historiador romano Tácito de diferenciar a sus cultos paisanos de los germanos, a los que despreciaban, fue señalar que aquéllos eran «moradores de los bosques».

Siglos después, en Inglaterra, el concepto que se tenía

de los bosques era bastante similar. Se creía que eran lugares más propios de los animales que de los hombres, y cualquiera que habitara en ellos era tachado de bruto y bárbaro. Un filósofo del siglo XVII distinguió entre los habitantes de ciudades, «cívicos y racionales», y los habitantes de los bosques y espesuras, «irracionales y sin instrucción». (En Hogwarts hay quien parece tener esa misma opinión sobre Hagrid, que en muchos sentidos es una criatura del bosque y vive en sus lindes.) El bosque representaba todo lo extraño, sospechoso y externo a los límites de la experiencia humana considerada normal. En realidad, las palabras castellanas de «forastero» y «forestal» derivan de la misma raíz latina, *foris*, que significa «afuera».

Para los que disfrutamos dando un buen paseo por el bosque o yendo de acampada de vez en cuando, afirmaciones tan negativas sobre los bosques pueden resultarnos exageradas. Pero en parte se basan en la realidad. En la Europa medieval y principios de la moderna, los bosques solían ser el refugio de vagabundos y forajidos que tenían poco respeto por la vida o la ley. Para todo el que deseara esconderse de las autoridades o ejercer actividades ilícitas, las zonas de bosque denso resultaban el lugar ideal donde evitar ser detectados. Este hecho histórico ayuda a explicar por qué tantos cuentos de hadas contienen personajes como la bruja que captura a Hansel y Gretel, o el lobo malo de Caperucita Roja: siniestros villanos que acechan en el bosque, aguardando a inocentes. Por esto, es muy coherente con la tradición que lord Voldemort escoja morar en el bosque mientras recupera fuerzas.

Bruja

Pensar en Hermione como en una bruja puede que cueste un poco. La mayoría imaginamos a las brujas como unas mujeres viejas, de nariz larga y ganchuda y con un sombrero negro puntiagudo. Sin embargo, tanto Hermione como las otras brujas de Hogwarts no son demasiado diferentes de las brujas de antaño: lanzan **conjuros** y preparan **pociones**, convierten los objetos cotidianos en animales vivos, cabalgan sobre una **escoba** y viven en compañía de **gatos, lechuzas y sapos**. Estas actividades se han asociado durante siglos con las brujas, sean éstas personajes históricos o de ficción.

Brujas de todo tipo han existido en cualquier civilización, desde las antiguas Asiria y Babilonia, pasando por los pueblos de la Europa medieval hasta llegar a las actuales tribus del centro y el sur de África. Una bruja es, por definición, una persona de quien se cree que posee poderes sobrenaturales. Mientras que la naturaleza exacta de dichos poderes varía de una sociedad a otra, es una creencia común que las brujas tienen la capacidad de causar daño o de curar con hierbas mágicas, de matar a distancia de un vistazo o con un conjuro, de controlar el clima, volar o transformarse en un animal. Aunque una bruja puede usar estas técnicas mágicas con la mejor intención, en la mayoría de las culturas, las brujas eran vistas como agentes del mal y de la desgracia. La sociedad occidental considera la brujería cosa de mujeres, pero los hombres pueden practicarla igualmente.

En la antigua literatura griega y romana abundan los cuentos de brujas, que pasan la mayor parte del tiempo

*Mucha gente creía que las brujas podían modificar el tiempo atmosférico.
En este grabado en madera del siglo xv, un par de ellas están echando una
serpiente y un gallo al caldero para provocar una tormenta de granizo.*

elaborando **pociones** mágicas con hierbas y partes de
animales. Eran descritas como mujeres descalzas, de melena larga y despeinada. Frecuentaban los cementerios,
donde podía encontrárselas a medianoche desenterran-
do huesos y recogiendo plantas o adorando a Diana,
diosa de la Luna y la caza, o a Hécate, diosa de la fertilidad y reina de la noche. Se decía que algunas despertaban a los espíritus de los muertos y que otras mataban
con una simple mirada. Las brujas de Tesalia, al norte de

Grecia, eran tan hábiles que podían bajar la Luna a la Tierra para usar sus poderes en su propio beneficio. Apuleyo, un poeta romano del siglo II, describía brujas «capaces de hacer descender el cielo, secar los manantiales [y] arrastrar las montañas».

Durante la Edad Media, la palabra «bruja» se usaba a veces para referirse a la mujer sabia de la localidad, que usaba las hierbas con fines curativos, preparaba **amuletos** para mantener alejados a los espíritus malignos y practicaba la **adivinación** para localizar objetos perdidos o identificar a los criminales. Mucha gente creía también que estas «brujas blancas» podían realizar cosas tan impresionantes como conjurar la lluvia, predecir el futuro y conseguir buenos vientos para la navegación. Como los **brujos**, eran temidas y respetadas por sus vecinos, que acudían a ellas en busca de ayuda y consejo, pero que opinaban que podían acarrear desgracias si se enojaban.

Estas mujeres sabias de los pueblos fueron las primeras en ser acusadas durante el terror de la **caza de brujas** que se extendió por el oeste de Europa durante los siglos XVI y XVII. Sin embargo, las acusaciones de brujería no tardaron en afectar a mujeres y hombres de todos los oficios y condiciones. Consideradas herejes (enemigos de la Iglesia cristiana) y adoradoras del diablo, las acusadas eran culpadas de

La bruja típica del folklore europeo.

cualquier cosa, desde una mala cosecha a la muerte repentina de un niño, pasando por la propagación de una enfermedad entre el ganado. Se decía que las brujas estaban asociadas con **demonios** y que participaban de manera regular en espantosos asesinatos rituales, y en actos de vampirismo y canibalismo. Según la tradición popular, celebraban frecuentes aquelarres (salvajes reuniones en prados o bosques apartados) en las que adoraban al Diablo con fiestas y bailes. Solían trasladarse a estas reuniones volando sobre una escoba, sobre el lomo de un demonio o sobre uno de los espíritus en forma de animal que las ayudaban.

Estas fantasías enriquecieron la literatura acerca de las brujas y, al final de la **caza de brujas**, a principios del siglo XVIII, la bruja típica estaba bastante bien definida. Curtida y arrugada, solía tener una nariz ganchuda y una barbilla afilada, el pelo enmarañado, y los labios prominentes y torcidos. Era pobre, se comportaba de un modo excéntrico y le encantaban los gatos. Como a la bruja del cuento *Hansel y Gretel*, de los hermanos Grimm, le gustaba vivir en una pequeña casa de campo, en algún lugar apartado. En muchos casos esta imagen era un reflejo de la realidad, porque los cazadores de brujas buscaban objetivos fáciles y tendían a acusar a ancianas que vivían solas y apartadas de la comunidad. Aunque los cargos por brujería no se limitaban a las mujeres viejas y feas (muchas presuntas brujas eran jóvenes, atractivas y ricas), la imagen estereotipada de la bruja ha cambiado poquísimo desde el siglo XVIII.

El espíritu que ayuda a las brujas

*Puede que las brujas sean poco sociables, pero según la creencia popular, no les falta compañía. Se dice que cada bruja posee por lo menos un **demonio** en forma de pequeño animal que la aconseja y que realiza fechorías en su nombre, incluido el asesinato. **Gatos**, perros, **sapos**, conejos, mirlos y cuervos son los más comunes, pero alguna que otra bruja fue acusada de tener un erizo, una comadreja, un hurón, un topo, un ratón, una rata, una abeja o un saltamontes como mascota demoníaca.*

Las brujas, que supuestamente reciben a estos espíritus directamente del Diablo, cuidan mucho a sus bichos, los bautizan y les ponen nombre (Pyewackit, Gibbe, Rutterkin, Greedigut o Elemauzer, por ejemplo) y les dan de comer las mayores exquisiteces. Un buen trabajo se recompensaba tradicionalmente con una cuantas gotas de la sangre del ama.

*Los espíritus aliados se convirtieron en una parte clásica de la tradición acerca de las brujas durante los juicios por brujería del siglo XVI en Inglaterra y Escocia, y pasaron luego a las colonias americanas. Era una creencia muy extendida que estos animales trabajaban para las brujas como espías y que llevaban a cabo buena parte de su trabajo sucio, incluso el de lanzar **conjuros** y **maldiciones**. Así que, si alguien veía un perro o un gato desconocidos, sobre todo si parecía mirar de un modo extraño, temía que fuera un servidor de una bruja que había llegado para hacer daño.*

Cuando llegaba el día del juicio de una bruja, su supuesto animal diabólico casi siempre había desapa-

73

recido. Eso era una suerte para la desafortunada mascota, porque ejecutaban de inmediato a los pocos demonios disfrazados que atrapaban.

Se creía que las brujas trataban a sus demonios aliados con gran ternura.

Brujo

Albus Dumbledore es, en muchos aspectos, la quintaesencia del brujo. El director de Hogwarts es sin duda un maestro en dar sabios consejos y manejar situaciones complicadas. Sus poderes mágicos no tienen parangón y la túnica púrpura, la barba plateada y el sombrero puntiagudo completan el mejor retrato de brujo que cabría esperar.

Esta imagen del brujo es producto tanto de la historia como de la ficción. Desde **Merlín** hasta el propio Dumbledore, los productos de la creación literaria incluyen brujos que pueden convertirse en gato o en **lechuza,** preparan fastuosos banquetes con un golpe de **varita,** se esfuman en el aire o lanzan **conjuros** para que los castillos parezcan repollos. Sus antepasados históricos fueron miles de hombres y mujeres reales de la época medieval y del Renacimiento europeo, de quienes se creía que poseían tanto una sabiduría especial como capacidades mágicas. Ellas eran conocidas como mujeres sabias, o **brujas** blancas; ellos como hombres sabios, o brujos.

Muchos pueblos de la Europa medieval tenían al menos un brujo profesional, que ofrecía a sus clientes un amplio surtido de servicios mágicos: encontrar objetos perdidos, tesoros ocultos o personas desaparecidas; detectar a los criminales; curar enfermedades; predecir el futuro; lanzar **conjuros;** fabricar **amuletos** y hacer **encantamientos** para evitar cualquier daño, tanto natural como sobrenatural, y preparar **pociones.** La creencia en la magia estaba muy extendida, y el brujo solía ser tan respetado como temido por la comunidad a la que servía. En el siglo XVII, que un mago identificara a un ladrón (por lo común preguntando a la víctima acerca de los sospechosos potenciales y practicando alguna forma de **adivinación)** se tomaba muy en serio y a veces, era suficiente para un arresto legal.

Un aldeano podía buscar la asistencia mágica de un brujo

para casi cualquier propósito: ganar a las cartas o a los dados, proteger su casa de las ratas, hacer dormir a los niños toda la noche o evitar que lo arrestaran por impago de sus deudas. Como hombre sabio de la localidad, también podía pedírsele consejo a un brujo acerca de los asuntos del corazón o para decidir entre dos posibles cursos de acción. Para responder a la consulta, el brujo (o la bruja) podía leer el futuro en una **bola de cristal**, crear un **amuleto** protector, preparar una **poción** o decir a su cliente que recogiera alguna hierba mientras murmuraba un **encantamiento**. Como compensación, cobraba una pequeña cantidad de dinero o recibía un donativo.

Muchos de los clientes eran pobres, así que también lo eran la mayoría de los brujos y las mujeres sabias. Pero los miembros de la clase alta no dudaban en consultarlos cuando la ocasión lo requería, y un brujo que adquiriese una buena reputación entre los aristócratas podía ganarse muy bien la vida. Muchas mujeres ricas querían pociones de amor para conseguir el marido deseado o recuperar el cariño de un cónyuge díscolo. Se decía que a veces los políticos recurrían a un brujo en busca de ayuda, ya fuese para ganar el favor del rey, llevar a cabo un complot rebelde o asegurarse el éxito en una misión diplomática delicada.

Como los servicios que ofrecían tenían mucha demanda, los brujos de pueblo estaban relativamente a salvo de la persecución legal que se aplicó a todas las formas de prácticas mágicas en una u otra época. En Inglaterra, entre 1542 y 1604, se aprobaron tres leyes contra la brujería en las que se declaraba felonía decir la fortuna, realizar **encantamientos** curativos o **pociones** de amor, o adivinar dónde estaba un tesoro o un objeto extraviado. Sin embargo, el número de gente perseguida por tales crímenes era bastante pequeño en comparación con el número de personas juzgadas por practicar formas malignas de magia, como tener tratos con el diablo o conjurar espíritus malignos. En su mayor parte, los magos de los pueblos contaban con la protección de sus vecinos. No obstante, eran vulnerables a los caprichos de los clientes descontentos, que podían delatarlos a las autoridades o acusarlos de brujería.

Durante el siglo XVI, la palabra «brujo» adquirió un nuevo significado. El apelativo no sólo se aplicaba a los hombres sabios del pueblo, sino también a los **magos** que practicaban la alquimia y convocaban a los **demonios**, a los astrólogos y a los que realizaban trucos de magia para entretener. Finalmente acabó usándose para referirse a quienes practicaban cualquier clase de magia, y se convirtió en la palabra favorita de los narradores de cuentos, que otorgaban a sus personajes poderes mágicos mucho más espectaculares de lo que ningún brujo real hubiese podido imaginar.

Caldero

A simple vista, un caldero puede parecer sólo una enorme olla. Pero en buenas (o malas) manos, puede ser un artefacto mágico con un poder extraordinario. Con un caldero, toda **bruja** o **brujo** avezado puede preparar **pociones**, predecir el futuro, suministrar una cantidad interminable de alimentos a un número ilimitado de invitados, otorgar juventud y fuerza, o conceder conocimientos y sabiduría.

Los primeros calderos de que se tiene noticia eran de formas y tamaños diversos, y estaban hechos de bronce, cobre, peltre (como el de Harry), piedra y más tarde de hierro forjado. En tiempos medievales, el caldero era el eje de casi todas las actividades domésticas. Se usaba para cocinar, preparar medicinas, lavar y teñir ropa, fabricar jabón y velas, y transportar tanto agua como fuego. Una familia numerosa podía tener sólo un caldero, que usaba para todos estos fines.

En algunas culturas, los calderos formaban parte de los rituales religiosos. Los antiguos celtas mantenían contentos a sus dioses haciéndoles ofrendas de finas joyas de oro y plata, que colocaban dentro de un caldero que a continuación se sumergía en agua. El célebre Caldero de Gundestop, que fue encontrado en una turbera en Dinamarca en 1891, está hecho casi por completo de plata pura y tiene representaciones de dioses, plantas y animales fantásticos. Data del siglo I a.C. y probablemente se usó en sacrificios humanos.

De todos modos, el uso más conocido de los calderos es el de utensilio de las brujas. Esta asociación data de tiempos remotos. En la mitología griega, la bruja Medea prometió a su esposo que alargaría la vida de su anciano y débil padre. Mezcló en un caldero hierbas mágicas con trozos de «animales que se aferran a la vida» (sobre todo, tortugas). Después hizo un corte en la garganta del viejo y vertió el preparado en la herida. El conjuro de Medea devolvió a su suegro el vigor de la juventud.

El caldero más famoso es, probablemente, el que perteneció al trío de brujas que arrastraron a Macbeth, el conocido personaje de Shakespeare, a su perdición.

La relación entre brujas y calderos se remonta a la Antigüedad griega y romana. Aquí vemos a una vieja bruja instruyendo a su aprendiz en el arte de preparar pociones.

Cuando Macbeth se les presentó, exigiendo que le revelaran el futuro, las tres brujas prepararon en un caldero un brebaje de lo más repulsivo, que contenía una escama de **dragón**, un diente de lobo, una pata de lagarto, un ojo de reptil acuático y un dedo de rana. Con este potaje único y el famoso encantamiento, «duplicaos, duplicaos penas y pesares; hierve, fuego; borbotea, caldero», las brujas hacen aparecer tres espíritus que le ofrecen profecías exactas, si bien astutamente engañosas.

El caldero ocupa también un lugar destacado en las mitologías irlandesa, galesa y celta, en la que es considerado un objeto mágico que tiene poderes sobre la vida misma. La boca del caldero se considera una entrada hacia el mundo subterráneo, del que emerge toda vida y al que los muertos regresan. El caldero de Pwyll, señor galés del mundo subterráneo, tenía fama de garantizar la inmortalidad. Algunas leyendas sugieren que, en cierta ocasión, el rey Arturo y sus caballeros trataron de robar dicho caldero. Otras sostienen que el héroe irlandés Bran tenía un caldero que podía hacer resucitar a los muertos, y que lo regaló al rey de Irlanda. El corrupto rey irlandés utilizó este recipiente mágico como fuente inagotable de soldados. Esos soldados eran mudos, para que no pudieran revelar a nadie los secretos de la vida en el más allá. En las crónicas de las batallas se describe cómo se metían en el caldero las diversas partes del cuerpo de los soldados seccionadas en el campo de batalla, y cómo de él inmediatamente salían cuerpos enteros y listos para luchar un día más. El rey irlandés resultó vencido sólo cuando el medio hermano de Bran saltó al caldero, sacrificando su vida para destruirlo, ya que no había sido fabricado para albergar a seres vivos.

Un ejército reclutado de este modo podía no ser derrotado jamás, pues era posible crear nuevos soldados a partir de los restos de los caídos. Si defenderse de las fuerzas del mal que están vivas y coleando ya puede resultar una tarea bastante difícil para un brujo decente, ¿cuánto mayor no será el peligro, si incluso en estos momentos pueden estar despertando y volviendo lentamente a la vida en los confines de algún oscuro caldero enemigos hace tiempo abatidos?

Cancerbero

Fluffy, el perro enorme de tres cabezas que custodia la piedra filosofal en Hogwarts, procede de una estirpe mitológica de unos tres mil años de antigüedad. Su antepasado más venerable es Cerbero, el salvaje sabueso de la mitología griega y romana, que guardaba la entrada del mundo subterráneo. En el siglo VIII a.C., el poeta Hesíodo describía a Cerbero como un can de cincuenta cabezas y voz de metálica. Sin embargo, sólo dos siglos después, las cincuenta cabezas parecían demasiadas incluso para el despiadado perro guardián. Los artistas describían a Cerbero, una imagen que se ha convertido en clásica, con tan sólo tres cabezas, cola de dragón y espina dorsal erizada de serpientes.

Los antiguos griegos creían que, cuando alguien moría, su espíritu pasaba al mundo subterráneo. Gobernado por Hades y su esposa, Perséfone, el mundo subterráneo era el destino de todas las almas, buenas o malas, pero la calidad de su existencia allí dependía de cómo se hubieran comportado en la Tierra. Como perro guardián del mundo subterráneo, el trabajo de Cerbero era asegurarse de que nadie escapara del reino de Hades una vez traspasado su umbral. Nacido de dos monstruos terribles (su padre era un **gigante** de aliento de fuego cubierto de **dragones** y serpientes, y su madre, medio mujer, medio serpiente, se comía a los hombres crudos), Cerbero no tenía problemas para atemorizar a la gente. Pero por si con su aspecto no bastaba, los dientes afilados de sus tres cabezas de perro y las púas de su cola resultaban bastante efectivos.

Muy pocos personajes mitológicos consiguieron eludirle y continuar su camino de vuelta hacia el mundo de los vivos. La ninfa Psique lo consiguió dándole de comer un pastel de miel con una droga, y el héroe troyano Eneas siguió su ejemplo. El músico Orfeo, que se aventuró en el mundo subterráneo en busca de su fallecida esposa, Eurídice, tocó su lira con tanta armonía que Cerbero cerró los ojos sumido en el éxtasis y lo dejó pasar. (*Fluffy* reacciona ante la música del mismo modo.) Hércules, para realizar el último de sus doce trabajos, luchó contra Cerbero con las manos desnudas y consiguió arrastrar a la bestia hacia la tierra durante un corto tiempo.

Según la leyenda, durante los días que pasó en el mundo de los vivos, Cerbero babeó, como hacen los pe-

rros. Unas gotas de su saliva cayeron en la tierra, de las que creció una planta venenosa llamada acónito. También conocido como matalobos, el acónito es una planta que existe de verdad, y las **brujas**, tanto las reales como las de ficción, solían usarla en **pociones** y ungüentos.

Capa de invisibilidad

A veces el hábito sí que hace al monje, o a la monja. Si no, pregúntaselo a cualquiera que tenga una capa de invisibilidad. Estas prendas tan útiles, que hacen invisible a quien se las pone (a todos menos a Ojoloco Moody), han ayudado a los héroes a forjarse una buena reputación durante siglos.

La noción básica de la moda de ropa invisible la encontramos ya en la mitología griega. Hades, el dios griego del mundo subterráneo, poseía una «gorra de la oscuridad», que volvía invisible a cualquiera que se la pusiera. (No es por casualidad que *Hades* signifique «el no visto» en griego antiguo.) Esta gorra era de gran utilidad para despistar al enemigo, y la solían tomar prestada otras figuras mitológicas. El joven príncipe Perseo se la puso cuando salió a matar a la Medusa, el monstruo de melena de serpientes, y el dios Hermes la utilizó en su batalla contra el **gigante** Hipólito.

Otras leyendas griegas hablan de anillos, flechas e incluso nubes de niebla que otorgaban la envidiable capacidad de moverse por ahí sin ser visto, pero hasta la Edad Media no se conocían las capas de invisibilidad. Su pri-

Antes que Harry Potter, Jack el Matador de Gigantes fue el propietario más famoso de una capa de invisibilidad. Aquí vemos a Jack usando su prenda mágica para engañar a dos grifos.

mera mención aparece en el famoso poema austríaco «Los nibelungos», un poema épico del siglo XII, inspirado vagamente en varias fábulas de la mitología nórdica. En él, un poderoso **enano** mágico llamado Alberich posee una capa secreta (o *tarnekappe*) que hace invisible al que se la pone. Es una prenda de una potencia poco común que también otorga a su portador la fuerza de doce hombres juntos. Alberich usa la *tarnekappe* para proteger el tesoro subterráneo de los nibelungos (una poderosa raza de enanos europeos) hasta que es derrotado por el gran héroe del folklore germano, Sigfrido, que le arrebata su capa. La historia de Alberich y Sigfrido también se narra en la célebre ópera alemana del siglo XIX *El anillo de los nibelungos*, de Richard Wagner.

Hacia el siglo XVIII, las capas, abrigos y mantos de invisibilidad eran un elemento imprescindible en el folklore europeo. Del popular héroe inglés Jack el Matador de Gigantes se decía que llevaba un «abrigo de la oscuridad» que le permitía acercarse sigilosamente a sus enemigos sin que se dieran cuenta. (Jack, a cuyo atuendo nunca le faltaba detalle, llevaba también en muchas de sus aventuras una gorra de la sabiduría y un par de zapatos de velocidad). Las capas de invisibilidad también aparecen en muchos cuentos de hadas de los hermanos Grimm, como en la fábula popular «Los zapatos gastados de tanto bailar». En este entretenido cuento, un soldado arruinado se gana renombre, una fortuna y una novia de la realeza usando su capa para engañar a doce princesas mimadas. A pesar de su atuendo mágico, el soldado está a punto de ser descubierto. Le cuesta esconder bien las manos y los pies, y en cierto momento su presencia invisible en una barca de remos hace que los demás se pregunten: «¿Por qué pesa tanto la barca esta noche?»

Por supuesto, no todas las capas de invisibilidad son iguales. Igual que cualquier otro artículo de vestir, las hay de diferentes tallas, tejidos y colores. La prenda mágica de Jack el Matador de Gigantes suele describirse como un «abrigo viejo» muy sencillo, mientras que la capa que Harry hereda de su padre está hecha de un tejido suave y plateado, que ondea y flota como si fuera agua. Algunas capas de invisibilidad también confieren poderes adicionales a los portadores, como la capa voladora de invisibilidad que aparece en una secuela de *El mago de Oz*, que podía llevarse volando a su propietario adonde deseara.

Sin embargo, hay una característica que comparten

todas las capas de invisibilidad: permiten a sus portadores hacer lo que les dé la gana, sin miedo a ser juzgados o castigados. Como descubre Harry cuando usa su capa para salir a hurtadillas de Hogwarts por las noches, el poder de la invisibilidad te permite hacer las cosas a tu manera e ir adonde te apetezca. La idea de una libertad tan ilimitada animó en cierta ocasión al filósofo griego Platón a preguntar a sus discípulos cómo se comportarían si de repente se volvieran invisibles. ¿Tú qué harías si te pasara eso? ¿Saldrías a matar monstruos terroríficos, como hizo Perseo, o te harías el rey de un mundo subterráneo espantoso, como Alberich? ¿O te limitarías a escapar sigilosamente para ir a por algunas babosas de gelatina, como hacen Harry y sus colegas?

Caza de brujas

Sería bonito pensar que la *Historia de la magia* de Batidla Bagshot cuenta toda la verdad acerca de la caza de brujas de los principios de la Europa moderna. En este libro, Harry lee que las **brujas** y los **brujos** quemados en la hoguera no sufrían ningún dolor, después de todo, un simple **encantamiento** hacía que las llamas parecieran unas agradables cosquillas. Pero la buena señora Bagshot se calló el hecho de que miles de hombres y mujeres comunes fueron falsamente acusados de brujería y no tenían ningún poder mágico que los protegiera. Lamentablemente, esas personas fueron las víctimas de la histeria de la caza de brujas que se extendió por una bue-

MALLEVS
MALEFICARVM,
MALEFICAS ET EARVM
hæresim frameâ conterens,

EX VARIIS AVCTORIBVS COMPILATVS,
& in quatuor Tomos iustè distributus,

QVORVM DVO PRIORES VANAS DÆMONVM versutias, præstigiosas eorum delusiones, superstitiosas Strigimagarum cæremonias, horrendos etiam cum illis congressus ; exactam deniquè tam pestiferæ sectæ disquisitionem, & punitionem complectuntur. Tertius praxim Exorcistarum ad Dæmonum, & Strigimagarum maleficia de Christi fidelibus pellenda; Quartus verò Artem Doctrinalem, Benedictionalem, & Exorcismalem continent.

TOMVS PRIMVS.
Indices Auctorum, capitum, rerúmque non desunt.

Editio nouissima, infinitis penè mendis expurgata ; cuique accessit Fuga Dæmonum & Complementum attis exorcisticæ.

Vir siue mulier, in quibus Pythonicus, vel divinationis fuerit spiritus, morte moriatur Leustici cap. 10.

LVGDVNI,
Sumptibus CLAVDII BOVRGEAT, sub signo Mercurij Galli.

M. DC. LXIX.
CVM PRIVILEGIO REGIS.

Portada del *Malleus Maleficarum*.

na parte de Europa desde mediados del siglo XV y hasta finales del siglo XVII.

Durante 250 años, gente de todas las clases sociales estaba convencida de que una conspiración generalizada de brujas amenazaba su vida. Se creía que en todas partes, desde los establos de las granjas hasta las estancias reales, individuos malignos dedicados a derrotar el cristianismo trabajaban para el Diablo. Los principios tradi-

87

cionales de la ética y de la legalidad fueron dejados a un lado por jueces estrictos y líderes religiosos decididos a erradicar a los malhechores y exterminar a todas las brujas de la faz de la Tierra. Los eruditos modernos estiman que durante este período fueron torturadas con saña y ejecutadas por brujería entre 30.000 y varios centenares de miles de personas, sobre la base de pruebas como mucho endebles y, a menudo, sin ellas.

¿Por qué tuvieron lugar unos hechos tan terribles? Nadie puede asegurarlo a ciencia cierta. Pero seguramente el conflicto religioso, incluida la escisión de la Iglesia cristiana entre católicos y protestantes, tuvo un papel destacado en la creación de una atmósfera de desconfianza entre vecinos, e incluso en el seno de las propias familias. También fue importante la invención de la imprenta a mediados del siglo XV, que contribuyó a la rápida propagación de ideas y temores acerca de la brujería entre los que disfrutaban de una elevada posición.

Muchas de estas ideas se recogen en *Malleus Maleficarum* («Martillo de brujas»), una completa guía para identificar, perseguir y castigar a las brujas escrita en 1486 por dos cazadores de brujas alemanes. El libro tuvo un éxito inmediato y lo leían los clérigos, los legisladores y prácticamente cualquiera que supiera leer. Llegó a ser tan popular, que durante doscientos años fue, después de la Biblia, la obra más vendida. Aunque el libro no fue el responsable del fenómeno de la persecución, al popularizar y confirmar las creencias en que se basaban los juicios por brujería, contribuyó a perpetuar los estereotipos y la desinformación que enviaron a miles de personas inocentes a una muerte espantosa.

Los autores del *Malleus* daban horribles detalles acerca de cómo las brujas pactaban con el Diablo, se transformaban en bestias salvajes y sacrificaban bebés. Sus afirmaciones, refrendadas por el papa Inocencio VIII, pasaron a ser consideradas verdades irrefutables. Se celebraron centenares de juicios por brujería siguiendo los procedimientos indicados en el libro: se negaba a las acusadas el derecho a la asistencia de un abogado o a llamar a testigos y se recomendaba la tortura. Citando lo que dice la Biblia, «A la mujer que practica la magia, no le perdones la vida» (Éxodo, 22,17), los autores aseguraban que la única manera de tratar con Satán era erradicando y destruyendo a sus servidores terrenales.

Mucha de la responsabilidad de esta colosal tarea recayó en un principio sobre la Inquisición, la institución eclesiástica católica dedicada a identificar y exterminar la herejía (las ideas y las prácticas contrarias a la Iglesia). Los inquisidores profesionales recibieron plenos poderes para buscar y castigar a los malhechores, y las personas de las que se sabía que practicaban la magia eran un blanco perfecto para su campaña. Aunque la Iglesia nunca había aprobado a las mujeres sabias de las aldeas y a los **brujos** que preparaban **pociones** de amor y realizaban **curaciones**, estas personas formaban parte de la comunidad, y las autoridades no habían intentado nunca expulsarlas de manera seria. En ese momento, sin embargo, la Iglesia insistía en que cualquiera que tuviera fama de poseer habilidades sobrenaturales podía muy bien haber recibido sus poderes del Diablo y que, por tanto, era culpable de herejía: un crimen que se castigaba con la muerte. Esta ley se aplicó a los curanderos y adivinos de los pueblos, así como a todos los sospechosos de practicar las formas malignas de la magia, como lanzar conjuros para dañar a la gente o destruir las cosechas.

No sólo eran acusados de brujería quienes tenían fama de practicar la magia. A medida que la histeria crecía y que los seglares hacían tan suya la causa de la caza de brujas como las autoridades católicas y protestantes, los ciudadanos respetables se vieron obligados a parecer lo menos sospechosos posible. Una anciana podía ser acusada simplemente debido a su aspecto físico o porque iba por el pueblo hablando para sí o tenía una escoba en casa. Una pelea podía acabar en un cargo por brujería si la parte ofendida sugería a las autoridades que su vecino le había lanzado una maldición. En las zonas en las que se confiscaban los bienes de las brujas convictas, la gente rica del pueblo era el blanco preferido. Pero hombres y mujeres de todas las edades, tanto ricos como pobres, fueron acusados, juzgados, torturados y quemados en la hoguera. Se permitía acusar de manera anónima a cualquiera, sin temor a que el acusador tuviera que encararse con la persona a la que había tachado de practicar la brujería.

Una vez arrestadas, las brujas eran juzgadas y consideradas culpables hasta que se probase lo contrario. Después de todo, según el *Malleus Maleficarum*, los jueces no tenían por qué ser excesivamente cautos con el veredicto, porque Dios nunca permitiría que un inocente fuera declarado culpable de brujería. En Alemana, Francia y Suiza, los sospechosos eran torturados sistemáticamente para que confesaran con todo detalle. En circunstancias tan espantosas, el acusado casi siempre confesaba cualquier cosa que quisieran los inquisidores: adorar al Diablo, convocar y tener trato con **demonios**, volar sobre una escoba hasta las reuniones nocturnas, lanzar **conjuros** para perjudicar a los vecinos y un montón de otros crímenes. Cada nueva confesión confirmaba a los acusadores en la creencia de que la conspiración diabólica tenía proporciones monumentales, y los incitaba a buscar con

La culpabilidad o inocencia de las acusadas de brujería solía determinarse tirándolas al agua. Si flotaban, era señal de culpabilidad, y si se hundían, con lo cual a veces se ahogaban, era señal de inocencia. Los cazadores de brujas podían controlar el resultado de la prueba mediante las cuerdas que sujetaban a la sospechosa.

más diligencia todavía y a castigar con más dureza si cabe. En Inglaterra y Escandinavia, donde la tortura era ilegal, los jueces se basaban en testimonios sin pruebas y en la presencia de las llamadas «marcas de bruja» (cualquier marca de nacimiento) o en las afirmaciones de que el acusado tenía un animal de compañía demoníaco o espíritu aliado (véase **bruja**). Cada «bruja» era obligada a aportar los nombres de sus cómplices, lo que desencadenaba la celebración de nuevos juicios. Este procedimiento provocaba a veces una reacción en cadena que acababa por destruir pueblos enteros. En 1589, 133 habitantes de la ciudad alemana de Quedlinburg fueron ejecutados por brujería en un mismo día.

Desde luego, no todo el mundo creía en la brujería. No todo el mundo sospechaba que sus vecinos hubieran hecho un pacto con el Diablo. Entonces, ¿por qué nadie hablaba en contra de la caza de brujas y se le ponía fin? Bueno, algunos lo intentaron, pero los juicios por brujería estaban en manos de autoridades con mucho poder, y cualquiera que pusiera en duda abiertamente la autenticidad de la brujería o incluso la culpabilidad de una anciana inofensiva, se arriesgaba a acabar también sometido a juicio. Sólo los protegidos por un cargo de relevancia podían permitirse correr tal riesgo, aunque sus protestas no solían dar mucho resultado.

Sin embargo, el miedo a la brujería desapareció cuando la revolución científica despertó un nuevo escepticismo en Europa, y la creencia en la magia se volvió impropia de las clases dominantes. Uno de los mayores brotes de la histeria de la caza de brujas tuvo lugar en la colonia norteamericana de Salem, en Massachussets, en el año 1692. El último juicio por brujería de Inglaterra se celebró en 1712, el último de Francia en 1745 y el último de Alemania en 1775. Las leyes inglesas y escocesas que prohibían la brujería fueron derogadas en 1736. Quienes todavía creían en la participación del Diablo en los asuntos mundanos se lo guardaron para sí. La brujería pasó de ser una herejía a formar parte una vez más de la tradición mágica. A pesar de todo, la popular asociación entre las brujas y el mal no desapareció del todo. A principios del siglo XX todavía se daban episodios de violencia contra supuestas brujas tanto en Europa como en Estados Unidos.

¿Por qué eran mujeres las brujas?

Durante la época de intensa caza de brujas, tres de cada cuatro personas acusadas eran mujeres. Eso puede parecernos un claro prejuicio, pero para los cazadores de brujas tenía mucho sentido. Desde su punto de vista, la historia bíblica de Adán y Eva demostraba que las mujeres eran las responsables de todo el pecado del mundo. Resultaba evidente que las mujeres eran física, moral e intelectualmente más débiles que los hombres y por tanto, al Diablo le resultaba más fácil tentarlas. Además, señalaban los inquisidores, las mujeres eran más vengativas que los hombres, más rencorosas y más mentirosas.

Los actuales eruditos señalan que, además de estas claras pruebas de la misoginia (odio hacia las mujeres) que impregnaba la sociedad que apoyaba la caza de brujas, algunas condiciones sociales hacían a las mujeres más vulnerables a las acusaciones de brujería. Por ejemplo, las comadronas que ayudaban en los partos eran mujeres, y cuando el bebé moría (lo que sucedía con frecuencia), los padres podían echarle la culpa a la comadrona. Para la gente no existía demasiada diferencia entre una comadrona y una bruja, porque las muertes repentinas se consideraban prueba de brujería. Pero, probablemente, el grupo más nutrido de presuntas brujas era el formado por las ancianas, tanto solteras como viudas, que vivían solas. En una sociedad dominada por los hombres, en la que las mujeres no solían tener derechos ni propiedades, una mujer que no estuviera bajo el control de un padre o de un marido era vista como una amenaza para la sociedad o, en el mejor de los casos, con desconfianza. Los juicios por

brujería eran un medio muy conveniente para desha-
cerse de estos desagradables miembros de la comu-
nidad.

También es bastante posible que las mujeres practi-
caran más a menudo algún tipo de hechicería que los
hombres. Puesto que tenían muy poco poder para re-
parar los agravios, resolver los desacuerdos o incluso
ejercer control sobre su propio destino por medios lega-
les, las mujeres podían volverse hacia la práctica ilegal
*de la magia (**conjuros**, **pociones** o **maleficios**) en un in-*
tento de ganar algún tipo de control sobre sus vidas y
su entorno. Aunque sus actividades solían ser inofen-
sivas, podían acarrearles graves consecuencias si por
ellas acababan siendo acusadas de brujería.

Centauro

A diferencia de los centauros meditativos y filosóficos que rondan por el **bosque prohibido**, los centauros
originales de la mitología griega eran unos alborotado-
res. Vivían en manadas en las montañas del norte de
Grecia, y llevaban una vida salvaje y sin ley. Medio hombres, medio caballos, los centauros eran seres hermosos,
pero siempre estaban dispuestos a beber, pelear y se-
ducir a las mujeres humanas. Cuando los invitaron a la
boda de su vecino, el rey Pirithous de Laipithae, los centauros, borrachos, se lanzaron sobre las invitadas, intentaron raptar a la novia e iniciaron una sangrienta batalla

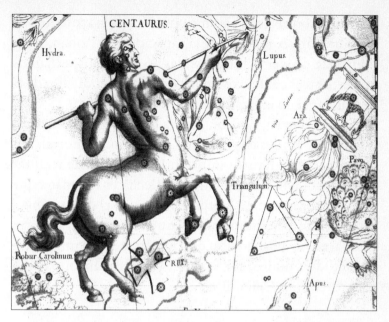

La constelación Centaurus es visible sólo para los que viven cerca del ecuador o en el hemisferio sur. Contiene la tercera estrella más brillante del firmamento nocturno, Alpha Centauri, que también es la estrella más cercana a nuestro Sol.

contra el anfitrión y sus seguidores (batalla que finalmente perdieron, para gran alivio de todos los que vivían en las inmediaciones).

Como sucede en toda familia numerosa, hubo unos cuantos centauros que se rebelaron contra las salvajes costumbres de sus semejantes, escogiendo una vida de virtud y erudita contemplación. El más famoso es Quirón, que ejerció de profesor y mentor de muchos jóvenes destinados a convertirse en grandes hombres, como Hércules, Aquiles (el héroe de la guerra de Troya), Jasón (capitán de los Argonautas) y Asclepio, el dios de la medicina. Conocido por su sabiduría y su sentido de la justicia, Quirón era experto en medicina, caza, **herbología** y navegación celeste. También practicó la **astrología** y la **adivinación**. A juzgar por la capacidad de Ronan, Bane y Firenze de leer el futuro en las estrellas, sospechamos que estos tres centauros deben de ser descendientes de la misma rama de la familia que Quirón.

Según el mito, Quirón podría haber seguido educando jóvenes héroes eternamente, ya que era inmortal. Pero prefirió perder su inmortalidad después de resultar herido accidentalmente por una flecha envenenada que pertenecía a su amigo Hércules. Cuando el dolor se hizo insoportable, le pidió a Zeus que le permitiera morir. Zeus accedió a la petición de Quirón, pero lo inmortalizó de todos modos, colocándole en el firmamento como la constelación Centaurus.

Circe

Bella y letal, encantadora y cruel, Circe es una de las grandes **brujas** de la mitología griega. Con ayuda de su **varita mágica**, sus **pociones**, hierbas y **encantamientos**, transformaba a hombres en animales, hacía que los bosques se movieran de sitio y cambiaba el día en noche. Los antiguos poetas Homero, Hesíodo, Ovidio y Plutarco relataron sus proezas, garantizándole un lugar en el mundo de las leyendas (y entre los cromos de las ranas de chocolate).

Circe era hija del dios sol Helios y de la ninfa oceánica Persea, y vivía en la islas de Eea, cerca de la costa de Italia, donde se pasaba la vida creando con su telar telas

La varita y las pociones de Circe no tuvieron efecto sobre Ulises. Esta ilustración está extraída de una edición de 1887 de La Odisea.

deslumbrantes, mientras cantaba con una voz encantadora. De vez en cuando recibía la visita de viajeros que pasaban por su isla por casualidad, o de gente que ya sabían de sus poderes mágicos y que acudía para pedirle ayuda. Pero Eea era una isla mucho más peligrosa que las típicas islas de vacaciones. El dios marino Glauco tuvo ocasión de comprobarlo cuando visitó a Circe para pedirle una poción que le ayudara a conquistar al objeto de su amor, una ninfa llamada Scila. Circe se enamoró de Glauco y le rogó que se quedara junto a ella. Como él se negó, ella echó unas hierbas venenosas en las aguas donde se estaba bañando su rival, de modo que convirtió a Scila en un monstruo espantoso con cabezas de perros y de serpientes saliéndole por todo el cuerpo. Y otro hombre que también tuvo la osadía de rechazar a Circe, pasó el resto de sus días como pájaro carpintero.

Los visitantes más famosos de la isla de Circe fueron el héroe griego Ulises (también llamado Odiseo) y sus marineros, que arribaron a Eea a su regreso de la guerra de Troya. Ulises envió a la mitad de su tripulación a investigar el origen de una columna de humo que había visto a lo lejos. Enseguida llegaron a la morada de la encantadora: un palacio de mármol situado en un claro de un bosque, rodeado de osos, leones y lobos mansos, que habían sido hombres antes de conocer a Circe. La bruja apareció en la puerta y, comportándose como una amable anfitriona, invitó a comer a los marinos. Pero el queso y la cebada que les sirvió contenían una poderosa poción que les borró la memoria y les quitó las ganas de regresar a casa. Mientras ellos eran presa de un agradable estupor, Circe fue tocando a cada marino con su **varita mágica**, los transformó en cerdos y los condujo a todos, que lloraban sin parar, hacia las pocilgas.

Circe planeó ese mismo final para Ulises, pero cuando éste acudía a buscar a sus hombres, se encontró con el dios Hermes, que le entregó una hierba llamada *moly* con la que podría neutralizar el efecto de los **conjuros** y pociones. Incapaz de vencerle con sus poderes mágicos, Circe decidió hacerse amiga de Ulises y restituir a los marinos su forma humana. Desde ese momento actuó como consejera de Ulises, avisándole de los peligros que le acechaban y explicándole cómo comunicarse con los **fantasmas** que iba a encontrarse en su viaje al mundo subterráneo.

Los mitos sobre Circe, junto con las historias sobre la hechicera Medea (sobrina de Circe), y sobre la diosa y bruja griega Hécate, forman la base de muchas creencias populares sobre las **brujas** y la brujería en general. En la Edad Media, los que oían contar esos mitos solían creen que Circe había existido de verdad y que sus hazañas mágicas eran del todo posibles.

Conjuro

Las **pociones** tardan en prepararse, las hierbas tardan en crecer, pero un conjuro puede lanzarse en un instante. Ron usa un conjuro de levitación para golpear a un **troll** con su propio garrote. Harry encuentra su camino a través de un laberinto con la ayuda de un conjuro indicador. Un conjuro para abrir cerraduras permite a Hermione entrar en un pasillo prohibido. Los conjuros son herramientas poderosas que afectaban a la gente, los animales, los objetos e incluso a los lugares. Todo Hogwarts está bajo un conjuro que lo hace parecer un montón de ruinas para los no iniciados.

Naturalmente, los conjuros mágicos de la literatura consiguen los resultados más espectaculares. Pero la gente real de casi todas las culturas ha creído siempre en el poder de los conjuros para influir en el comportamiento humano y alterar el curso de los acontecimientos. En la Antigüedad, los **brujos** profesionales se ganaban muy bien la vida lanzando conjuros que ayudaban a sus clientes a encontrar el amor, perjudicar a sus enemigos (un conjuro maligno era una **maldición**), hacerse ricos, sanar, sobresalir en los deportes, eliminar las ratas del hogar o contrarrestar el efecto de otros conjuros echados por brujos rivales. Los aficionados usaban conjuros al estilo «hágalo usted mismo». Los había por todas partes e incluso uno de los escritores romanos del siglo I más escépticos admitía que «no hay quien no tema los conjuros y los encantamientos».

Un conjuro es una frase dicha o escrita que tiene un efecto mágico. Muchos consisten en encantamientos en los que lo que se desea (dinero, salud o fama) se especifica claramente y se repite muchas veces mientras se lleva a cabo un ritual, como encender una vela, quemar incienso, señalar o hacer gestos. Algunos antiguos egipcios copiaban los conjuros en papiros, los disolvían en cerveza y se la bebían. Los antiguos brujos de Grecia y Roma creaban conjuros mientras hacían girar una rueca llamada rombo. Dependiendo de la cultura, un conjuro podía incluir el uso de **palabras mágicas** o la súplica a una deidad. Algunos conjuros se entonaban o se cantaban. El ritual mágico completo, desde el principio hasta el final, se llama «lanzar» o «tejer» un conjuro.

Los conjuros que pretenden influir en el comportamiento de otra persona, como los de amor, de curación y las maldiciones, son más efectivos si se incorpora a la ceremonia un poco de cabello, un recorte de uña, una prenda de ropa o cualquier otro objeto personal del destinatario. Esto es un reflejo de la antigua creencia de que las cosas que han estado en contacto físico (una mujer y sus uñas, por ejemplo) mantienen una conexión «mágica» aunque estén a kilómetros de distancia. Si no se cuenta con ninguno de estos elementos, se pueden usar palabras para crear el vínculo entre el ritual y el destinatario del conjuro. «Como fundo esta cera —dice un conjuro de amor del siglo I—, así se derrite su corazón por mí. Como quemo estas hierbas, así sus pasiones arden por mí. Como anudo este hilo, así quedará él ligado a mí.» Lanzar un conjuro algunas veces también implicaba usar figuritas de cera o de arcilla o muñecas de trapo, que representaban a la persona a la que iba dirigido el conjuro. En un conjuro de amor, la figura se envolvía en hilo como para «atar» el amor del destinatario. En el caso de un conjuro de curación, la muñeca podía rellenarse de hierbas medicinales. Si el conjuro estaba destinado a perjudicar (véase **artes oscuras**), la figura se dañaba.

Por supuesto, los conjuros de los cuentos de hadas y la literatura no necesitaban de tantos artefactos. Un simple toque de la varita del brujo convierte a un tímido poeta en un valiente caballero, o consigue que un coche de caballos vuele por los aires. En Hogwarts, los profesores logran que sus alumnos se comporten con honradez simplemente controlando sus plumas con un conjuro que les impide copiar durante los exámenes. Hoy día, usamos el verbo conjurar en el sentido de alejar peligros o de unirse para conspirar contra alguien.

Demonio

Los demonios, espíritus maliciosos que aparecen en el folklore, la mitología y las religiones de todo el mundo, se presentan bajo todo tipo de apariencias y tamaños, y casi siempre tienen malas intenciones. El antipático *grindylow* inglés que ataca a Harry en el lago de Hogwarts es un demonio. También lo es el **demonio ne-**

crófago que vive en la buhardilla de los Weasley, y el *kappa* japonés que estudian en la clase de Defensa contra las Artes Oscuras. En casi todas las culturas del mundo podemos encontrar cuentos terroríficos sobre los demonios y sus maldades. Aunque hoy sólo se consideran seres fruto de la imaginación, hubo un tiempo en que se pensaba que eran reales, y se les echaba la culpa de gran parte del mal y del sufrimiento del mundo.

Las referencias más antiguas acerca de los demonios se encuentran en las antiguas culturas de Mesopotamia, Persia, Egipto e Israel, donde se culpaba a una gran variedad de espíritus malignos de las enfermedades, la destrucción de los cultivos, las riadas, los incendios, las plagas, el odio y la guerra. Recibían nombres diversos, como «el Agazapado» o «el Atrapador», y se pensaba que rondaban por todas partes: en los desiertos y los bosques, en las bodegas y los tejados, y dentro de los hogares que no hubieran sido protegidos adecuadamente mediante **amuletos** o encantos mágicos. Como podían tomar apariencias muy diferentes, a menudo se decía que estos antiguos demonios se materializaban en forma de moscas, perros, toros o monstruos de muchas cabezas.

El concepto europeo de los demonios evolucionó a partir de estas tradiciones y de los *daimones* de la antigua Grecia. Estos espíritus invisibles, descritos como intermediarios entre los dioses y los hombres, podían ser buenos o malos. Los *daimones* malos hacían que los hombres se desviaran de su camino, y propiciaban las malas acciones, mien-

Se pensaba que el demonio de tres cabezas Asmodeus era todo un experto en destruir matrimonios y encender la rabia y la venganza.

tras que los *daimones* buenos servían de guías y protectores. Sócrates, el filósofo, afirmaba que un *daimón* bueno veló por él a lo largo de toda su vida, susurrándole consejos al oído y avisándole de los peligros. Como se pensaba que los *daimones* se comunicaban con los dioses, la gente intentaba llamarlos para que les ayudaran en ciertas prácticas mágicas, como lanzar **conjuros** o **maldiciones**. La presencia e influencia de los *daimones* era aceptada por todos en el mundo clásico.

A finales del siglo IV d.C., los *daimones* se convirtieron en demonios. El cristianismo había pasado a ser la religión oficial del vasto Imperio Romano, y los dirigentes de la Iglesia enseñaban a los fieles que los verdaderos espíritus que ocupaban el territorio existente entre Dios y los hombres eran los ángeles. Todos los espíritus paganos, incluidos tanto los *daimones* buenos como los malos, empezaron a considerarse ángeles caídos, o demonios, que conducían a los hombres hacia el mal. Al igual que sucedió en la Antigüedad, los demonios cargaban con las culpas de cualquier desgracia, ya fuera un accidente, una enfermedad o incluso un mal sueño.

Durante la Edad Media, a medida que el cristianismo creció y se extendió, toda la gama de demonios de Oriente Medio fue absorbida por la tradición cristiana. Pasaron a engrosar las listas de los servidores del Diablo, aunque cada uno tenía su propio nombre, una descripción física individual y habilidades características. Por ejemplo, Asmodeus era el demonio de la envidia, la rabia y la venganza, y su especialidad era la destrucción de los matrimonios. Se le representaba con tres cabezas (una de hombre, otra de carnero y otra de toro), pies de oca y cola de serpiente. Belial era un demonio engañosamente atractivo, de voz dulce, que disfrutaba haciendo que los hombres se volvieran malos y les corroyera el sentimiento de culpa. Algunos de los grandes pintores de la Edad Media y del Renacimiento dejaron volar su imaginación al plasmar demonios en los cuadros religiosos, las paredes de las iglesias y los manuscritos iluminados. En el siglo XVI, la tradición sobre los demonios había llegado a ser tan elaborada que en un catálogo detallado de los ayudantes de Satán se contaban un total de 7.405.926 demonios.

Que hubiera tantos demonios revoloteando por ahí no

¿Cómo reconocer a un demonio?

Si te preocupa pensar que hay demonios acechando en cada callejón oscuro, a lo mejor estarías un poco más tranquilo si supieras reconocerlos. Aunque proceden de países muy diversos, lo cierto es que todos ellos tienen una serie de características físicas que los hacen inconfundibles.

La mayoría caminan erguidos y combinan rasgos humanos con rasgos de bestia. Es bastante común que tengan más de una cabeza, igual que cierta abundancia o escasez de dedos en manos y pies. Muchos demonios tienen alas como las del murciélago, rabos, garras y cuernos (aunque suelen esconder estos apéndices mientras andan por ahí buscando presas). La boca tiende a ser grotesca y deforme, con colmillos que les asoman y lengua larga y retráctil. Algunos carecen de piel, y casi todos tienen medio cuerpo cubierto de escamas o plumas.

De todos modos, lo que más los delata son los pies. Quizá la criatura se parezca en todo a una hermosa mujer, o a un tigre de tres cabezas o cualquier otra cosa que te imagines, pero los pies son siempre pezuñas de cabra o cerdo, patas de ganso o de gallo, y si se trata de un demonio acuático, aletas de pez o cola de serpiente.

podía traer nada bueno. Durante la época de la **caza de brujas** de los siglos XVI y XVII en Europa, los demonios empezaron a asociarse con la brujería. Tanto las brujas como los demonios eran sirvientes del Diablo, y se decía que las brujas usaban a los demonios para realizar muchos de sus malvados actos. Pero lo más alarmante era que se creía que los demonios entraban en el cuerpo de la gente y lo «poseían», provocándoles el tipo de síntomas que hoy se diagnosticarían como epilepsia o algún tipo de enfermedad mental. Muchas veces, la posesión demoníaca se atribuía a una bruja, que habría metido el demonio en algún alimento que la víctima había comido.

Dado que al principio habían sido ángeles sabios, se creía también que los demonios poseían un bagaje de valiosa información acerca de temas tan diversos como matemáticas, hierbas medicinales, geometría, vuelo e invisibilidad. Por esto a muchos aprendices de **hechicero** les tentaba enormemente la idea de contactar con ellos para acceder a sus secretos. Pero los demonios eran bastante astutos y, según dice la tradición popular, usaban métodos muy variados para hacer daño o para destruir a los que, por estupidez, intentaban comunicarse con ellos. Convocar demonios era una actividad considerada totalmente ilegal, y en muchos lugares de Europa se castigaba con la pena de muerte.

Aun así, no todos los demonios eran asociados con las fuerzas oscuras. Los demonios de algunas culturas no tienen ningún interés en conducir a los hombres por la senda del mal; sencillamente ¡se los quieren merendar! En otros casos, atacan sólo para defender su territorio (el bosque, las montañas, los desiertos, lagos y ríos, donde suelen morar) de la invasión de los humanos. Pero en todo el mundo, los demonios representan todo aquello que da miedo, tanto del mundo natural como del interior de nosotros mismos. Igual que las personas, los demonios despotrican durante horas, traman planes, engañan, seducen y despliegan una energía inagotable («trabajan como demonios») para conseguir lo que se proponen. Por suerte, en la mayoría de los casos los demonios pueden ser derrotados. Las armas más poderosas contra ellos son la ingenuidad humana, la verdad, el amor y en muchos casos, la risa.

Demonio necrófago

A las personas que les encanta todo lo repugnante y disfrutan con las cosas más asquerosas y desagradables las podríamos llamar demonios necrófagos, porque estos demonios son famosos por su afición a desenterrar restos humanos y comerse la carne putrefacta. Habiendo dicho esto, no podemos comprender por qué un demonio necrófago se empeña en merodear por la buhardilla de los Weasley. Uno se plantea qué tendrán guardado allí arriba.

Aunque los demonios necrófagos (en inglés, *ghouls* o *ghuls*) tienen su sitio en el folklore occidental, donde primero aparecieron fue en las antiguas leyendas del mundo árabe islámico, según las cuales pertenecían a una raza rebelde de espíritus malignos. Principalmente habitan en los desiertos, pero también se esconden en cuevas, vagan por los bosques y fisgan en los sitios donde han muerto humanos recientemente. Los demonios necrófagos, con su conducta caníbal y su gusto por saquear tumbas, han sido temidos en todo el norte de África, Oriente Medio e India. Además, aunque consumen a placer cualquier tipo de cadáver que encuentran a su paso, la mayoría no se quedan realmente satisfechos hasta que han matado ellos mismos a alguien.

No se puede describir con precisión a estos demonios necrófagos. Algunas historias dicen que parecen camellos, bueyes, caballos o avestruces de un solo ojo. Otras hablan de una criatura con una pelambrera abundante y revuelta que le cubre los ojos. De todos modos, su aspecto «real» importa poco, dado que el demonio necrófago se transforma constantemente y es capaz de convertirse en lo que sea con tal de atraer la atención de un humano. A veces adopta la forma de un viajero solitario que afirma conocer un atajo, para convencer al auténtico viajero de ir hacia el desierto, donde puede matarlo sin dificultad y luego comérselo. No obstante, el truco favorito de todo demonio necrófago es presentarse como una hermosa mujer, atracción ideal para cualquier varón que ande por ahí.

Un viajero que esté muy alerta puede protegerse si descubre el único rasgo que el demonio necrófago no puede disimular: sus pies. Cualquiera que sea la forma que adopte la criatura, siempre conservará sus pezuñas de cabra, camello o asno. Por desgracia, cuando la víctima potencial se encuentra lo bastante cerca como para advertir que esos apéndices desentonan con el conjunto, el demonio necrófago ya suele estar listo para destriparlo y merendárselo. La única posibilidad de escapar que le queda al viajero será matar a su atacante de un solo golpe en la cabeza. Un segundo golpe, por extraño que parezca, sólo conseguirá revivir al voraz demonio necrófago, y no le hará ninguna gracia que sus planes para la cena se hayan visto interrumpidos.

Dragón

Los héroes de las leyendas occidentales se han enfrentado a una gran variedad de malvados y monstruos, pero sólo unos pocos elegidos han osado plantar cara a la bestia más poderosa de todas: al enorme dragón de aliento de fuego. En muchas fábulas, el dragón representa no sólo una conquista más, sino el último paso del héroe en su camino hacia la gloria. Por eso, enfrentarse al temperamental colacuerno húngaro es un auténtico reto para Harry en su esfuerzo por ganar el Torneo de los Tres Magos.

Los dragones han formado parte de la mitología y el folklore de casi todos los tiempos. En Occidente aparecen ya en la literatura más antigua de Babilonia, Egipto, Grecia, Roma, Alemania, Escandinavia y de las islas Británicas. La lista de los guerreros que han luchado contra dragones es algo así como el *Quién es Quién* de los héroes. Hércules, el héroe de la mitología griega y romana, mató varios dragones a lo largo de su extensa carrera. El más destacado de esos dragones fue la Hidra, que tenía nueve cabezas venenosas. Varios guerreros babilonios se enfrentaron al dragón Tiamat, también conocido como la Reina de la Oscuridad, que tenía cabeza y patas delanteras de león, patas traseras de águila, alas con plumas y cuerpo con escamas inmunes a todo tipo de armas. Thor, el dios nórdico del trueno, sucumbió al veneno de la Serpiente Midgard, un enorme dragón que rodeaba toda la Tierra, pero no antes de infligirle a la horrible criatura un golpe que acabaría con su vida. Beowulf, considerado uno de los primeros héroes de la literatura inglesa, también encontró la muerte mientras mataba un dragón, y los caballeros medievales se tomaron la caza del dragón como un pasatiempo habitual.

Las descripciones del aspecto físico del dragón son bastante similares en todas las fábulas. Por lo general son descritos como serpientes enormes (la palabra griega *dragón* significa «serpiente enorme»); solían tener el cuerpo recubierto de una armadura de escamas impenetrables, uno o dos pares de patas y alas como las de los murciélagos. La mayoría tenía la cabeza en forma de cuña y largos dientes, que podían ser venenosos. Algunos estaban equipados también con un par de cuernos, garras enormes y una cola en forma de tridente o con púas. Los dragones galeses solían ser rojos, mientras que los alemanes eran blancos, y había otros negros o amarillos.

Casi todos los dragones tenían una cosa en común: echaban fuego por la boca. Las enormes bolas de fuego que estas criaturas podían lanzar a su antojo eran un peligro no sólo para los valientes guerreros, sino para países enteros, que podían ser arrasados por el aliento de un dragón. Además, aunque el héroe fuera capaz de esquivar las llamas y derrotar a su enemigo, el dragón seguía siendo peligroso incluso después de muerto. Se creía que tocar la sangre de un dragón provocaba la muerte, y que de los dientes del dragón, si se plantaban en tierra, crecerían guerreros armados y sanguinarios. (En inglés se usa la expresión «sembrar dientes de dragón» para decir que se provoca una guerra.)

Dragones de Oriente

Si un dragón volara desde Europa hasta China o Japón experimentaría un shock cultural. En efecto, en lugar de ser aborrecido, temido y atacado, sería recibido con una sonrisa. Y es que en Oriente, el dragón siempre se ha considerado una criatura benéfica y un símbolo de buena fortuna.

A diferencia de sus primos occidentales, los dragones orientales no escupen fuego ni tienen alas, aunque normalmente pueden volar gracias a la magia. Un dragón típico de Oriente tiene cuernos de ciervo, cabeza de camello, cuello de serpiente, garras de águila, orejas de toro y bigotes largos como los de los gatos. En las leyendas chinas hay dragones que vigilan los cielos, dragones que traen la lluvia, y dragones que controlan los ríos y arroyos. En Japón, donde se los tiene por seres sabios, amables y siempre dispuestos a ayudar, los dragones han sido durante siglos el emblema oficial de la familia imperial.

Semejante bestia sólo podía ser considerada el enemigo natural de la humanidad. Se decía que los dragones eran criaturas astutas, glotonas y crueles, que habitaban en cuevas o en los cráteres de los volcanes, o en las profundidades de los lagos y océanos. De tanto en tanto satisfacían el hambre devorando montones de animales o personas. En muchas leyendas, el dragón raptaba alguna doncella joven y pura, algunas veces para comérsela y otras para que le hiciera compañía. Aunque no necesitaban dinero, también tenían fama de ser muy codiciosos, y de guardar montañas enteras de oro, plata y otros tesoros. (Los dragones marinos coleccionaban perlas). Asimismo, se creía que los dragones conocían la composición exacta de su fortuna, de manera que, si les desaparecía una sola moneda, se daban cuenta al instante y reaccionaban con furia.

Durante la Edad Media se asociaba a los dragones con la serpiente bíblica responsable de la expulsión de la humanidad del Paraíso, y en el arte y la literatura aparecían como los representantes del pecado, la maldad y en ocasiones incluso como el mismísimo Diablo. La clásica lucha entre caballero y dragón era, por tanto, una metáfora de la batalla, a mayor escala, entre el bien y el mal. Muchos santos cristianos se habían enfrentado a dragones. Uno de los más famosos fue san Jorge, del que se cuenta que estaba de viaje por Silena (Libia) cuando oyó hablar de un dragón que moraba en un lago cercano. Como otros de su especie, el dragón disfrutaba en grande devorando doncellas y no dejaba que la gente del pueblo se acercara a la que era su única fuente de suministro de agua si no le entregaban una doncella cada día. En su intento por derrotar a la criatura habían sucumbido ejércitos enteros. El día que llegó san Jorge, la hija del rey, que era la única doncella que quedaba viva en el país, iba a ser sacrificada al dragón. Entonces, san Jorge se ofreció galantemente a luchar contra la bestia, y logró matarlo con un solo golpe de lanza.

San Jorge era muy admirado, en especial después de ser nombrado santo patrón de Inglaterra en el siglo XIV. Después empezó a relacionarse a los dragones con la caballería y el romance, con lo que todo caballero literario que se preciara de serlo tenía que matar una de estas bes-

tias de aliento de fuego y rescatar a una hermosa doncella, para ser considerado un héroe. En las leyendas del
rey Arturo, tanto Lancelot como Tristán (citados a veces
como los caballeros más galantes de la Mesa Redonda)
habían matado dragones. Según la tradición, aquellos
hombres de espíritu valiente, deseosos de demostrar su
fe cristiana y su heroísmo fueron los responsables de la
extinción final de los dragones. Pero seguro que Char-
lie Weasley te diría otra cosa.

Duende

Cuando Gilderoy Lockhart libera una jaula entera
de duendes de Cornualles en su clase, se desencadena un
absoluto pandemónium de libros, tinta y cristales rotos
que vuelan en todas direcciones. Que los duendes cau-
sen un caos como ése bajo la mirada de Lockhart nos dice mucho acerca del buen carácter del profesor, porque
estos pequeños duendes pelirrojos del oeste de Inglaterra tienen fama de ensañarse con las personas que ellos
consideran vagas. En Somerset, Devon y Cornualles, los
duendes tienen fama de ayudar a la gente en problemas,
pero a quienes no cumplen con su parte u olvidan recompensar a sus pequeños benefactores con un bol de
nata para beber y una chimenea bien barrida en la que
bailar, más les vale no dejar objetos de valor cerca.

Aunque se comportan de manera parecida a otras
criaturas mágicas del bosque, los duendes tienen un aspecto muy particular. Además de la mata de cabello

rojo, sus orejas son puntiagudas, la nariz respingona y bizquean apreciablemente. Suelen medir unos dieciocho o veinte centímetros, aunque según algunas historias pueden tener la estatura que deseen. Los duendes casi siempre visten de verde, y a menudo llevan un gorro puntiagudo. Viven bajo tierra, en cuevas, prados o agujeros de los árboles, aunque se los puede atraer hacia las casas. El propietario de una vivienda que desee la ayuda de los duendes (para que le echen una mano con el hilado o le den un pellizco a una criada perezosa) puede intentar conseguirla dejando la última cosecha de manzanas bajo los árboles, una práctica conocida como «atraeduendes». Sin embargo, recompensar a los duendes con ropa nueva es un error: como los **elfos** y otras criaturas que ayudan a los humanos, desaparecen si se les ofrece ese regalo.

Los duendes tienen unos cuantos trucos, algunos de ellos bastante malintencionados. Su favorito es hacer que los viajeros se extravíen. Muchos hemos pasado por la experiencia de estar paseando por un lugar que nos es familiar y, de repente, encontrarnos completamente perdidos, incapaces de encontrar ningún punto de referencia. En el oeste de Inglaterra, esta experiencia tan desconcertante se conoce como «despiste de duende». Los duendes también son unos consumados ladrones de caballos. Se dice que roban los animales durante la noche y que los hacen cabalgar en círculos mientras enredan las crines y las colas con nudos complicadísimos. Otro de sus entretenimientos nocturnos es bailar en el bosque dibujando un círculo de hadas (ver **hadas**) siguiendo la música de las ranas y los grillos. Si un humano se mete en el círculo de hadas por accidente, probablemente se verá obligado a bailar toda la noche. La mejor manera de contrarrestar este efecto, así como de evitar que los duendes nos despisten, es llevar el abrigo o la ropa del revés. Por último, hay muchas historias que cuentan que los duendes roban bebés humanos y dejan otros de hada en su lugar. Todavía en el siglo XIX, las mujeres de Somerset y Devon ataban a sus hijos a la cuna para evitar que los duendes se los llevaran.

Elfo

Dobby, el elfo doméstico, puede ser a veces encantador y otras veces insoportable, como un buen miembro de su especie. La primera vez que Harry se encuentra con esta diminuta figura vestida sólo con un trapo de cocina, no le produce ninguna impresión. Pero cuando el pastel de tía Petunia aparece hecho migas en el suelo y todo el mundo cree que ha sido culpa suya, nuestro amigo se da cuenta inmediatamente de que los elfos son capaces de algunas poderosas gamberradas mágicas.

Dado que los elfos forman parte del folklore de muchas naciones, los hay de todas las formas y tamaños. En su estado natural, muchos parecen humanos esbeltos, pero pueden cambiar de forma o desaparecer en un abrir y cerrar de ojos. Hay elfos tan pequeños que pueden dormir debajo de un hongo, y otros tan grandes que bien podrían pasar por seres humanos. Los elfos oscuros de Alemania son espantosos, según se dice, mientras que los elfos daneses tienen fama por su belleza. En el folklore inglés, los elfos macho suelen describirse como ancianos llenos de arrugas y las hembras, como doncellas adorables de rubia melena.

Pero los elfos de todas las naciones se especializan en usar sus poderes sobrenaturales para interferir en la vida de los humanos. Aunque no tenemos noticia de ningún elfo como Dobby y sus amigos, obligados a servir a sus amos humanos y a castigarse a sí mismos cuando son desobedientes, muchos elfos se dedican voluntariamente a ayudar en las faenas domésticas. En el cuento «El zapatero y sus elfos», por ejemplo, aparecen dos elfos que ayudan a un zapatero pobre y hambriento, fabricando cada noche bellos zapatos con el cuero que el hombre deja preparado antes de irse a dormir. Pero cuando el zapatero y su mujer les muestran su gratitud, dejándoles trajes completos a cada uno, los elfos gritan de alegría, se ponen la ropa recién hecha y se marchan de allí para no regresar nunca más.

El vestido nuevo del elfo

¿*Cómo es posible que Dobby quedara en libertad al recibir un viejo calcetín como «regalo»? Aunque no afirmamos conocer todas las normas que rigen las relaciones entre los humanos y los elfos domésticos, sí sabemos que los duendes caseros han reaccionado siempre de forma muy drástica ante la ropa nueva. Algunos, como los elfos del zapatero del cuento, se vuelven locos de alegría en cuanto ven trapitos monos, pero muchos consideran esos regalos una ofensa. En cualquier caso, el resultado siempre es el mismo: basta con que dejes por la noche una camisa o unos zapatos nuevos a tu elfo,* **duende,** *o* brownie *(véase* **boggart***), y puedes estar seguro de que al amanecer se habrá marchado de casa para no regresar nunca más.*

La explicación a esta extraña reacción varía de un lugar a otro. Según algunos cuentos británicos, los duendes caseros son espíritus libres que, sencillamente, rechazan el estorbo que suponen las posesiones materiales. En el condado inglés de Berwickshire se dice que los brownies *se van cuando se les regala algo porque Dios les encargó servir a la humanidad sin recibir ningún tipo de pago a cambio de su trabajo. Pero en Lincolnshire sucede justo lo contrario; allí los* brownies *son criaturas orgullosas que se marchan si los regalos recibidos no están a la altura de sus expectativas. Hay un cuento que habla de un elfo que decidió marcharse porque le regalaron una camisa de tela basta, pero antes de irse, ¡anunció que se habría quedado si la camisa hubiera sido de lino! Evidentemente, Dobby no se anda con esos miramientos.*

Podría parecer una reacción descortés ante un gesto amable, pero no es nada comparado con algunos de los trucos propios de los elfos. En realidad, es difícil encontrar un elfo (incluso uno doméstico) sin toques maliciosos, y los hay verdaderamente malvados. En el folklore islandés y alemán, los elfos raptan bebés, roban ganado, sisan comida y causan enfermedades a los humanos y a los animales. También se sientan encima de la gente mientras duerme, provocándole pesadillas (la palabra alemana para pesadillas es *Alpdrücken*, es decir, «peso del elfo»), y encantan a los jóvenes, a veces dejándolos hechizados durante años y años. El famoso cuento americano de Rip Van Winkle, que se queda dormido durante veinte años, está basado en esta vieja creencia popular.

En Inglaterra les echaban la culpa a los elfos por un sinfín de maldades, y hay todo un vocabulario dedicado a describir sus maliciosas hazañas. En la Edad Media se creía que las personas o animales que morían repentinamente a causa de misteriosas enfermedades habían recibido el «golpe del elfo», es decir, un elfo les había alcanzado con una flecha. La gente pensaba que las pequeñas puntas de flecha de piedra que se encontraron esparcidas por el campo eran fragmentos de «flechas de elfo», y se tomaron como prueba de sus ataques malintencionados (hoy se sabe que esas puntas de flecha provienen de la Edad de Piedra, y no de los elfos). También se decía que quienes nacían con defectos físicos habían sido «señalados por el elfo», y los que padecían ataques deformantes o paralizantes tenían la «torcedura del elfo». Incluso tener una melena revuelta se achacaba a los elfos, pues se pensaba que estas criaturas dejaban el pelo liso echo un manojo de «rizos de elfo».

Enano

Entregar tarjetas de San Valentín a **brujos** adolescentes no suele ser la misión más habitual de un enano. Según cuenta la leyenda, esos tipos duros, pequeños y barbudos, se pasan la mayor parte de su vida trabajando bajo tierra, donde excavan en busca de hierro y metales preciosos. Como el trabajo duro los llena de orgullo, no es de extrañar que en Hogwarts lleven a cabo su frívola función con cara de niños obligados a comer coles de Bruselas.

En el folklore alemán y escandinavo, los enanos son una raza de seres menudos y sobrenaturales que se encargan de vigilar magníficos tesoros escondidos en las profundidades de la tierra. Aunque tienen poder para hacerse invisibles o para adoptar cualquier forma, suelen representarse como hombrecillos cabezones, con cara arrugada, barba gris muy larga y patizambos. Son criaturas muy sociables que viven en comunidades dentro de montañas, cavernas o espléndidos palacios subterráneos. Como van siempre vestidos con colores pardos, se camuflan muy bien entre las rocas y las matas, de manera que pueden entrar y salir de sus hogares subterráneos sin ser vistos por los humanos. Según la tradición popular de ciertas regiones, los enanos, igual que los **trolls**, se convierten en piedra si los toca la luz del sol.

Los enanos son fabulosos trabajadores del metal, y gracias a sus poderes mágicos consiguen llegar siempre a las mejores vetas de metales preciosos. Los enanos más artísticos trabajan en oro y plata fina, fabrican joyas muy originales y objetos decorativos que, según se dice, son más hermosos que los fabricados por mano humana. Otros hacen armas en hierro forjado y las dotan de poderes mágicos. Thor, el dios nórdico del trueno, muy sabiamente escogió enanos para que le fabricaran su herramienta más importante: un poderoso martillo que, al ser lanzado, provocaba rayos y luego volvía a manos de su dueño. Los enanos también trabajaron para Odín, el dios supremo de los nórdicos, para el que crearon una lanza mágica que siempre daba en el blanco.

Supuestamente, en ciertas zonas de Alemania, los mineros encuentran enanos de vez en cuando, al derribar algún muro subterráneo y descubrir un taller o un palacio. Si los humanos se comportan con corrección, los enanos no se molestan por esta clase de intrusiones, e incluso pueden darles consejos sobre dónde encontrar las mejores vetas de minerales. También pueden dar la voz de alarma si existe algún peligro inminente debido a la acumulación de gases explosivos o a un techo a punto de derrumbarse. Sin embargo, si no se les trata con el debido respeto, ellos mismos pueden llegar a provocar este tipo de catástrofes. Y si un minero comete la estupidez de robar algo de los montones de oro y joyas de los enanos, no sólo sufrirá una gran desgracia, sino que al llegar a casa y abrir el saco, no encontrará más que hojas.

Dado que viven cientos de años y pueden ver el futuro, se piensa que los enanos son muy sabios. Según cuenta la leyenda, algunos enanos alemanes de ciudad compartieron en cierta ocasión su sabiduría con los humanos: les ofrecieron consejos, les contaron historias y les echaron una mano con las tareas domésticas, a cambio de un lugar caliente donde dormir durante los largos meses del invierno. Sin embargo, abandonaron esa actitud amistosa en cuanto los hombres se volvieron demasiado curiosos acerca de los pies de sus diminutos invitados, pies que siempre quedaban tapados por los largos abrigos que llevaban. Como los hombres se empeñaron en saber qué escondían allí debajo, echaron polvo por el suelo para que los hombrecillos dejaran sus huellas marcadas. Pero, en lugar de eso, los enanos, que prestaban siempre mucha atención a su apariencia, se enfadaron mucho, se marcharon de la ciudad y regresaron para siempre a sus hogares subterráneos. Hemos oído a gente que dice que los enanos tienen pies de ganso o de urraca o de cabra; otros aseveran que tienen pies humanos, pero puestos al revés. En fin, sólo son rumores.

Encantos y encantamientos

Cuando usamos la palabra «encanto» en el día a día, solemos referirnos a un cierta gracia en el trato social, a una rara cualidad encantadora por la que algunas personas resultan más atractivas y persuasivas que otras. Pero el término «encanto», que deriva de una vieja palabra latina que significa canción o canto ritual (*carmen*), posee significados diferentes, la mayoría de los cuales no tienen nada que ver con el aspecto personal ni con la gracia social. En el universo de la brujería y la hechicería, un encanto (o encantamiento, palabra que suele usarse con más frecuencia) suele ser una frase que se recita o se escribe para conseguir un efecto mágico en particular. Así, Harry pronuncia un encanto evocador especial (*Accio Firebolt!*) cuando quiere llamar a su escoba voladora, y Hermione usa un encanto de levitación (*Wingardium Leviosa!*) para que una pluma flote.

Existen encantos para casi todas las ocasiones, como aprenden los alumnos de la clase de Encantamientos del profesor Flitwick. Si sabes las palabras adecuadas, puedes encantar para lograr riqueza y fama, derrotar enemigos o cautivar el corazón de los hombres. Un viejo encantamiento inglés incluso da protección frente a enanos malévolos. Pero los encantamientos se asocian sobre todo con las «sabias» medievales, mujeres que los utilizaban para acometer tareas humildes, como curar a los enfermos, proteger los cultivos y los animales contra enfermedades y defender de las **maldiciones** a los aldeanos.

Aunque para algunos encantamientos se necesita combinar palabras con actos (como escupir, o blandir una **varita mágica**), la mayoría no requieren de ningún ritual especial ni de instrumentos mágicos para ser efectivos. Incluso se dice que los encantamientos funcionan con sólo escribirlos. Algunos de los primeros encantos no eran más que pedazos de pergamino o papel donde aparece escrita una **palabra mágica**, como *abracadabra*, y se utilizaban como **amuletos** protectores colgados al cuello. Los encantamientos de viva voz se hicieron muy populares en Europa hacia el siglo XII, cuando la Iglesia católica empezó a hacer énfasis en el poder de las plegarias habladas y las bendiciones de los papas. Durante toda la Edad Media era corriente que las **brujas** y los **bru-**

jos, e incluso los eclesiásticos, adaptaran oraciones cristianas con fines mágicos. El padrenuestro se reescribía con frecuencia y se utilizaba como encanto contra la enfermedad, la peste y la desgracia personal. En una biografía francesa del siglo XIII se describe cómo usó esta oración el cura de una parroquia «para librar a Arnald de Villanova de las verrugas que tenía en las manos». Otros encantamientos mezclaban palabras mágicas con nombres de santos, y se usaban para curar males como las mordeduras de serpiente y las quemaduras.

Algunas brujas y brujos con escasa preparación, así como la mayoría de la gente sin magia emplea la palabra «encanto» para referirse a cualquier objeto pequeño que tenga propiedades mágicas. Las patas de conejo, los tréboles de cuatro hojas y las herraduras suelen llamarse «objetos (o encantos) de la suerte». Sin embargo, todo mago serio se burlaría de semejante costumbre. Este tipo de artilugios mágicos pueden considerarse más exactamente **amuletos** (objetos que dan protección mágica) o **talismanes** (objetos que otorgan algún tipo de habilidad mágica a una persona). Los llamados encantos que vemos en los modernos «brazaletes de encantamiento» suelen ser sólo símbolos ornamentales del amor o la amistad, y no poseen ningún tipo de poder mágico.

Donde mejor podemos encontrar auténticos encantamientos es en los libros, como te diría Hermione. Así que si te apetece dar con un encanto que le suba los ánimos a algún amigo que esté un poco tristón, o un encanto limpiador que te arregle una habitación sucia y desordenada, no tienes más que pasarte por la biblioteca de Hogwarts a consultar un ejemplar de *Embrujos y Encantos Antiguos y Olvidados*. Pero asegúrate de escoger el encantamiento adecuado para cada tarea, y de que sa-

123

Encantado de conocerte

La idea de que un encantamiento puede afectarnos de un modo mágico ha dado lugar a muchas frases y expresiones «encantadoras». Así, de una operadora de voz sugerente decimos que es capaz de «encantarnos hasta conseguir todo lo que se proponga». Los pueblos pintorescos poseen su «encanto de épocas pasadas», y la música, según el dramaturgo inglés William Congreve, «tiene encantos capaces de apaciguar una bestia salvaje». También se dice que el príncipe Encantado suele conseguir lo que quiere. «Menudo encanto» es una frase irónica, y decimos «encantado de conocerte» justo para lo contrario, expresando el placer que nos causa haber conocido a alguien agradable. Por último, decimos que cualquier técnica eficaz que nos ayuda a conseguir lo que queremos (una palabra, una sonrisa, o un billete entregado sutilmente al maître del restaurante) son trucos que funcionan como por encanto.

bes pronunciar bien cada palabra. De lo contrario, puedes terminar como Aberforth, el hermano desastre del profesor Dumbledore, que padeció pública humillación por practicar encantamientos equivocados sobre una cabra.

Escoba

A nadie le gusta más una escoba que a una **bruja**. Pero Harry siente tal cariño por su *Firebolt* que uno se siente inclinado a decir lo mismo de los **brujos**. Sin embargo, desde un punto de vista histórico, casi todas las personas de las que se ha dicho que iban volando en una escoba eran mujeres. Las raras veces en que algún brujo o hechicero ha afirmado que sabía volar, ¡lo más seguro es que hubiera viajado sobre una horqueta!

Aunque hoy día las ilustraciones populares siempre representan a la escoba como el medio de transporte de las brujas, no siempre ha sido así. Entre 1450 y 1600 aproximadamente, cuando en Europa más se creía en el poder de la brujería, se afirmaba que las brujas alzaban el vuelo de camino hacia sus reuniones nocturnas montadas en cabras, bueyes, ovejas, perros y lobos, así como en garrotes, palas y varas. Pero, según sugieren algunos estudiosos, las escobas acabaron convirtiéndose en su vehículo favorito, debido a la función tradicional de las mujeres como amas de casa.

Según cuenta la tradición (gran parte de la cual fue inventada y difundida por cazadores profesionales de brujas), las brujas casi siempre salían de su casa por la chimenea. Una vez en el aire, se decía que volar era relativamente fácil, excepto en dos casos. Una bruja novata podía tener problemas de estabilidad, pues las escobas solían ser rápidas pero inestables. Además, podía ocurrir que las brujas se vieran obligadas a bajar (o fueran incapaces de despegar) si oían tañer campanas. En una ciudad alemana a comienzos del siglo XVII, se tenía tanto

Se suponía que las brujas se frotaban la piel con un «ungüento volador» antes de salir por la chimenea rumbo a sus reuniones de medianoche.

miedo de las brujas montadas en escobas que, durante un tiempo, el ayuntamiento ordenó que todas las iglesias hicieran sonar las campanas sin cesar, desde el anochecer hasta el alba.

La cuestión de si las brujas podían volar de verdad fue objeto de un serio debate entre los eruditos y las autoridades religiosas, sobre todo durante los años más intensos de la **caza de brujas**. Según el *Malleus Maleficarum* (1486), la guía más importante sobre la localización y castigo de brujas, el vuelo era un hecho indiscutible. Muchas mujeres habían confesado que volaban, y algunas incluso se enorgullecían de su capacidad para despegar del suelo. Además, en un pasaje del bíblico Libro de san Mateo se describe el poder de Satán de transportar a

Jesucristo a través del aire, y algunos eclesiásticos señalaban que, si el Diablo era capaz de hacer volar a Jesús, sin duda podría otorgar esa habilidad a las brujas que le servían. Por su parte, otros eruditos rechazaban la idea de que pudieran volar, pues la consideraban una imposibilidad física, y argumentaban que el Diablo sólo hacía que las mujeres creyeran que habían volado, llenándoles la cabeza de desvaríos.

Un grupo de pensadores más científicos ofreció otra explicación. Se sabía que las brujas se preparaban para el despegue untando sobre sí mismas y sobre la escoba un «ungüento volador» elaborado con plantas y hierbas (entre ellas, beleño, **mandrágora**, acónito y dulcamara) que cultivaban en sus propios jardines. Los médicos que experimentaron con el ungüento volador en el siglo XVI descubrieron que contenía unas sustancias químicas muy potentes que penetraban en el cuerpo a través de la piel y provocaban un sueño profundo, así como alucinaciones (por ejemplo, la sensación de volar). Tal como explicaron, las brujas que creían «volar», en realidad se quedaban dormidas en la cocina y se despertaban después con recuerdos vívidos de un vuelo increíble que tan sólo había tenido lugar en sus **sueños**.

Esfinge

Resulta difícil encontrar un monstruo con una historia más larga que la de la esfinge. Esta criatura majestuosa, con el cuerpo de león, y la cabeza y el torso humanos, ha sido material de leyenda durante más de cinco mil años. En el antiguo Egipto, donde apareció por primera vez, era el símbolo de la realeza, la fertilidad y la vida después de la muerte. Su imagen se asociaba a menudo con la crecida anual del Nilo, que daba vida al reseco desierto, y los egipcios erigían estatuas de esfinges en el exterior de la mayoría de templos y tumbas.

La estatua egipcia más famosa de este tipo es la Gran Esfinge, de 73 metros de longitud y 20 metros de altura, situada en una zona del desierto conocida como la llanura de Gizeh. Esta colosal talla de piedra caliza de más de 4.500 años, une el poderoso cuerpo de un león recostado con la majestuosa cabeza de un rey o faraón egipcio. Muchos historiadores creen que es un tributo al antiguo gobernante egipcio Kefrén, cuya pirámide se encuentra cerca de la estatua.

Desde el antiguo Egipto, el mito de la esfinge atravesó el Mediterráneo hacia Mesopotamia (los actuales territorios de Siria e Iraq) y la antigua Grecia. Allí, la figura medio humana medio león adquirió un significado más siniestro: no sólo simbolizaba el mundo subterráneo, sino también la violencia gratuita y la destrucción. Se suponía que en el trono del dios griego Zeus en Olimpia (la montaña sagrada en la que residían los dioses), había grabado un círculo de esfinges llevándose a niños pequeños. Otras esfinges griegas y romanas se representaban desgarrando a sus víctimas o babeando sobre sus restos destrozados. La anatomía básica de la esfinge también fue cambiando durante su camino hacia el nordeste: en Mesopotamia, la mítica bestia solía esculpirse con cabeza de águila o de carnero; en Grecia, tenía alas, y rostro y pechos de mujer.

Aunque carece de alas, la esfinge con la que Harry

Potter se encuentra durante el Torneo de los Tres Magos es, probablemente, de las griegas. No sólo tiene cara de mujer, sino que utiliza su ingenio para proteger un oscuro secreto, al igual que la esfinge del antiguo mito griego de Edipo. En esa historia, una amenazadora esfinge ronda por los alrededores de Tebas. Aborda a los viajeros, les plantea un enigma y se los come si no aciertan la respuesta. Finalmente encuentra la horma de su zapato: el joven Edipo resuelve el acertijo. «¿Qué animal camina sobre cuatro piernas por la mañana, sobre dos por la tarde y sobre tres por la noche?» (La respuesta, naturalmente, es el hombre, que gatea de niño, camina de adulto y se apoya en un bastón cuando es anciano.) A Edipo, que al igual que Harry derrota a la esfinge, se le permite continuar hacia su destino, donde le espera una suerte incluso peor que la cólera de lord Voldemort.

Con el tiempo, la imagen griega de la esfinge como una criatura oscura y enigmática ha predominado. La palabra «esfinge» procede del término griego *sphinx*, que significa «apretar», «estrangular» o «amarrar». A pesar de lo que afirman algunos escritores medievales, no hay ninguna prueba que sugiera que los antiguos egipcios, griegos o mesopotámicos creyeran que la esfinge era un animal real. Tanto en las leyendas como en las obras de arte y la literatura siempre la presentan como una criatura mítica que simboliza el poder y el saber prohibido. Esto no impidió a autores posteriores, como el zoólogo del siglo XVII Edward Topsel, afirmar que la esfinge descendía de un extraño mono etíope. En honor a tan equivocada observación científica, en la actualidad hay una especie de mono conocida como el babuino Esfinge o Sphinga.

Espejo mágico

Casi todos damos por hecho que los espejos sirven para ayudarnos en tareas cotidianas como lavarnos los dientes o cepillarnos el pelo, y no pensamos más en ellos. No esperamos que nos muestren los deseos más ocultos de nuestro corazón, como el Espejo de Oesed, o que se pongan a hablar con nosotros, como el espejo de la reina mala de «Blancanieves». Sin embargo, no siempre se ha aceptado tan fácilmente los espejos como objetos cotidianos.

Durante una gran parte de la historia de la humanidad, una persona sólo podía ver su reflejo en los estanques, y aun así muchos hombres y mujeres raras veces comprendían lo que veían. Por ejemplo, muchas culturas antiguas consideraban los reflejos auténticas almas humanas (y pensaban que podían existir de manera independiente respecto de la persona). En algunas sociedades, incluida la antigua Grecia, se consideraba peligroso mirar el propio reflejo, ya que eso significaba que tu alma había salido del cuerpo y que se encontraba en peligro de caer cautiva de espíritus malvados o de las ninfas acuáticas.

Por eso no resulta sorprendente que, cuando aparecieron los primeros espejos fabricados por el hombre, hace unos 4.500 años, fueran tomados por objetos mágicos y milagrosos (como indica la etimología de *mirror*, «espejo» en inglés que proviene del término latino *mirari* o *mirus*, que quiere decir «maravilloso»). Los antiguos griegos, romanos, chinos, egipcios y los habitantes de América Central creían que los espejos eran **talismanes** muy poderosos, capaces de embrujar la mente de los hombres, aturdir a los espíritus malos, y robar el alma de los vivos y los muertos. El dios azteca de la noche, Tzcatlipoca, llevaba un espejo mágico del que emanaban nubes de humo en las que envolvía a sus enemigos.

Hasta el siglo XVII, los espejos se usaron habitualmente para predecir el futuro, luego empezaron a ser sustituidos poco a poco por **bolas de cristal**. El primer caso de adivinación mediante el uso de un espejo (conocida como *catoptromancia*) puede situarse ya en la antigua Roma, donde se empleaban pequeños espejos de metal para predecir la expectativa de vida de los enfermos y ancianos. Según cierta crónica del viajero griego Pausanias, del siglo II de nuestra era, los antiguos videntes (o divisores) romanos metían los espejos dentro de una charca de agua y en esa posición los apuntaban hacia el rostro del enfermo. Si el reflejo del paciente aparecía normal, significaba que se recuperaría; pero si se veía deforme, era porque, con toda certeza, iba a morir.

La catoptromancia alcanzó su máxima popularidad alrededor de 1200, poco después de que los fabricantes venecianos de espejos perfeccionaran su arte y comenzaran a elaborar espejos grandes y lisos. Los catoptrománticos europeos giraban sus espejos hacia el sol o hacia alguna otra fuente de luz, y entonces «leían el futuro» en los dibujos misteriosos de luz y sombra que veían reflejados. Según el erudito alemán del siglo XV Johanes Hartlieb, algunos adivinos medievales aseguraban también ser capaces de crear espejos encantados que mostraban a los hombres sus deseos más profundos.

Hacia finales del siglo XIII ya se asociaba los espejos con la catoptromancia y otras formas de magia, hasta tal punto que la primera pregunta que se hacía en los juicios medievales por brujería era: «¿Ha realizado experimentos con espejos?» Al mismo tiempo, el gran filósofo cristiano Tomás de Aquino consideraba los espejos unos instrumentos propicios para la ilustración de uno mismo, ya que estudiar la propia imagen podía aumentar la conciencia de uno mismo y ayudar a la persona a entender mejor su posición en el mundo. (Aquino acuñó el término «especular», que significa hacer conjeturas o ponderar. En latín el significado literal es mirar con intensidad un *speculum* o cristal reflector.)

Muchos cuentos populares y obras de literatura europeos también describen los espejos como herramientas para el conocimiento y los presentan como ventanas abiertas a verdades importantes, o a países lejanos y a maravillas inimaginables. En el cuento medieval «Parsifal», el guardián del Santo Grial es capaz de descubrir el avance de sus enemigos, mirando un «cristal de enemigo» que es muy similar al que tiene Ojoloco Moody. La Bella, del cuento «La bella y la bestia», alivia un poco su soledad observando a su familia a través de un espejo encantado. Incluso el espejo de «Blancanieves» es un instrumento de verdad y autoconocimiento, que le dice sin tapujos a la mayor enemiga de Blancanieves que ella ya no es la más hermosa del reino. (Por supuesto, algunos espejos parlantes son más parlanchines que otros. El de la habitación de Harry Potter en el Caldero Chorreante no se anda con rimas monas ni frases diplomáticas. ¡Echa un vistazo al pelo de Harry y le suelta que no tiene remedio!)

De los cuentos escritos sobre espejos mágicos, quizás el más famoso sea el de *Alicia en el país de las maravillas*, de Lewis Carroll, en el que una niña llamada Alicia cae dentro del espejo de su habitación y entra en un mundo mágico donde todo y todos van marcha atrás. La gente camina de espaldas, lee desde el final hacia el principio, e incluso se pinchan y gritan en orden inverso. Por supuesto, los espejos sí que hacen que las cosas se vean del revés, lo que explica que en el mundo mágico el Espejo de OESED refleje DESEO.

Supersticiones en torno a los espejos

Hoy día, la ciencia óptica ha restado mucho misterio a los espejos. Sin embargo, unas cuantas supersticiones populares aún perduran para recordarnos su magia. Éstas son diez de las más comunes:

1. *Romper un espejo acarrea siete años de mala suerte. Esta creencia se inició con los romanos, aproximadamente en el siglo I a.C., que añadieron los siete años a otra superstición griega más antigua. Sin embargo, la mala suerte se puede evitar enterrado un trozo del espejo.*
2. *Cuando un espejo cae de la pared significa que alguien morirá pronto.*
3. *Los espejos deben cubrirse durante las tormentas eléctricas para que no atraigan los rayos.*
4. *Los **vampiros** y las **brujas** no se reflejan en los espejos, porque carecen de alma.*
5. *Los espejos pueden atrapar el alma humana y deben cubrirse cuando alguien acaba de morir.*
6. *Un espejo enmarcado únicamente por tres lados ha sido usado por una **bruja** para ver a mucha distancia.*
7. *No se debe permitir a un niño contemplarse en un espejo hasta cumplido un año, por temor a que absorba su joven alma.*
8. *Una novia vestida para su boda no debe mirar su reflejo hasta después de la ceremonia, porque trae mala suerte.*
9. *Mirarse en un espejo a la luz de una vela atrae la mala fortuna, especialmente en Halloween.*
10. *Para soñar con tu futura pareja, duerme con un espejo bajo la almohada.*

Fantasma

¿Alguna vez te has preguntado de dónde vienen de verdad los fantasmas? ¿O por qué flotan por el mundo algunas almas de difuntos, como Myrtle *la Llorona* y el profesor Binns, mientras otras permanecen dentro de una tumba agradable y tranquila? Pues no eres el único. En el folklore, literatura y religión de prácticamente todas las civilizaciones, los fantasmas y las historias de fantasmas han desempeñado un papel importante.

Los fantasmas se manifiestan de muchas maneras. El tipo de fantasma más básico y universal es la aparición, o espíritu sin cuerpo. Algunas apariciones parecen compuestas de un vapor pálido semejante a la niebla, pero otras muchas se presentan como seres humanos de carne y hueso, totalmente normales. El folklore europeo está repleto de fábulas sobre fantasmas con apariencia muy humana, que comen, beben y realizan todas las funciones corporales típicas de los vivos. A menudo, la naturaleza fantasmal de tales espectros se manifiesta sólo por su misteriosa capacidad para desmaterializarse, o por el extraño olor a rancio o podrido que algunos fantasmas dejan tras de sí.

En la Grecia y Roma antiguas, los espíritus de los muertos solían adoptar la forma de sombras oscuras, extrañas manchas negras o presencias invisibles, similares a los *poltergeist*. Los antiguos egipcios creían que los muertos podían aparecer dentro de su propio cuerpo reanimado, y en otras muchas culturas se ha creído que los fantasmas podían presentarse como demonios, animales o incluso plantas.

En las sociedades más antiguas, tanto en Oriente como en Occidente, se daba por hecho que los fantasmas eran un fenómeno real, y natural, y muchas culturas celebran fiestas a lo largo del año para mantener buenas relaciones con sus muertos. Quizá la fiesta antigua más extraña de todas las dedicadas a los muertos sea la fiesta romana de Lemuralia, celebrada cada primavera. Durante la Lemuralia, los romanos se levantaban en mitad de la noche y marchaban por el salón de la casa, dejando un rastro de judías pintas tras de sí. «Con estas judías —entonaban los hombres con actitud ceremoniosa—, me compro a mí mismo y a mi familia.» Recorrían todo el perímetro de la sala, tirando las judías y repitiendo esta frase nueve veces, para asegurarse de que a los espíritus de los muertos les diera tiempo de recoger su ofrenda. A continuación, el dueño de la casa que ejecutaba el ritual hacía sonar un pesado címbalo de bronce y exclamaba: «Espíritus de mis antepasados, marchaos», tras lo cual se creía que todos los fantasmas desaparecían tranquilamente hasta el año siguiente.

Como indica el carácter amistoso de este rito, la mayoría de los fantasmas de la Antigüedad no eran temidos como ahora, sino venerados. Sin embargo, hoy día la mayor parte de las historias de fantasmas (contadas como historias ficticias, o como hechos reales) los describen como criaturas terroríficas y no naturales, que sólo aparecen cuando el espíritu de una persona muerta está intranquilo o incómodo por alguna razón. Algunos espíritus intranquilos, como el personaje de Jacob Marley en *Cuento de Navidad* de Charles Dickens, están condenados a asustar a los humanos por los pecados que cometieron en vida. Otros caminan aún por la tierra debido a que su muerte fue violenta o inesperada. Por ejemplo, se dice

que por la mansión de Beamish, en el condado inglés de
Durham, ronda el fantasma de una joven desgraciada que
murió asfixiada mientras se escondía en un baúl. (Cuenta
la leyenda que estaba tratando de escapar del matrimonio
convenido que le habían preparado. ¡Más vale que su
prometido fuera tan malo como ella creía!)

La mayoría de los fantasmas de Hogwarts también

sufrieron una muerte brutal o trágica. El espantoso fallecimiento de Nick *Casi Decapitado* puede estar inspirado en el caso del conde de Lancaster, del siglo XIV, que se cree que ronda por la mansión de Dunstanburgh, en Inglaterra, como represalia por su chapucera decapitación. (Según algunos testigos, ¡el inexperto verdugo tuvo que darle once hachazos para lograr separarle la cabeza del tronco, e incluso unos cuantos soldados bien curtidos se desmayaron ante el espectáculo!)

En cuanto se deja suelto un fantasma, normalmente se ve obligado a vagar por el mundo, rondar casas o merodear por los cementerios, hasta que se libera su espíritu o es vengado. La forma más popular de librarse de un espíritu indeseable es contratar a un exorcista profesional, o «liberador de fantasmas», pero también se puede vencer a algunos espectros con sólo volver a enterrar sus huesos en un cruce de caminos. Como los fantasmas tienen muy poco sentido de la orientación, este truquillo suele desorientarlos para toda la eternidad. Pero si todo falla, puedes acostumbrarte a tener uno de estos espíritus rondándote cerca. Al fin y al cabo, hay cosas mucho peores que ser invitado de vez en cuando a una fiesta de cumpleaños de muerte.

Fénix

La característica más destacable del fénix es que, como Harry aprende mientras espera en la oficina de Albus Dumbledore, periódicamente (más o menos cada quinientos años) este pájaro legendario arde en llamas, queda reducido a cenizas y renace luego de ellas. En la antigua mitología griega y egipcia este ciclo de muerte y renacimiento se relacionaba con el del Sol, que «moría» cada noche y dejaba el mundo en tinieblas para «renacer» al día siguiente. Durante la Edad Media, el fénix pasó a formar parte del simbolismo cristiano como representación de la muerte, la resurrección y la vida eterna. En la actualidad es una conocida metáfora del triunfo sobre la adversidad: de cualquiera que consigue sobreponerse a una calamidad o recuperarse de un fracaso se dice que ha «renacido de sus propias cenizas». En una forma algo diferente, el fénix también forma parte de la mitología China, donde durante siglos ha sido un símbolo de poder, integridad, lealtad, honestidad y justicia.

Los escritores clásicos griegos y romanos decían que sólo había un fénix en el mundo y que vivía en Arabia, cerca de un pozo fresco en el que cada mañana se bañaba y cantaba una dulce melodía. «Su plumaje es en parte dorado y en parte carmesí, y se parece mucho a un águila por su figura y su talla», relataba el historiador griego Herodoto, quien también advertía a sus lectores: «Yo personalmente nunca lo he visto sino dibujado.» El fénix se alimentaba de incienso, canela y mirra, y cuando intuía que el fin de sus días se acercaba, reunía la corteza y la madera de estas plantas aromáticas para cons-

truirse un nido (algunos lo llamarían pira funeraria) en la copa de una palmera o de un roble. Entonces batía las alas muy deprisa hasta que se prendía en llamas y quedaba reducido a un montón de cenizas ardientes, del que surgía un nuevo polluelo de fénix. Después de recuperar su fuerza y probar sus alas, el nuevo fénix recogía las cenizas, las metía en un huevo de mirra y volaba con él hasta el Templo del Sol, en Heliópolis, Egipto, donde lo depositaba en el altar del dios del sol, Ra. Una vez hecho esto, el fénix podía regresar libremente a Arabia y comenzar otros quinientos años de vida.

Fawkes, el fénix de Dumbledore, se parece mucho al ave legendaria de la mitología clásica, aunque tiene algunos de los rasgos propios del de la china. Es el pájaro chino, con garras desnudas y alas desplegadas, el que se representa tradicionalmente atacando **serpientes** como el **basilisco**. Y aunque no conocemos ningún precedente de la habilidad de *Fawkes* para curar heridas con sus lágrimas o de dar poder a las varitas con las plumas de su cola, sospechamos que todavía nos queda mucho por descubrir acerca de este pájaro extraordinario.

Gato

Por muy buena que pueda parecerle a un extraño la vieja y gris *Señora Norris*, ningún estudiante de Hogwarts se siente cómodo en presencia de la gata de Argus Filch. Siempre está al acecho, tratando de descubrir infracciones, y parece poseer una misteriosa habilidad para compartir información con su dueño sin siquiera maullar.

Desde hace mucho tiempo se asocia a los gatos con lo mágico y lo sobrenatural. En el siglo XVI mucha gente los consideraba mascotas de las **brujas** y, como en el caso de la *Señora Norris*, se sospechaba que podían comunicarse con sus dueñas. En ciertos sitios de Escocia estaba tan arraigada esta creencia que mucha gente se negaba a tratar asuntos importantes relacionados con la familia si había un gato en la habitación, por temor a que lo que se decía pudiera ser usado contra ellos por una bruja.

Sin embargo, según algunas teorías, los gatos eran algo más que espías de las brujas: eran verdaderas brujas disfrazadas. Nicholas Remy, un juez del siglo XVI que presidió cientos de juicios por brujería, aseguraba que casi todas las brujas a las que había conocido se transformaban fácilmente en gatos cuando deseaban entrar en las casas de otras personas. Pero a diferencia de la profesora McGonagall, que puede convertirse en gato cuantas veces quiera, se dice que las brujas reales sólo podían ejecutar esta proeza siete veces, una por cada supuesta vida de los gatos. Las brujas inglesas llevaban ventaja en esto, ya que, según la tradición, los gatos ingleses tienen nueve vidas.

El gato de **bruja** solía ser más un sirviente que una mascota; se lo consideraba un **demonio** menor, enviado por el Diablo para realizar cualquier acción malvada que la bruja pudiera idear, desde agriar la leche hasta matar ganado y otros animales, llevar enfermedades crónicas a los enemigos o incluso la muerte. En un juicio celebrado en el siglo XVI, una bruja confesa afirmó que su gato, *Satán*, le hablaba con una voz extraña y hueca, le buscó un marido adinerado, hizo que se quedara cojo y mató al bebé de seis meses de su dueña por orden de ésta. En el oeste de Inglaterra, varios testigos aseguraron haber visto a una mujer, conocida como «la malvada bruja negra de Fraddam», volando a lomos de un enorme gato negro siempre que salía a buscar venenos y hierbas mágicas. Con historias así propagándose como la pólvora, no sorprende que la gente sintiera por los gatos el mismo terror que les causaban las brujas, y que los trataran con igual crueldad.

Sin embargo, antes de que se les temiera, los gatos eran animales muy bien considerados. Los antiguos egipcios fueron el primer pueblo que los usó como mascota, y finalmente se convirtieron en objeto de devoción religiosa. Empezó alrededor de 2000 a.C., cuando la diosa Bastet, a la que suele representarse con cuerpo de mujer y cabeza de gato, era venerada como personificación de la fertilidad y la sanación. Según el historiador griego Diodorus Siculus, a los gatos designados para vivir en templos se les mimaba con comidas compuestas de pan, leche y trozos de pescado del Nilo. Incluso sus cuidadores gozaban de una elevada posición dentro de la comunidad. Al final se consideró a los gatos no sólo símbolos de la diosa Bastet, sino también dioses. Matar uno, aunque fuera por accidente, podía ser castigado con la muerte, y cuando el gato de la familia moría de muerte natural, todos los miembros de la casa se afeitaban las cejas en señal de duelo. Se fabricaban y vendían miles de **amuletos** en forma de gato. Y la adoración profesada a estos animales no terminaba cuando morían. Era muy importante enterrar al gato con el mayor de los respetos, lo cual en aquella época significaba embalsamarlos como **momias** (se creía que el embalsamamiento permitía que

Leyendas gatunas

Hay mucha gente a la que le fascinan los gatos, y la tradición popular cuenta con montones de historias que atribuyen significados a cualquier cosa que los gatos hagan. Según cierta leyenda, se sabe que va a llover si los gatos están juguetones; otra dice que esto sólo es verdad si el gato se pasa una pata sobre ambas orejas mientras se limpia. Se puede esperar invitados cuando un gato se atusa los bigotes, pero si estira las patas hacia el fuego es que los que vienen hacia la casa son desconocidos. Un gato que estornuda junto a una novia el día de su boda predice un matrimonio feliz, pero tres estornudos significan que todos los que están en la casa van a resfriarse. Y si te preguntas si la compañía de un gato negro te puede acarrear mala suerte o no, la respuesta depende de dónde vivas. Los norteamericanos aborrecen los gatos negros, mientras que en Inglaterra se cree que dan buena suerte. En los tiempos isabelinos se asociaba con las brujas no a los gatos negros o a los blancos, sino sobre todo a los manchados (o atigrados), como las tres famosas brujas que aparecen en Macbeth, de Shakespeare, que toman como señal para actuar el hecho de que «tres veces el gato manchado ha maullado». Nadie sabe a ciencia cierta por qué unas veces cierto color de gato se ha considerado de buen augurio y por qué otras era al contrario. Así que quizá lo más seguro sea seguir la tradición galesa que afirma que quienes tienen un gato negro como el carbón y otro blanco como la nieve son los más afortunados de todos.

los muertos regresaran a la vida). En el verano de 1888, un granjero egipcio que estaba excavando en su terreno descubrió un grupo de momias de gato de una antigüedad de dos mil años, enterradas justo debajo de la arena del desierto. ¡Había allí trescientos mil gatos momificados! Se trataba de uno de los muchos cementerios de gatos existentes en Egipto.

¿Por qué será que a los gatos se les ha amado y odiado con la misma vehemencia? Hay muchas supersticiones sobre los gatos que responden a ciertas verdades básicas. Por ejemplo, como le pasa al gato de Hermione, *Crookshanks*, la mayoría de los felinos sienten un fuerte rechazo hacia las ratas. Hay quien dice que la adoración egipcia a los gatos procedía del hecho de que protegían los graneros y otros lugares donde se almacenaban alimentos contra los roedores. Además, al haber visto que también mataban víboras venenosas, los egipcios llegaron a creer que el gato era el enemigo natural de la **serpiente**, símbolo tradicional del mal. Por otra parte, la excelente visión nocturna de los gatos y la manera en que sus ojos pueden reflejar la luz, volviéndose casi fluorescentes, hizo creer que los gatos eran clarividentes: si eran capaces de ver en la oscuridad, ¿por qué no iban a poder también leer la mente o vislumbrar el futuro? La electricidad estática del pelo de los gatos (cuya cualidad varía cuando el aire es muy seco o muy húmedo) se interpretaba como una habilidad para predecir el tiempo. Y la tendencia de muchos gatos a mostrarse distantes e indiferentes hacia los humanos hizo que algunas personas los consideraran criaturas «de otro mundo», con vida secreta, o embusteros maquinadores a la espera del momento idóneo para saltar sobre un bebé dormido o para revelar a otros una conversación que habían escuchado. Así que, si te gusta acariciar la cabeza de un gato suave y ronroneante y susurrarle un secreto al oído, quizá sería mejor que lo hicieras con un perro.

Gigante

Debe de ser difícil vivir bajo el peso de la fama de tus antepasados. No hay duda de que esa es la razón por la que la descomunal Madame Maxime insiste en que ella no es ningún gigante, que sólo tiene «los huesos grandes». Desde hace siglos, los gigantes tienen fama de crueles y tontos y, como descubre Hagrid, la mayoría de los humanos no los soportan.

Los gigantes aparecen en los mitos más antiguos de muchas culturas, a menudo como una raza de seres enormes que existían antes incluso que los dioses. La mitología griega habla de titanes, gigantes altos como montañas y tremendamente fuertes. Nacidos de la unión entre la Tierra y el Cielo, eran feísimos, tenían la cara peluda, pies con escamas y en algunos casos varias cabezas. En su lucha por la supremacía, los titanes entablaron una guerra contra los dioses del Olimpo, que fue tan cruenta que casi acabó con el universo. Con ayuda de Hércules, el hijo mortal de Zeus, los dioses ganaron finalmente y mataron o encarcelaron a todos los titanes.

Los gigantes desempeñan un papel similar en la mitología escandinava, en la que los Gigantes de Escarcha, encabezados por el malvado Thrym (cuyo nombre significa *jaleo*), fueron los primeros enemigos de Thor y los otros dioses. En las leyendas celtas se habla de que los primeros habitantes de Irlanda fueron unos gigantes malvados, llamados *fomorians*, y en algunos cuentos se les asocia con el invierno, la niebla, las tormentas, la enfermedad y las malas cosechas. El Antiguo Testamento menciona también una raza de gigantes, que se creía eran fruto de una unión antinatural entre ángeles caídos y humanos. Sin embargo, los gigantes bíblicos no son tan descomunales como los de la mitología; el gigante Goliath, aniquilado por el célebre David con su honda, medía sólo unos tres metros de estatura.

El folklore inglés les ha reservado desde hace mucho tiempo un lugar especial, quizá por su importancia en los mitos de la fundación de la nación. La *Historia de los reyes de Britania*, de Geoffrey de Monmouth (que no es historia auténtica, sino más bien una crónica de los comienzos legendarios de Gran Bretaña), habla de una raza de gigantes de unos cuatro metros, que podían arrancar robles de cuajo como si fueran hierbas de jardín. Según Geoffrey, estos gigantes gobernaron Inglaterra hasta que fueron vencidos por los ejércitos de Brutus, el mítico fundador de la raza británica y tataranieto del héroe troyano Eneas.

Durante la Edad Media, los gigantes estaban a la altura de los **dragones** como adversarios adecuados de los caballeros andantes que salían en busca de gloria y aventuras. En las leyendas del rey Arturo y otros cuentos épicos, los gigantes representan todo lo malo del mundo: están sedientos de sangre, son avariciosos, comilones y crueles. Raptan mujeres, roban a sus vecinos, matan niños y a veces incluso se comen a gente. Por eso, matar a un gigante es un acto de honor y bondad. En *Le Mor-*

te d'Arthur de sir Thomas Malory, publicada en 1485, sir Lancelot demuestra su honor a muy temprana edad, matando a un par de gigantes malvados que retienen cautivas como esclavas a tres damiselas durante siete penosos años. Por su parte, el caballero Marhaus, al acabar con el gigante Taulard y rescatar a nada menos que veinticuatro doncellas y doce caballeros que aquél tenía apresados, obtuvo a cambio grandes riquezas y se ganó la gratitud de sus semejantes. Y el propio rey Arturo demostró ser el matador de gigantes más diestro de todos, al vencer al gigante de Mont Sant-Michel, un caníbal que llevaba un abrigo tejido con los cabellos de las barbas de los quince reyes a los que había derrotado.

Los gigantes siguieron apareciendo en la imaginación popular mucho tiempo después del fin de la caballería andante. En los siglos XVIII y XIX, estos hombres de enorme tamaño y apetito, y en muchos casos con ganas de encontrar esposas de talla normal, eran el elemento imprescindible de los cuentos de hadas europeos. De éstos, los más conocidos eran los que tenían como prota-

gonista a un joven valeroso, aunque algo temerario, llamado Jack. En «Jack, el matador de gigantes», un cuento que se imprimió por primera vez en el siglo XIX, pero cuya acción transcurre en la época del rey Arturo, Jack es el hijo de un granjero inglés, que se hace experto en engañar a gigantes desventurados. Su primera víctima es un gigante de cinco metros y medio llamado Cormoran, que lleva un tiempo aterrorizando a la población de Cornwall, robando y devorando tantas ovejas, cerdos y bueyes que los habitantes están arruinados y a punto de morir de hambre. Jack cava un agujero enorme en el suelo, lo tapa con ramas y hojas, y empieza a insultar al gigante para provocarlo, hasta que se acerca al agujero y cae dentro, momento que Jack aprovecha para matarlo. Gracias a una serie de triunfos similares, Jack obtiene muchas recompensas, incluida una finca muy grande y la mano de la hija de un duque. En «Las habichuelas mágicas» aparece otro Jack que se enfrenta a un gigante, que habita en un castillo que hay en medio de las nubes (en lo alto de la planta de judías, por supuesto). Y que canturrea el famoso: «Fa, fe, fi, a sangre de inglés huele por aquí», mientras Jack, temblando de pies a cabeza, se esconde cerca del gigante.

Semejante historial de mala conducta no es posible atribuirlo a sólo unas cuantas manzanas podridas, así que es comprensible que los padres muestren su preocupación al saber que sus retoños tienen a una medio gigante como profesora en Hogwarts. Pero, como parece saber Albus Dumbledore, resulta erróneo juzgar a una persona por la reputación de sus parientes. En muchas historias actuales, los gigantes son, precisamente, seres agradables que se hacen amigos de los humanos de talla normal e incluso los protegen, sobre todo a los niños.

Además, por culpa de su enorme tamaño pueden sufrir incómodas dolencias físicas, sentirse aislados, considerarse bichos raros o avergonzarse de ser tan grandes. Nosotros mismos conocemos ya a unos cuantos gigantes bondadosos, y seguro que hay más por ahí. Si Dumbledore no se equivoca, quizá pronto tendremos ocasión de averiguarlo.

Gnomo

Hoy día, si quieres ver un gnomo, basta con que te asomes al jardín del vecino. En efecto, en Europa y en Estados Unidos, los «gnomos de jardín», estatuas pequeñas y sonrientes de hombres barbudos con sombreros rojos puntiagudos, son adornos de exterior bastante populares. Pero si resulta que tus vecinos son unos **brujos**, te darás cuenta de que sus gnomos se mueven mucho más que los que están hechos de barro. En realidad, como bien saben los que visitan el huertecito de los Weasley, los gnomos pueden ser unos pesados de risa floja a los que hay que tratar como a cualquier otro intruso.

Nadie sabe a ciencia cierta cómo empezó a asociarse a los gnomos con los jardines. Hay quien sugiere que las primeras estatuas de gnomos se crearon como figurillas de bienvenida que se colocaban en las zonas ajardinadas de acceso a grandes edificios, y que después la gente copió la idea para su jardín particular. Otra posibilidad es que dicha relación emergiera del folklore, donde tradicionalmente se asociaba a los gnomos con la tierra.

En la sabiduría popular germánica los gnomos, igual que los **enanos**, viven bajo tierra, donde guardan tesoros y cavan en busca de metales preciosos. Sorprendentemente, son capaces de moverse en todas direcciones bajo tierra sin necesidad de túneles, de la misma manera que los peces se mueven bajo el agua. Son seres trabajadores y amables, y suelen representarse como ancianos jorobados o con alguna otra deformidad. Su piel siempre es de un tono terroso (gris o marrón), por lo que pueden camuflarse fácilmente en su entorno. Si se sienten amenazados, pueden incluso disolverse, literalmente, con la materia del suelo o de un tronco de árbol.

Aunque hay muchos cuentos que nos hablan de gnomos que lo pasan muy bien en el mundo exterior, algunos expertos aseguran que los gnomos quedan convertidos en piedra si los toca la luz del día. De ser eso cierto, quizás algunos de esos gnomos decorativos de jardín no sean más que pobres víctimas de un exceso de sol.

Gorra roja

Más de un pasajero de tren norteamericano ha deseado ansiosamente los servicios de un gorra roja: un mozo de estación que te ayuda a llevar las maletas. Los viajeros del *Expreso de Hogwarts*, sin embargo, han aprendido a mantenerse alejados de ellos, por lo menos de los de la terrible especie que se estudia en clase de Defensa contra las Artes Oscuras. También llamado un gorra sangrienta o un peine rojo, un gorra roja es un **trasgo** maligno del folklore inglés que ronda por las ruinas de los castillos en los que se han librado batallas sangrientas. El gorra roja, con su larga melena gris, sus feroces ojos rojos y su afilada dentadura, podría ser confundido con un anciano muy feo si no fuera por el característico sombrero, que adquiere su color rojo al remojarse en sangre. Lleva un cayado  acabado en un pincho metálico, que usa alegremente contra cualquiera lo bastante loco como para vagar por un castillo en ruinas. Al fin y al cabo, la sangre de una víctima reciente es todo lo que se necesita para intensificar el color de su gorro carmesí.

Según la tradición, los que no puedan resistir la tentación de visitar antiguas ruinas tienen una manera segura de protegerse contra un gorra roja. Hay que leer la Biblia en voz alta, y el duende soltará un alarido y se desvanecerá, dejando tras de sí uno de sus horribles dientes como recuerdo.

Grim

Cuando Harry se percata de que hay un enorme perro negro que le va siguiendo, sospecha que en realidad esa criatura puede ser un *grim*, un espíritu disfrazado de perro amenazador, que desde hace mucho se considera en las islas británicas un **presagio** de muerte. Sin embargo, por fortuna el bicho resulta ser el padrino de Harry, Sirius Black, que puede transformarse en perro cuando le conviene.

A no ser que en Hogwarts haya un cementerio del que no teníamos noticia, la sospecha de Harry de que un *grim* le andaba siguiendo probablemente era infundada, ya que la mayoría de las informaciones al respecto afirman que los *grims* nunca se alejan de los camposantos donde habitan. Tanto en el folklore británico como en el escandinavo, «*grim*» puede ser un término general para referirse a un espíritu casero, pero su acepción más común es la de «*grim* de iglesia», un guardián de las ánimas de los difuntos que, en Inglaterra, adopta la forma de un perro negro, grande y greñudo, de mirada feroz. En Escandinavia, el *grim* de iglesia puede aparecer también como un caballo, un cordero o un cerdo.

Según la tradición inglesa, el *grim* de iglesia carga con la inmensa responsabilidad de proteger el cementerio del Diablo y las brujas. A comienzos de la era cristiana mucha gente pensaba que, cuando se consagraba un nuevo cementerio, la primera persona que recibiera sepultura allí tendría que proteger el lugar contra la influencia satánica. Pero también se creía que si un perro negro y bueno era enterrado en el lado norte del cementerio, el

animal podía asumir el puesto de guardián en lugar del alma humana, que quedaría así liberada y podría viajar hacia el más allá.

Los *grims* suelen ser invisibles, pero durante una tormenta se los puede ver paseándose por el cementerio. También pueden aparecerse a medianoche en la víspera de una muerte, o de pie en la torre del cementerio durante un entierro. Se dice que el clérigo que oficia en el funeral es capaz de decir, por la apariencia del *grim*, si el alma del difunto irá al cielo o al infierno.

Grindylow

La primera vez que Harry se tropieza con un *grindy-low*, que aprieta su horrible rostro verde contra el cristal del acuario que hay en el despacho del profesor Lupin, ni se imagina que esa experiencia resultará tener cierta aplicación práctica. Y es que esos **demonios** acuáticos del folklore inglés habitan en el lago de Hogwarts, y Harry tendrá que hacerles frente como parte de la segunda prueba en su búsqueda del Cáliz de Fuego.

Por muy genuinos que puedan ser los *grindylows* en el mundo de los brujos, en Yorkshire (única región de Inglaterra donde los *grindylows* forman parte del folklore local) ni un solo niño mayor de diez años admitiría creer en la existencia de semejantes asquerosas criaturas. Ello

es debido a que los *grindylows* se encuadran en una categoría especial de seres sobrenaturales conocidos como «cocos de bebés», que nunca han sido tomados muy en serio por los adultos, pero que se inventaron para asustar a los niños pequeños y evitar así que hicieran cosas peligrosas o prohibidas. «¡No te acerques tanto al agua, o te arrastrará el *grindylow* y te comerá de merienda!»

Dado que el *grindylow* es parte de la tradición oral, más que de la escrita, sus rasgos físicos son difíciles de determinar. Sin embargo, si el *grindylow* se parece en algo a los espíritus acuáticos Jenny Dientesverdes y Peg Powler, que son su equivalente en otras zonas de Inglaterra, entonces lo más seguro es que tenga cara de **arpía**, con larga melena verde, piel verde, colmillos verdes y puntiagudos, y la boca siempre medio abierta. Probablemente porque Harry ya no es un crío se da cuenta de que, a pesar de esos rasgos tan desagradables, lo único que hace falta para librarse de esas asquerosas criaturas es propinarles un puntapié en la cabeza.

Hada

Los **duendes** que corretean a su aire por la clase de Gilderoy Lockhart, los *leprechauns* que se duchan con oro en pleno campo de *quidditch*, y los **elfos** domésticos que trabajan en las cocinas de Hogwarts, pertenecen a la gran familia de las hadas. Las hadas, a las que también se las conoce como la gente menuda, el pueblo pequeño, la buena gente, o los buenos vecinos, forman parte de una

El ratoncito Pérez

*Hoy día no hay hada mejor conocida ni más queri-
da que el hada de los dientes. En Estados Unidos y en
algunas zonas de Gran Bretaña, Canadá y España, se
dice que visita a los niños por la noche para dejarles un
poco de dinero o algún regalito, a cambio del «diente
de leche» que se pone debajo de la almohada.*

*Aunque las historias sobre el hada de los dientes
empezaron a contarse a comienzos del siglo XX (y nadie sabe a ciencia cierta dónde surgieron), la asociación
entre dientes y regalos data de mucho tiempo atrás.
Hace más de mil años, los niños vikingos recibían un
«pago del diente» (algún regalo) cuando les salía el primer diente. Un antecesor reciente del hada de los dientes sería el ratoncito Pérez, una criatura adorada por
los niños europeos del siglo XIX, que dejaban el diente
de leche en el agujero de un ratón, o debajo de las es-
tanterías de la cocina o en cualquier otro rincón donde
un ratón pudiera encontrarlo. Y el ratoncito Pérez no
sólo les regalaba a cambio algún dulce o unas monedas, sino que, según reza la leyenda, los dientes nuevos
de estos afortunados niños serían tan afilados como
los de su diminuto benefactor.*

enorme comunidad internacional de seres inmortales y
sobrenaturales que sólo se dejan ver de vez en cuando.
Aunque su apariencia más conocida es la que se describe
en el folklore británico, estas criaturas mágicas son personajes destacados de los cuentos populares de todo el

mundo, desde Suecia a Irán o China. Muchos de nosotros conocemos a las hadas a partir de los cuentos infantiles modernos, donde suelen aparecer como personillas simpáticas de corazón generoso. Pero en el pasado, entre las hadas se contaba una inmensa variedad de seres grandes y pequeños, antipáticos y amables, temibles y divertidos, hermosos y horripilantes, desde los **gorras rojas** asesinos de las tierras fronterizas escocesas, hasta la encantadora hada madrina de Cenicienta.

La palabra «hada» proviene del latín *fata*, o parca, referido a las míticas Parcas, tres mujeres que hilaban las hebras de la vida y controlaban el destino de cada persona desde el nacimiento hasta la muerte. Igual que las parcas, se cree que las hadas participan activamente en la vida de los mortales, ayudándoles cuando les apetece, pero también enviándoles grandes dosis de dolor y desgracias. Por ejemplo, durante la Edad Media se echaba la culpa a las hadas de muchas dolencias físicas, desde simples sarpullidos hasta tuberculosis. Moratones, calambres y dolores reumáticos se atribuían a invisibles hadas furiosas, que pellizcaban a los humanos. Y los que sufrían ataques al corazón, parálisis o misteriosas enfermedades, habían recibido el «golpe del elfo», es decir, los había alcanzado una flecha invisible de elfo. Asimismo, se advertía a las madres de que nunca dejaran a los recién nacidos sin vigilancia, pues un hada podía raptar al niño y dejar en su lugar un bebé duende enfermizo.

A mediados del siglo XVI, el miedo a las hadas fue sustituido por el miedo a las **brujas**, y las hadas, aunque pudieran seguir haciendo bromas pesadas (como el *hinkypunk*, o el Puck de Shakespeare), empezaron a ser consideradas más bien criaturas imaginarias generalmente benevolentes y amantes de la diversión, y bien dispuestas hacia los humanos. Los cuentos de hadas, muchos y muy variados, nos hablan de reinos del bosque habitados por diminutas criaturas vestidas con hermosas telas azuladas, verdes y doradas. Aunque suelen parecerse a los humanos más guapos, las hadas son capaces de tomar el aspecto de animales o volverse invisibles a su antojo. Amantes de la música, danzan alrededor de las setas y hongos venenosos bajo la luz de la luna, tocando diminutas flautas y arpas. Muchas canciones populares de Escocia son, según se cree, cantos de hadas que unos gaiteros mortales aprendieron cuando llegaron al país de las hadas atraídos por unas bellísimas melodías. Los humanos que sucumben a la tentación de adentrarse en el reino de las hadas suelen perder la noción del tiempo, de modo que al regresar creen que sólo han estado allí un instante cuando en realidad han pasado años. De todos modos, los mortales que salen en busca del país de las hadas, rara vez dan con él. Según dice la leyenda, el territorio de las hadas sólo se descubre por casualidad.

No todas las hadas llevan una vida de ocio y placer. Hay muchos cuentos tradicionales que hablan de hadas domésticas (como los *brownies*, los duendecillos y algunos elfos) que prefieren vivir entre los mortales y ayudar en las tareas de la casa a cambio de un cuenco de nata o un pedazo de tarta cada noche. Es esencial conocer las normas de cortesía de las hadas, ya que se ofenden con mucha facilidad. Si no mantienes la chimenea limpia o intentas pagarles por sus servicios, quizá te demuestren su enfado volcando cubos de basura, rompiendo platos o haciendo que la vaca deje de dar leche. Sin embargo, es mejor no hacer caso de estos estallidos de mal humor, pues, en tiempos pasados igual que hoy día, es difícil encontrar servicio.

Las hadas de Cottingley

*En julio de 1918, dos jovencitas del pueblo de Cottingley (Inglaterra) consiguieron la que parecía ser la primera fotografía de hadas auténticas. La foto, tomada por Elsie Wright (entonces de dieciséis años), muestra a su prima, Frances Griffiths, sentada en el bosque rodeada de unas cuantas personillas diminutas y con alas. El padre de Elsie, que fue quien reveló la foto, no creía en las hadas y así se lo dijo a las chicas, dándoles a entender que él suponía que ellas habían hecho un montaje. Pero las chicas insistieron en que habían visto hadas en el bosque muchas veces. Un mes después tomaron otra fotografía, esta vez con Elsie posando junto a un **gnomo**.*

El padre de Elsie seguía sin creérselo, pero su madre comentó el asunto con algunos amigos que tenían interés en lo sobrenatural. Desde ese momento, la historia corrió como la pólvora y llegó a oídos de uno de los escritores más célebres de la época, sir Arthur Conan Doyle, creador del gran detective Sherlock Holmes. Fascinado con la posibilidad de que aquellas hadas fueran de verdad, Doyle y otras personas interesadas en el tema consultaron con una serie de expertos para averiguar si las fotos estaban trucadas. Aunque algunos comentaron que los peinados de esas hadas parecían demasiado «modernos», nadie puedo dar con una evidencia que demostrara de manera tajante que aquello era un fraude. En diciembre de 1919, Doyle publicó un artículo en Strand Magazine, titulado «Hadas fotografiadas. Un acontecimiento que hará historia», que fue recibido con tremendo entusiasmo por parte de los más crédulos y con una crítica brutal por parte de los escépticos. En 1920, cuando las chicas hicieron otras tres fotografías con hadas, la polémica se avivó aún más.

El debate sobre la autenticidad de las hadas de Cottingley duró unas cuantas décadas. Finalmente, a comienzos de los años ochenta, tanto Elsie como Frances admitieron que aquellas fotos eran un fraude. Ellas mismas habían fabricado hadas con papel, y las habían enganchado en las ramas de los árboles y en el suelo con alfileres de sombrero. Frances comentó la gran sorpresa que se había llevado al ver que todo el mundo se creía el cuento. Al fin y al cabo, dijo, en algunas de las fotos incluso se podían ver los alfileres, y nadie se había dado cuenta.

Frances Griffiths y sus hadas, fotografiadas por su prima Elsie Wright en 1918. Hasta alrededor de 1980 las dos primas no reconocieron que las fotos eran un fraude.

Círculos de hadas

Desde hace mucho tiempo se dice que las hadas dejan huellas de sus fiestas nocturnas. Según el folklore británico, cuando las hadas bailan bajo las estrellas, por la mañana el sitio aparece marcado con un círculo de hierba verde brillante o hierba apelmazada, que se conoce con el nombre de «círculo de hadas». Si alguien se pone en el centro de uno de estos anillos cuando hay luna llena y pide un deseo, se le cumplirá con toda seguridad.

Pero ¡ni se te ocurra entrar en un círculo de hadas mientras están de fiesta! El que ose hacerlo se verá obligado a bailar hasta el agotamiento. La única manera de escapar es que le rescate un amigo que, con un pie fuera del círculo, tire del cautivo. Por toda Europa y América del Norte existen misteriosos círculos de hierba de color algo diferente, que suelen aparecer normalmente después de fuertes lluvias. Su tamaño varía desde unos pocos centímetros hasta más de sesenta metros de diámetro. Sin embargo, los científicos insisten en que son causados por un tipo de hongo llamado basidomicetes, y que no tienen nada que ver con las hadas.

Hechicero

Tal vez, de todos los apelativos usados para referirse a un **mago**, el de hechicero sea el que mejor idea da de su poder y maestría. Un hechicero no se limita a preparar pociones: controla los poderes de la naturaleza. Él conjura tormentas, mueve montañas, arroja rayos y convierte baratijas en valiosas joyas. O, por lo menos, algunos hechiceros lo hacen. Según otra versión, un hechicero es alguien que practica las **artes oscuras**, un brujo maligno (como Quién-tú-sabes) con un ansia inagotable de poder, y el deseo de hacer daño a la humanidad. Así pues, ¿es una cosa o la otra?

En realidad, es ambas. Históricamente, la palabra «hechicero» se aplicaba a los agentes tanto del bien como del mal, y la idea de qué es y qué hace un hechicero ha cambiado con el paso de los siglos. Una de las más antiguas y conocidas imágenes de un hechicero está pintada en las paredes de una cueva del sur de Francia: lleva allí diez mil años. El conocido como el Hechicero de las cuevas de Les Trois Frères es un hombre disfrazado de animal con astas, que baila una danza ritual. Los antropólogos creen que la figura representa la forma más antigua de **mago** tribal, el chamán, que era el encargado de proteger a la comunidad, garantizar una buena caza y controlar el clima. Este tipo de hechicero era vital para la salud de la sociedad y solía gozar de la más alta estima.

En las antiguas civilizaciones babilónicas, sin embargo, los más temidos y odiados agentes de la magia maligna eran también conocidos como hechiceros. Estaban especializados en maldiciones, clavar agujas en figuritas de cera, convocar a los **demonios** malignos y resucitar a los espíritus de los muertos. En la Grecia y la Roma precristianas, los hechiceros practicaban la **adivinación** (la palabra «hechicería» procede del término latino *facticius*, que significa «hacer algo no fundado en la naturaleza»), pero la mayoría eran expertos en **conjuros** y **pociones**, y se recurría a ellos para hacer daño a un enemigo.

Durante la Edad Media, que alguien fuera considerado un hechicero dependía más del resultado de la magia que de las intenciones del mago. Si los resultados eran beneficiosos, el que practicaba la magia era un **brujo**, si eran perjudiciales, era un hechicero. Pero no siempre estaban tan claras las cosas. ¿Qué pasaba si la magia practicada era un **encantamiento** o provenía de una **poción** destinados a curar a una persona enferma y ésta, en lugar de mejorar, empeoraba? ¿Era entonces el mago un hechicero? Preguntas como ésta se planteaban cuando se juzgaba a personas acusadas de «hechicería».

Un granjero contrariado podía presentar cargos de hechicería contra un vecino, acusándolo de enfermar a los animales o a los niños, de provocar una tormenta o una sequía. A menudo, estos cargos se debían a riñas en el pueblo y estaban motivados por la venganza o por cuestiones económicas, pero si se encontraban pruebas de hechicería tradicional (como una figura de cera o una placa con una **maldición**), el veredicto más probable era el de culpabilidad.

Aunque la hechicería seguía teniendo connotaciones negativas, durante el Renacimiento se comenzó a usar el término en sentido positivo, halagador incluso, en determinados círculos. Los eruditos y los médicos de quienes se creía que poseían el secreto de la magia «blanca» o beneficiosa, eran considerados hechiceros. También lo eran los alquimistas como **Nicholas Flamel**, que se encerraban en sus laboratorios para buscar la **piedra filosofal**, una sustancia capaz de convertir metales tan comunes como el mercurio, el plomo o el estaño en oro. Incluso Albus Dumbledore incluye el de Gran Hechicero entre sus muchos títulos que aparecen en el membrete de Hogwarts. En el uso común, un hechicero es cualquiera que entiende de magia.

La imagen del hechicero como un súper brujo que puede hacer cualquier cosa se popularizó en 1940 gracias a la película de dibujos animados *Fantasía*, en la que se narra la historia de *El aprendiz de brujo*. Basada en un relato del autor romano del siglo II Luciano (el escritor alemán Goethe volvió a contarlo posteriormente), el cuento nos habla de un aprendiz de mago que, en ausencia de su maestro, da vida a una escoba y le ordena que traiga agua de un arroyo. Aunque el aprendiz se equivoca al creer que puede controlar los poderes que convoca (la escoba no deja de traer agua del arroyo e inunda la casa), la hechicería se muestra como algo maravilloso, si bien sólo al alcance de un maestro de la magia.

Herbología

Tener maña con las plantas puede ser de gran ayuda para un **brujo**. En un jardín bien provisto se pueden conseguir muchos de los ingredientes de las **pociones** mágicas, al igual que remedios para toda clase de dolencias tanto de origen natural como sobrenaturales, desde acné hasta picadura de serpiente o **petrificación**. Ciertas hierbas pueden incluso protegerte de las maquinaciones mágicas de tus enemigos. El secreto radica en saber qué hace cada planta, y cuál es la mejor manera de cultivarla y cosecharla. En eso consiste la herbología.

Desde hace miles de años se han usado hierbas para la magia y la medicina. Los antiguos sumerios iniciaron el estudio sistemático de las hierbas, y hallaron usos medicinales para la alcaravea, el tomillo, el laurel y otras muchas plantas que hoy pueden estar creciendo en el jardín de detrás de tu casa. El primer libro de hierbas chino que se conoce fue escrito hacia el año 2800 a.C., y describe los usos medicinales de 366 plantas. Los antiguos griegos y romanos usaban plantas en la medicina, el condimento de comidas, la cosmética, las esencias y los tintes. Los más supersticiosos las usaban también como **amuletos** mágicos colgados al cuello en saquitos de tela, que servían para repeler a los malos espíritus, alejar la enfermedad o protegerse frente a las **maldiciones** de un vecino enojado. En la *Odisea* de Homero, dan al héroe una hierba que se llama *moly* para protegerle de los **conjuros** de la hechicera **Circe**. En toda la mitología, las hierbas mágicas se asocian con **brujas** como Hécate y Medea, que las usaban para preparar **pociones** que otorgaban grandes dones a los que gozaban de su favor, y aseguraban una muerte terrorífica a lo que querían destruir.

Durante la Edad Media, la mayoría conocía a algún «hombre sabio» o «mujer sabia» que usaba hierbas para curar heridas y dolencias, y como solución para toda clase de dificultades personales, desde un pozo seco hasta una suegra pelmaza. Estas recetas, extraídas de las creencias populares sobre las propiedades medicinales y mágicas de las plantas, han pasado de generación en generación. Muchas de aquellas curas se basaban en la idea de que Dios ha impreso en cada hierba una imagen visible de su uso en medicina, de manera que con sólo mirar la planta se puede saber para qué sirve. El color de sus flores o de sus frutos, la forma de la raíz o de las hojas, la textura de los pétalos o del tallo, todo ello aporta pistas sobre las propiedades medicinales de la planta. Por ejemplo, se decía que las plantas de flores amarillas, como la vara de oro, curaban la tez amarillenta que resulta de la ictericia, mientras que las plantas de hojas o raíces rojas se usaban para tratar heridas y desarreglos que tuvieran que ver con la sangre, y los pétalos púrpura del lirio se empleaban en la preparación de cataplasmas para magulladuras. Si una planta recordaba por su forma a un órgano del cuerpo humano, se creía que era beneficiosa para ese órgano. La pulmonaria, así llamada por las manchas en forma de pulmón que lucen sus hojas, se usaba en el tratamiento de dolencias pulmonares, mientras que la hoja trilobular de la hepática, que hay quien dice que se parece al hígado humano, se usaba para los problemas de este órgano. Las hojas del álamo temblón se usaban para tratar el temblor sintomático de la parálisis, y las flores que semejaran mariposas se recomendaban para curar picaduras de insectos.

Se pensaba que muchas enfermedades tenían su origen en fuerzas sobrenaturales, y también había remedios herbales para esos casos. La mujer sabia, o herbóloga, del pueblo te podía recomendar colgar una guirnalda de zarzamora para alejar a los malos espíritus, o rellenar

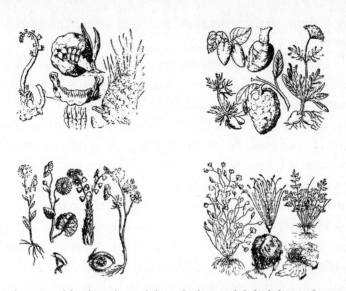

Ilustración del siglo xv de una de las reglas básicas de la herbología. El aspecto de la planta muestra cómo debe usarse. Las plantas que semejan dientes curan el dolor de muelas, las que tienen forma de corazón sirven para las dolencias de corazón, las que parecen ojos mejoran la vista y las plantas velludas ofrecen curas para la calvicie.

la cerradura de tu casa con semillas de hinojo para espantar a los **fantasmas**, o derramar jugo de la planta dedalera para protegerte de las **hadas**. También se esperaba que el poder mágico de las hierbas funcionara para una gran variedad de problemas más mundanos. Por ejemplo, un viajero que temiera quedarse dormido a las riendas de su carromato tenía que llevar encima un poco de artemisia, que tenía fama de alejar al sueño. O se le podía dar achicoria a un buscador de tesoros, pues se decía que esa hierba era capaz de abrir puertas y cofres cerrados con llave. Se podía también recomendar a una mujer que deseara tener hijos que plantara perejil alrededor de su casa, y a un joven que deseara conquistar a la chica de sus sueños se le podía decir que recogiera un poco de milenrama mientras recitaba un **encantamiento** de amor.

Pero saber para qué servía cada planta era sólo la mitad del trabajo. También resultaba crucial saber cuál era el momento más adecuado y la forma precisa en que había que recoger cada planta. Muchos herbólogos creían que las propiedades de las plantas, igual que las características de las personas, recibían directamente la influencia de los movimientos de las estrellas y los planetas. Los entusiastas de la botánica astrológica insistían en que «si no se recoge la planta aplicando las reglas de la astrología, tendrá poca o nula virtud». Por tanto, las plantas que se creían asociadas a Saturno, como la cicuta y la belladona, debían recogerse cuando Saturno estaba en la posición apropiada en el firmamento, y así con todas las plantas. Según una regla general básica, lo mejor es recolectar las hierbas por la noche, preferiblemente cuando hay luna llena, que es el momento en que las plantas tienen máxima potencia. Sin duda, ésta es la razón por la que Hermione tuvo que seguir unas instrucciones detalladas cuando salió a recoger crisopos para la poción multijugos.

Pero muchas plantas tenían reglas especiales. Si pretendías abrir candados con achicoria azul, tenías que cortarla con una cuchilla de oro al mediodía o a media noche del día de San Jaime, el 25 de julio. Y si pronunciabas una sola palabra durante este proceso, en teoría morías al instante. Por otra parte, si pensabas usar peonias para proteger al ganado y los cultivos de las tormentas, más te valía asegurarte de que no hubiera pájaros carpinteros cerca cuando salieras a cosechar. Cuenta la leyenda que si una de esas aves te pillaba en ese momento, te quedabas ciego. Con todas estas reglas, y tantos peligros mortales, no es de extrañar que los estudiantes de Hogwarts deban pasar tantos años estudiando herbología.

Hinkypunk

Ron Weasley no es el único caminante que se ha visto hundido hasta la cintura en un charco de barro después de encontrarse con el tenue espíritu monópedo conocido como *hinkypunk*. El folklore del West Country de Inglaterra sostiene que los *hinkypunk* acechan por las noches en zonas apartadas, aguardando la llegada de algún viajero. En ese momento encienden su linterna y se dejan ver. El agotado paseante, contento al divisar un rayo de luz, se dirige hacia él creyendo que es el lugar al que se encaminaba o bien algún compañero de camino que va por delante. Pero entonces se cae en una zanja, se hunde en una ciénaga o cae por un acantilado, para delicia del *hinkypunk*.

Muchos espíritus similares, caracterizados por su afición a deslumbrar con llamas a los viajeros crédulos para arrastrarlos al peligro, vagan, según se dice, por toda la campiña inglesa. En el folklore inglés abundan los cuentos sobre viajeros que caminan en círculos sin cesar, caen en zanjas, pierden la orientación y acaban en el norte cuando en realidad se dirigían hacia el sur. Quizás esto se deba a que gran parte del campo inglés está cubierto de marismas, ciénagas y pantanos, por los que resulta difícil transitar, sobre todo de noche. Pero en lugar de echarle la culpa al paisaje, siglos de tradición dirigen su dedo acusador a seres sobrenaturales. Se dice que algunos son **demonios**, se piensa que otros son **fantasmas** cuyas ánimas vagan sin descanso y de otros se comenta que son guardianes de algún tesoro a los que les gusta encandilar a los humanos mostrándoles la visión de una fortuna que nunca llegan a alcanzar.

Resulta interesante que en muchas zonas de Inglaterra realmente se ven con frecuencia luces extrañas no sostenidas por mano humana, titilando en la distancia. Pero según el punto de vista científico, lo que ven los viajeros no es más que la ignición espontánea de los gases de los pantanos, una emisión común en zonas cenagosas. Sin embargo, durante siglos la gente ha creído que esas luces eran causadas por espíritus maliciosos y, en los sitios en los que dichas luces aparecían con mucha frecuencia, el folklore contiene invariablemente alguna historia sobre *hinkypunk*.

Un viajero está apunto de caer cuando uno de los parientes próximos de los hinkypunk, el pwca galés, trata de atraerlo hacia un acantilado.

Hipogrifo

Cuando Harry y Hermione se montaron en *Buckbeak*, el querido hipogrifo de Hagrid, no tenían ni idea de la noble tradición en la que estaban participando. El hipogrifo es el extraño fruto de la unión entre un grifo macho (una criatura que es medio águila, medio león) y una yegua. Se cuenta que fue la montura preferida de los caballeros de Carlomagno, guerreros de los siglos VIII y IX, cuyas aventuras, muy romantizadas, transcribieron escritores posteriores.

Aunque el hipogrifo apareciera en estas fábulas heroicas como un animal poco común pero auténtico, en realidad esta bestia alada fue inventada en 1516 por Ludovico Ariosto, autor del poema épico italiano *Orlando Furioso*, que narra las hazañas de varios caballeros de Carlomagno. Al igual que un grifo, el hipogrifo de Ariosto posee cabeza y pico de águila, patas delanteras de león con garras y alas de rico plumaje, mientras que el resto de su cuerpo es el de un caballo. El hipogrifo fue domado y amaestrado por el **mago** Atlante, puede volar más alto y más rápido que cualquier pájaro, y es capaz de bajar en picado a la velocidad de un relámpago cuando el jinete está dispuesto a aterrizar. Semejante operación resulta algo temida incluso por

los caballeros que normalmente no tienen miedo, pero éstos se muestran encantados ante la capacidad del corcel de ir con facilidad de un lado del globo al otro.

Aunque a los hipogrifos les gusta jugar con la gente que está intentando darles caza, por ejemplo, escapando de su alcance justo en el instante en que alguien está a punto de agarrarles por la brida, en cuanto el jinete se monta encima demuestra ser un compañero leal y colaborador. En manos del caballero Rogero, vuela por encima de los Alpes en su camino de Italia a Inglaterra, donde deja asombrados y embelesados a soldados y nobles al aterrizar en el campo en medio de ellos. Después despega de nuevo, y Rogero y su montura ponen rumbo a Irlanda, donde descubren a la bella doncella Angelina en las garras de un terrible monstruo marino. Al ver la sombra del hipogrifo cerniéndose sobre él por encima de las aguas, el monstruo abandona su presa para ir a por ésta otra de mayor tamaño y más apetitosa. Pero cuando el hipogrifo diestramente hace un quiebro, Rogero desarma al monstruo con el resplandor cegador de un escudo mágico. Rogero y Angelina saltan a lomos del hipogrifo y, como Harry y Hermione, se alejan en busca de nuevas aventuras.

Animales a juicio

Por mucho que nos hayamos opuesto al Comité para la Eliminación de Criaturas Peligrosas por llevar a juicio al pobre Buckbeak, *no podemos achacarles el haber sido los creadores de esta curiosa práctica. En la*

Europa medieval y principios de la moderna, era frecuente atribuir crímenes (normalmente asesinato o destrucción de la propiedad) a animales domésticos, así como a insectos, roedores y otras plagas comunes. Eran arrestados, encarcelados, juzgados, sentenciados y a veces ejecutados. Existen registros minuciosos de juicios, que datan de fechas tan lejanas como el siglo IX y tan recientes como el siglo XIX, que ofrecen datos sobre juicios a orugas, moscas, langostas, sanguijuelas, babosas, gusanos, ratas, ratones, topos, palomas, cerdos, vacas, gallos, perros, mulos, caballos y cabras.

En el caso de los insectos, la ofensa solía ser la destrucción del grano. Dado que era imposible hacer comparecer una colonia de langostas, se capturaba una, se le asignaba un abogado defensor y se la sometía a juicio como representante de todas las demás. Si era declarada culpable, se ordenaba que todas las langostas abandonaran la ciudad, cosa que al final siempre solían hacer.

Los animales que eran lo suficientemente grandes como para ser encarcelados eran confinados en las mismas celdas y recibían el mismo trato que las personas. Al igual que las personas, los animales llegaban a ser torturados para extraerles una confesión. Nadie esperaba conseguir que un animal confesara nada de nada, pero la tortura formaba parte del proceso judicial legal y algunos jueces creían que tenían la obligación de aplicarla. Esto puede haber beneficiado a algunos animales, ya que los criminales que no confesaban su fechoría bajo tortura solían recibir sentencias menores. Por otra parte, las sentencias podían también reducirse o anularse como resultado de una apelación hecha ante una instancia superior. En un caso del que tenemos noticia, un cerdo y un burro condenados a la horca consiguieron al final el mero castigo de un golpe en la cabeza cuando otro juez revisó su caso. Sin embargo, *a los animales a los que les fallaba el recurso de apelación sólo les quedaba la esperanza, como le pasó a Buckbeak, de tener un buen amigo que pudiera ir a rescatarlos.*

Hombre lobo

En el folklore del mundo entero, el hombre lobo es un humano capaz de transformarse en un lobo especialmente feroz. Sólo actúa de noche y, a menudo (aunque no siempre) cuando hay luna llena. Devora hombres, mujeres, niños y animales, a los que desgarra el cuello con sus colmillos y sus garras. En algunas historias, el hombre que se convierte en lobo es la víctima de malos genes, una **maldición** o de la mordedura de otro hombre lobo (como en el caso de cierto profesor de Hogwarts). Por mucho que lamente el daño que causa, es incapaz de controlar sus acciones. En otros cuentos, un adepto a la **magia negra** toma la decisión consciente de convertirse en hombre lobo (suele ponerse un cinturón encantado o un ungüento especial) para llevar a cabo sus fechorías, casi siempre en asociación con el Diablo. Aunque los hombres lobo son casi siempre eso, hombres, también hay cuentos sobre mujeres y niños lobo.

Los cuentos acerca de hombres lobo han existido desde la Antigüedad. En la mitología griega se habla de un tirano sediento de sangre llamado Licaón, que encolerizó a Zeus porque le sirvió la carne de un niño humano. Como castigo, Zeus convirtió a Licaón en un lobo, aunque éste conservó algunas de sus características humanas. De esta historia proviene el término «licántropo», otra manera de referirse a un hombre lobo. Los escritores griegos del siglo IV a.C. describieron lo que la gente creía de los hombres lobo y, en el siglo I d.C., el historiador romano Plinio se refirió a la existencia de estas criaturas como un hecho probado.

A principios de la Edad Media, las leyendas y supersticiones acerca de los hombres lobo estaban muy arraigadas en Europa. Curiosamente, la imagen del hombre lobo no era tan mala en aquella época. Mientras que en algunas historias las madrastras perversas y los villanos resultan ser mujeres u hombres lobo, en otras el hombre lobo puede ser un héroe, un santo o un personaje cómico. En un famoso cuento francés, un noble confiesa a su esposa que es un licántropo. Ésta y su amante le roban la ropa durante su siguiente transformación. Incapaz de recuperar la forma humana sin su ropa, el noble queda atrapado en su forma de lobo. Se convierte en la mascota del rey hasta que al final sale a luz la verdad. Se le devuelve la ropa, la malvada esposa y su amante son desterrados, y el noble hombre lobo sale triunfante. En otra leyenda, la gente de un

pueblecito se asusta al ver a un lobo bajar por la calle mayor y saltar sobre una pieza de carne colgada a secar. El lobo falla y cae en un pozo. Cuando los del pueblo miran en el pozo, sólo encuentran en él a una mujer desnuda muy avergonzada.

Sin embargo, en el siglo XVI ya no se describía a los hombres lobo como héroes o personajes cómicos. Se los consideraba una verdadera amenaza. A medida que la **caza de brujas** cobraba impulso en Europa, docenas de personas en Francia, Alemania, Suiza e Italia fueron arrestadas, juzgadas y ejecutadas por licantropía. Los cazadores de brujas aseguraban que los hombres lobo no eran otra cosa que **brujas** o **brujos** que habían pactado con el Diablo, el cual les había dado la capacidad de convertirse en lobos. Acusados de actos tan horribles como el asesinato en masa y el canibalismo, muchos de estos supuestos hombres lobo confesaban bajo tortura.

Durante este período se publicaron más de una docena de libros sobre licantropía. Muchos describían de qué manera un brujo se preparaba para la transformación, quitándose la ropa y untando su cuerpo con ungüentos mágicos preparados con raíz de belladona, pentahoja, sangre de murciélago, hollín y todo un surtido de otros ingredientes igualmente desagradables. Luego, el brujo se ponía una piel de lobo o un cinturón encantado, y pronunciaba un **encantamiento** al Diablo, quien le aseguraba la fuerza y la velocidad sobrenaturales con las que satisfacer su apetito por la carne y la sangre humanas.

No es una coincidencia que los juicios por licantropía se celebraran en lugares donde los verdaderos lobos causaban problemas bastante graves. La población de estos animales había aumentado en el continente europeo después de la gran peste del siglo XIV, que había llevado al abandono de las tierras de cultivo. Aunque los lobos preferían atacar al ganado que a las personas, de vez en cuando se cobraban una víctima humana, y tales incidentes solían achacarse a los hombres lobo. En Inglaterra, donde los lobos se habían extinguido en el siglo XVI, los cuentos de licántropos son poco frecuentes.

Hombres lobo auténticos

¿Por qué tanta gente estaba convencida de que los hombres podían convertirse verdaderamente en lobos? Una explicación médica sugiere que al menos algunos de esos supuestos hombres lobo eran llevados a juicio porque en realidad tenían aspecto de serlo. Padecían una enfermedad congénita muy poco frecuente conocida como hipertricosis. A quienes padecen esta enfermedad les crece el vello de la cara, que llega a cubrirles las mejillas, la frente, la nariz e incluso los párpados. En algunos casos, todo el cuerpo, excepto las palmas de las manos y las plantas de los pies, es velludo, lo que hace que los afectados parezcan recién salidos de un estudio de maquillaje de Hollywood. Los médicos han apodado el gen responsable de esta afección «el gen del hombre lobo».

La porfiria, otra enfermedad genética de escasa incidencia, explicaría otros aparentes signos de ser un hombre lobo. Esta dolencia produce una sensibilidad extrema a la luz, lo que hace que quienes la padecen sólo se aventuren a salir de noche como los hombres lobo. Cuando la enfermedad evoluciona, aparecen llagas o marcas en la piel, que podrían muy bien haberse interpretado como las heridas que un hombre lobo se habría hecho mientras corría por el bosque tras una presa. Por último, la porfiria puede hacer que las uñas de las manos y los dientes enrojezcan, como si la persona acabara de comer carne sanguinolenta.

Horóscopo

A veces hacer los deberes es un rollo. Pero aún más cuando sabes que la tarea que te han mandado tiene menos valor que el papel donde la estás redactando. Así se sienten Ron y Harry cuando les toca preparar horóscopos para la clase de **Adivinación**. A diferencia de los millones de personas que cada día consultan las predicciones astrológicas en el periódico, nuestros escépticos **brujos** están convencidos de que el movimiento de los planetas no afecta su futuro ni una pizca.

Y lo peor es que realizar un horóscopo de los que pide la profesora Trelawney es un trabajo tremendo. Más que un mero conjunto de predicciones, un horóscopo también es un mapa detallado que muestra cómo estaba el cielo en el instante en que una persona vino al mundo. Para elaborar su propio horóscopo, el astrólogo en ciernes debe saber no sólo el día, mes y año de su nacimiento, sino también el lugar y la hora exacta. Con estos datos, consulta una efemérides, un libro en el que se registran las posiciones diarias del Sol, la Luna y los pla-

Los astrólogos ingleses se ganaban la vida elaborando horóscopos en carnavales y en ferias. En este dibujo del siglo XVII, la atención del astró-logo se dirige más hacia la bolsa del dinero que hacia la carta astral que hay encima de la mesa.

netas, para determinar dónde se encontraba cada cuerpo celeste en el momento en cuestión. Dado que una efemérides enumera las posiciones para una única hora del día y una sola localización geográfica (normalmente a mediodía o a medianoche en Greenwich, Inglaterra, el lugar convenido internacionalmente desde 1884 para medir el tiempo y la longitud), averiguar la información correcta para un individuo cualquiera requiere una serie de cálculos matemáticos.

Esta información se coloca en una carta astral, que muestra la situación de cada planeta respecto a los signos del zodíaco, la distancia entre los planetas y los ángulos que forman líneas imaginarias que se trazan entre los planetas. Usando la carta astral y los significados tradi-cionales asociados a cada signo del zodíaco (véase **astro-**

logía), el astrólogo realiza una valoración de la personalidad básica del consultante, así como de sus habilidades, y sus puntos fuertes y débiles.

Para predecir el futuro, como deben hacer los alumnos de Hogwarts, hay que consultar otra vez la efemérides para determinar la posición futura de los planetas. Un astrólogo comparará estas posiciones astrales con las que figuran en la carta astral, para averiguar qué le espera al sujeto. Pero a un estudiante con recursos le puede parecer más sencillo seguir el consejo de Ron: inventárselo todo.

Kappa

Aunque la mayoría de las clases de Hogwarts parecen encaminadas a cubrir las necesidades de las brujas y brujos europeos, el sabio profesor Lupin sabe que nunca está de más una preparación básica para hacer frente a los demonios y monstruos de tierras remotas. Con esta idea en mente, suponemos, ofrece a sus alumnos de tercero de Defensa contra las Artes Oscuras una lección sobre el *kappa*, un espíritu anfibio de las aguas del folklore japonés, que arrastra al agua a sus víctimas humanas y animales, las ahoga y las mutila.

Los *kappas* habitan en los ríos, lagos y estanques, pero no tienen reparos en salir a la orilla en busca de presas. Los cuentos ofrecen una descripción tradicional del *kappa* como un ser tremendamente malicioso, siempre dispuesto a devorar las entrañas de sus víctimas y a be-

berse su sangre. También se dice que sienten predilección por el hígado humano. Pero también se los ha mostrado como seres inteligentes y honorables. Se dice que la humanidad aprendió el arte de arreglar fracturas en los huesos gracias a un *kappa* que explicó cómo hacerlo a cambio de que le devolvieran el brazo, que le había sido arrancado durante una de sus incursiones aventureras. Las extremidades de los *kappas*, cuando se las vuelven a poner, quedan como nuevas al cabo de unos pocos días.

Un *kappa* totalmente desarrollado alcanza el tamaño de un chico de diez años. Tiene escamas en la piel amarillo-verdosa; cara de mono y espalda de tortuga, y sus manos y pies son palmeados para facilitar la natación. Quizá su rasgo más distintivo sea el hundimiento en forma de plato que luce en la coronilla, que siempre debe contener agua para que el *kappa* conserve en tierra sus poderes sobrenaturales y su gran fuerza. Por eso, el mejor método de vencer a un *kappa* es hacerle reverencias todo el rato. Como es una criatura muy cortés, el *kappa* se sentirá impelido a devolverte las reverencias. Al cabo de unas cuantas inclinaciones de cabeza, se le vaciará el hueco de la coronilla y se verá obligado a regresar a su acuático hogar.

Otra estrategia para aplacar a un *kappa* de mal humor es darle de comer pepinos, ya que es sabido que se trata de su alimento favorito. Se dice que si se marcan los pepinos con los nombres de la familia y luego se echan al agua, esas personas quedarán a salvo de cualquier daño causado por los *kappas*, los cuales, al aceptar el regalo de los pepinos, quedarán obligados por cuestión de honor a no perjudicarlos. Esta legendaria asociación entre *kappas* y pepinos se ha convertido en un elemento tan enraizado en la cultura japonesa que hoy día se denomina *kappa maki* al sushi relleno de pepino.

Lechuza

Por lo que sabemos, los **brujos** y las **brujas** de la Inglaterra de Harry Potter son los primeros afortunados en tener un infalible servicio de correo a domicilio provisto por lechuzas. Sin embargo, la estrecha relación entre las lechuzas y los **hechiceros** tiene una larga historia. Las lechuzas de los legendarios **brujos** de la Europa medieval tal vez no llevaran las cartas de sus señores, pero se decía que eran leales compañeras en las que podía confiarse por sus dotes de observación y su capacidad para memorizar complicadas fórmulas y **conjuros**. Según la leyenda, un despistado brujo como Neville Longbottom buscaba la ayuda de una amiga emplumada cuando estaba en una situación comprometida.

La habilidad de *Hedwig* para comunicarse con Harry y entender sus órdenes se remonta a las creencias de los antiguos griegos, que estaban convencidos de que las lechuzas eran muy inteligentes. Atenea, la diosa griega de la sabiduría, se representaba a menudo con una lechuza sobre el hombro. Algunos decían que ella misma podía transformarse en una lechuza para vigilar bajo esa forma su reino, y enterarse de los secretos y preocupaciones de sus súbditos. Los ciudadanos acaudalados de Atenas solían ir por la calle con una lechuza sobre el hombro o en una jaula. Muchos creían que los pájaros entendían el habla humana y que podían conversar con la gente si así lo deseaban.

En otras culturas, sin embargo, se asociaba a las lechuzas con la muerte y las fuerzas del mal, tal vez porque son criaturas nocturnas y unas certeras aves de presa. En China se las relacionaba con Lei Kung, el dios del trueno, mientras que en Japón se creía que provocaban hambre y pestilencia. En el antiguo Egipto, las lechuzas eran el símbolo de la muerte y la noche, y en la Roma clásica ver una durante el día se consideraba un terrible presagio. Muchos romanos supersticiosos estaban convencidos de que la única manera de evitar el desastre después de haber visto una lechuza era atraparla, matarla y luego lanzar sus cenizas al río Tíber. Según la leyenda, el ulular de las lechuzas anunció la muerte del emperador romano Julio César.

Aunque a Harry y sus amigos les disgustaría oírlo, en muchas culturas existía la creencia de que llevar una parte de una lechuza (una pata, plumas, los ojos, el corazón, los huesos e incluso el cuerpo entero) protegía a una persona y le daba poderes especiales. Las partes de una lechuza protegían a su propietario de la rabia y la epilepsia, o le proporcionaban energía, sabiduría y valor.

Los curanderos de la Europa medieval almacenaban partes de lechuza para satisfacer la demanda de una amplia gama de clientes, desde guerreros que necesitaban fuerza en la batalla hasta enamorados que deseaban conocer los secretos de su amada. Sin duda un maestro de las **pociones** como Severus Snape también debe de tener algunas a mano.

Lectura de hojas de té

Allí donde Ron ve un inofensivo sombrero hongo, la profesora Trelawney ve un garrote amenazador. Allí donde él ve un cordero, ella ve un terrible perro negro, un *grim*. Ambos escrutan el fondo de la taza de té de Harry, practicando una popular forma de **adivinación** llamada taseomancia o lectura de hojas de té.

La costumbre de predecir la fortuna examinando las hojas de té comenzó en China, probablemente durante el siglo VI. El té era algo desconocido en Occidente hasta 1609, cuando los comerciantes alemanes empezaron a importarlo de Oriente. Aunque en un principio se desconfiaba de esa nueva bebida, en 1636 los franceses ya la tomaban, y llegó a las tiendas de Inglaterra en 1650, país donde acabaría por convertirse en una de las bebidas más apreciadas de la vida cotidiana. A mediados del siglo XVII, el consumo del té se había generalizado, y los adivinos leían las hojas de té en gran parte de Europa.

Los conceptos en que se basa la lectura de las hojas de té no eran algo completamente nuevo para los euro-

peos. Ya los antiguos romanos adivinaban el futuro interpretando el poso de una copa de vino, y los adivinos medievales habían estudiado las formas de la cera fundida, del plomo líquido y de otras sustancias. Pero el nuevo arte exigía saber cómo preparar una taza de té para su lectura, así como el dominio de los significados de docenas o centenares de imágenes que podían aparecer en el fondo. Durante los siglos XVIII y XIX, folletos muy sencillos instruían a los curiosos en todos los aspectos de la taseomancia (del árabe *tass* «copa» y el griego *manteia* «adivinación»). La práctica se hizo muy común, no sólo en la trastienda de los adivinos, sino también en los salones elegantes.

Los métodos para leer hojas de té varían en los detalles, pero el procedimiento que se describe aquí es representativo de muchos de ellos. El té (preferiblemente de la variedad negra china o india) se prepara con hojas sueltas y se traspasa a una taza de color pálido sin la ayuda de colador. La persona a quien va a leérsele el futuro se lo bebe, y deja un poco de líquido y las hojas en el fondo. Luego remueve tres veces el poso, vuelca la taza sobre un platillo y golpea el fondo tres veces hasta que la mayoría de las hojas caen. El lector toma la taza y examina qué formas han dibujado las hojas que permanecen adheridas en el fondo y en las paredes de la taza.

¿Qué nos dice el poso de una taza de té? Bueno, los que leen las hojas de té aseguran ver las cosas que van a suceder. Los puntos, líneas y formas geométricas, así como las formas que recuerdan a plantas, animales u objetos tienen un significado concreto. Una única línea recta, por ejemplo, indica un plan cuidadoso y tranquilidad mental; dos líneas paralelas significan que el futuro nos depara un viaje gratificante. Un círculo bajo una cruz suele ser un mal signo que indica reclusión en prisión u hospitalización, mientras que un árbol significa éxito y una bellota buena salud. Cuanto más próxima está una figura al borde de la taza, antes sucederá el acontecimiento que representa. Un suceso representado por una imagen situada en el fondo de la taza pertenece al futuro lejano.

Como la profesora Trelawney, muchos adivinos insisten en que sólo alguien con notables habilidades psíquicas puede leer correctamente las hojas de té. Según esta teoría, las hojas son un medio para estimular los poderes intuitivos del que realiza la lectura, que será capaz de predecir el futuro y percibir verdades que de otro modo permanecen ocultas. Sin embargo, eso no impide que miles de personas sin poderes psíquicos intenten esta práctica por simple diversión. Si quieres probarlo y no tienes a mano un ejemplar de *Desvelando el futuro*, puedes servirte de algunas de estas interpretaciones tradicionales:

Abeja	*Un encuentro con amigos*
Aguja	*Respeto por parte de los demás*
Alas	*Noticias*
Ancla	*Viaje*
Anillo	*Matrimonio*
Araña	*Buena suerte, dinero*
Árbol	*Éxito*
Arco iris	*Buena suerte*
Ardilla	*Futura riqueza*
Balanza	*Justicia, triunfo legal*
Bandera	*Peligro*
Barca	*Visita de un amigo*
Bastón	*Necesidad de apoyo*
Bellota	*Buena salud*
Buey	*Discusiones con los socios*
Burro	*Necesidad de paciencia*
Cabra	*Infortunio*
Calabaza	*Una relación cálida*
Campanas	*Buenas noticias*
Cangrejo	*Un enemigo cercano*
Canguro	*Un viaje inesperado*
Cara	*Nuevos amigos*
Cardo	*Ambiciones elevadas*
Casa	*Estabilidad*
Cascada	*Prosperidad*
Cerdo	*Dificultad para relacionarse*
Cetro	*Más responsabilidades*
Círculo	*Amor*
Conejo	*Éxito*
Cruz	*Un inconveniente*
Cuerno	*Abundancia*
Diamante	*Un regalo valioso*
Dragón	*Cambios*
Encaje	*Cuestiones frágiles*
Escalera de mano	*Avance, movimiento, éxito*

Escaleras	Se avecina una mejoría
Escorpión	El complot de un enemigo
Espada	Discusión con un amigo íntimo
Esqueleto	Enfermedad
Estrella	Buena suerte
Flecha	Una carta con malas noticias
Flores	Amor, honor, estima
Gato	Traición
Globo	Se avecinan problemas
Guadaña	Buena cosecha o un aviso de muerte
Guante	Suerte y honor
Guitarra	Se avecina un romance
Herradura	Buena suerte
Hoja	Buena suerte
Hombre	Un visitante inesperado
Horqueta	Desviación de un objetivo
Huevo	Fertilidad, mejora
Instrumentos musicales	Buena compañía
Jarrón	Un amigo necesita ayuda
Jirafa	Un malentendido
Lagarto	Enemigos desconocidos
Lámpara	Beneficio económico
Lechuza	Escándalo, mala salud
León	Amigos serviciales
Libro	Conciencia, aprendizaje
Llave	Se desvela un misterio
Loro	Un alboroto
Luna	Amor
Mano	Amistad
Mariposa	Felicidad
Martillo	Triunfo sobre la adversidad, trabajo duro
Mesa	Una agradable reunión
Moneda	El pago de una deuda
Montaña	Viaje o impedimento

Murciélago	Decepción
Nido	Refugio
Nubes	Dudas
Oca	Una invitación
Ojo de cerradura	Noticias desagradables
Ojo	Hay que ser precavido
Oveja	Buena suerte
Pájaro	Buena suerte
Pala	Buena fortuna gracias a la laboriosidad
Paloma	Buena suerte
Paraguas	Enfados
Péndulo	Indecisión
Perro	Amigos fieles
Pez	Noticias del extranjero
Pipa	Nuevas ideas
Pistola	Peligro, catástrofe, dificultad
Plátano	Un viaje de negocios
Pluma	Se requiere más esfuerzo
Puñal	Peligro procedente de enemigos
Rama	Nueva amistad
Rana	Alza en los negocios
Rata	Peligro, se pierde algo
Ratón	Inseguridad financiera
Reloj	Recuperación de una enfermedad
Remo	Problema pasajero
Serpiente	Falsedad, tentación
Seta	Retrasos
Sierra	Problemas con un desconocido
Signo de interrogación	Inseguridad, cambio
Silla	Un huésped inesperado
Sirena	Tentación
Sobre	Noticias
Soga	Se avecina peligro
Sol	Felicidad continua

Sombrero	Una nueva situación laboral
Tambor	Habladurías
Taza	Éxito importante
Telaraña	Intriga, complicaciones
Tetera	Un hogar agradable
Tijeras	Palabras agrias, malentendidos familiares
Tortuga	Una crítica
Triángulo	Acontecimiento inesperado
Uva	Buenos ratos con los amigos
Vaso de vino	Nuevos conocidos
Ventana	Un amigo nos presta ayuda
Violín	Soledad
Zapato	Un cambio de carrera

Leprechaun

Quizá la copa de los Mundiales de *quidditch* no esté llena de oro, pero tiene un gran valor para los equipos de Irlanda y de Bulgaria que se la disputan en un acontecimiento deportivo de primera magnitud en el mundo de los brujos. Cuando los irlandeses se alzan con la victoria, no tienen ninguna queja sobre la actuación de sus animadores, los exuberantes *leprechauns*. Sin embargo, en la mayoría de los casos los encuentros entre humanos y *leprechauns* no son tan armoniosos.

Aunque estas **hadas** del folklore irlandés se pasan la mayor parte del tiempo fabricando zapatos, no es ningún secreto que los *leprechauns* también se dedican a vigilar sus inmemoriales almacenes de oro y otros tesoros enterrados. Cuenta la leyenda que los humanos pueden compartir esta riqueza, pero sólo si son lo bastante listos como para capturar a un *leprechaun* y forzarle a entregar sus ricos bienes a cambio de la libertad. No es fácil, ya que estos diminutos hombres (todos los *leprechauns* son macho) son extremadamente listos y suelen encontrar la manera de desbaratar los planos de los humanos. Un cuento típico empieza con un viajero que sigue el débil sonido de un martillo, proveniente de un espeso bosque o una pradera. Cuando el *leprechaun* ve que le han descubierto, suele mostrarse amable hasta que su visitante le pide que le diga dónde esconde el oro. Entonces puede agarrar un berrinche tremendo, niega tener oro y señala un imaginario enjambre de abejas o un árbol a punto de desplomarse, o hace lo que sea para distraer a su captor. En el mismo instante en que el humano le quita los ojos de encima, el *leprechaun* se esfuma. Si le falla este truco, le quedan aún muchos otros recursos. Por ejemplo, puede volverse sorprendentemente generoso y, en un abrir y cerrar de ojos, comprar su libertad con una bolsa repleta de monedas de oro. Pero como descubren los seguidores de los Mundiales de *quidditch* cuando los *leprechauns* los rocían con oro, es mejor no endeudarse demasiado pronto, pues su regalo se convierte enseguida en cenizas o desaparece por completo.

Las imágenes modernas de los *leprechauns*, especialmente las que se ven cuando se acerca el día de san Patricio, suelen mostrar un hombrecillo vestido de verde. Sin embargo, según cuenta la tradición, era posible verlos vestidos con chaqueta roja de brillantes botones plateados, calzas azules o marrones, zapatos grandes con hebillas gruesas de plata y sombrero tricornio de copa alta. Su estatura varía entre los quince centímetros y algo más de medio metro, y pueden tener cara traviesa y digna a la vez. Muchos tienen barba y fuman en pipa. Cuando están trabajando, suelen usar un delantal de cuero de zapatero y un pequeño martillo con el que fabrican o arreglan pequeños zapatos de talla de hada. Aparentemente, los *leprechauns* no tratan a sus compañeras hadas mucho mejor que a los humanos, ya que sólo les hacen un zapato, nunca el par completo. En realidad, muchos estudiosos piensan que la palabra *leprechaun* deriva del gaélico *leith bhrogan*, que significa «el que hace un zapato». Pero quizá la incapacidad de los *leprechauns* de hacer un par completo de zapatos se deba sólo a puro descuido, pues a menudo están un poco achispados de tanto beber cerveza casera.

El granjero y el *leprechaun*

Este cuento típico sobre el ingenio del leprechaun *se ha contado en Irlanda durante generaciones.*

   Un granjero se encontraba trabajando en sus tierras cuando descubrió por casualidad a un hombrecillo que se escondía bajo una hoja. Convencido de que debía de tratarse de un leprechaun, *el granjero recogió enseguida al hombrecillo en su mano y le preguntó dónde tenía guardado el oro. El* leprechaun *parecía estar deseando liberarse, así que le reveló enseguida que su tesoro se hallaba escondido debajo de un arbusto cercano. El granjero, sin soltar a su diminuto cautivo, se encaminó hacia el lugar indicado. Pero resultó que el arbusto estaba rodeado de otros cientos de arbustos idénticos. Como no tenía a mano ninguna herramienta para cavar, se quitó uno de los calcetines rojos y lo ató a una rama para marcar el arbusto que el leprechaun le había señalado. Entonces, mientras volvía a casa en busca de una pala, el leprechaun le dijo que ya no necesitaba de sus servicios para nada y le pidió que le liberara. El granjero accedió, pero no sin antes hacerle prometer que no se le ocurriría quitar el calcetín ni llevarse el oro. Buena idea, pero no tanto como pensaba. Cuando el granjero regresó al campo a los pocos minutos, ¡todos los arbustos estaban marcados con calcetines rojos idénticos!*

Magia

A los once años, Harry Potter se lleva la sorpresa más grande de su vida. A diferencia de tía Petunia y tío Vernon, del horrible primo Dudley y de todo el mundo que él conoce, Harry puede hacer magia. Puede deshacer un horrendo corte de pelo de la noche a la mañana, hacer desaparecer el cristal de una vitrina en el zoo, y encoger un suéter espantoso sin ayuda de la secadora. Y como le anuncia Hagrid muy contento, con un poco de entrenamiento en el Colegio Hogwarts de Magia y Hechicería podrá hacer muchísimas más cosas.

En el mundo de los brujos, la magia es una manera de conseguir lo que resulta imposible según las leyes de la naturaleza que rigen a todos los demás. Los **brujos** pueden usar polvo mágico *flu* para trasladarse de un lugar a otro, mientras que la gente no mágica nos vemos obligados a caminar o tomar el autobús. Albus Dumbledore puede apuntar con su varita y pronunciar unas pocas palabras mágicas para llenar el vestíbulo de Hogwarts de sacos de dormir, mientras que una persona normal y corriente tiene que ir a una tienda, comprar los sacos de dormir, cargarlos en una furgoneta, llevarlos al colegio y meterlos dentro. Sirius Black puede usar sus poderes mágicos para transformarse en perro, mientras que un no mago no tiene más opción que buscarse un disfraz.

Aunque lo pasemos muy bien leyendo sobre las hazañas de estos brujos de ficción, en la actualidad la mayoría de la gente no cree en la magia. Disfrutamos con las actuaciones de magos en teatros, que nos ofrecen la experiencia de la magia, pero en realidad no esperamos que hagan cosas imposibles. Ni muchos de nosotros cree en un concepto de la magia que en tiempos pasados fue muy común, según el cual el mundo está controlado por seres sobrenaturales, cuyos poderes pueden ser aprovechados y utilizados por los humanos para conseguir sus objetivos.

Sin embargo, a lo largo de gran parte de la historia occidental, la gente ha creído en la magia y ha recurrido a fuerzas invisibles y sobrenaturales con la intención de ejercer poder sobre los demás o controlar el mundo natural. Se ha practicado la magia para conseguir conocimientos, amor y riquezas, o para curar enfermedades, protegerse contra los peligros, causar daños o engañar a los enemigos, asegurarse el éxito o la productividad, y para conocer el futuro. Las prácticas mágicas consistían en muchas de las habilidades que se estudian en Hogwarts, como **conjuros, pociones, encantamientos** y **adivinación**, así como en complejos rituales y ceremonias destinadas a convocar dioses, demonios y fantasmas. Practicar la magia ha servido a la gente para aliviar su ansiedad y tener la sensación de estar haciendo algo para controlar el curso de su vida.

Los orígenes de la magia

La palabra «magia» deriva del sustantivo *magi*, que era el nombre de los sumos sacerdotes del antiguo imperio persa (el actual Irán). En el siglo VI a.C., los *magi* eran conocidos por su profunda sabiduría y sus dones para la profecía. Eran seguidores del líder religioso Zoroastro, interpretaban los **sueños**, practicaban la **astrología**, y aconsejaban a los gobernantes sobre importantes asuntos de estado. Cuando el mundo griego y romano conoció a los *magi*, los consideró figuras tremendamente misteriosas que poseían secretos profundos y poderes sobrenaturales. No estaba claro en qué consistían esos secretos (al fin y al cabo, eran secretos), pero durante mucho tiempo, cualquier cosa que se considerara sobrenatural se achacaba a la intervención de los *magi*, y por eso empezó a decirse que era «magia». En realidad, a menudo se decía que el propio Zoroastro había sido el inventor de la magia.

Por supuesto, ningún individuo por sí sólo ni ninguna cultura en concreto inventó la magia. A lo largo de los siglos se han desarrollado prácticas mágicas en muchas civilizaciones, incluidas las de los antiguos persas, babilonios, egipcios, hebreos, griegos y romanos. La tradición mágica occidental tal como la conocemos hoy día le debe mucho a la convergencia e intercambio de ideas entre miembros de culturas diferentes. Tales contactos se produjeron con frecuencia creciente a partir del siglo III a.C., cuando el general griego Alejandro Magno conquistó Siria, Babilonia, Egipto y Persia, y estableció en la ciudad de Alejandría, en Egipto, el crisol intelectual del mundo antiguo.

Magia y religión

En todas las sociedades primitivas se mezclaba la magia y la religión. Se creía que una gran variedad de dioses y espíritus menores, tanto buenos como malos, controlaban casi todos los aspectos de la vida, provocaban que saliera el sol o que lloviera, portaban prosperidad y pobreza, enfermedad y buena salud. La magia se usaba para atraer o controlar a dichos espíritus. Igual que las prácticas religiosas, las prácticas mágicas incluían rituales y ceremonias para invocar a los dioses, y se creía que los **magos**, igual que los sacerdotes, tenían un acceso especial a los dioses. Pero más que adorar a las deidades, lo que hacían los magos era pedirles, o incluso exigirles, favores.

A veces, los magos se limitaban a llamar a los dioses para que les ayudaran a lanzar conjuros, preparar pociones o pronunciar maldiciones. Pero muchas veces intentaban también que las deidades aparecieran «en persona». Tras ejecutar una ceremonia especial para llamar o invocar a un espíritu, el mago podía exigirle que alejara la enfermedad, o que acabara con el enemigo, o que asegurara una victoria política. Con las deidades menores lo típico era amenazarlas diciéndoles que otros espíritus más poderosos las castigarían si no se cumplían las exigencias del mago. Entonces el mago despedía a la deidad, enviándola de vuelta al mundo de los espíritus. Cientos de documentos de la Antigüedad confirman que en los primeros tiempos de Grecia y Roma era común intentar evocar a los espíritus, aunque a menudo era una actividad de lo más frustrante.

Casi todas las formas de magia antigua necesitaban del conocimiento de los nombres secretos de los dioses. Se creía que muchas deidades tenían dos grupos de nombres, los públicos y los nombres secretos que sólo conocían los estudiosos de la magia. En un cierto sentido, esos nombres secretos constituyeron las primeras **palabras mágicas**. Ya fueran pronunciadas de viva voz o escritas, se creía que poseían un poder inmenso, pues saber el nombre verdadero de un dios permitía al mago convocar todos los poderes que dicho dios representaba. Los sacerdotes egipcios daban a sus deidades nombres largos, complicados y a menudo impronunciables, para que los legos no pudieran recordarlos fácilmente. Se decía que Moisés separó las aguas del mar Rojo pronunciando el nombre secreto de Dios, de 72 sílabas, que sólo él conocía. Y según el escritor griego Plutarco, el nombre de la deidad guardiana de Roma se mantenía en secreto desde la fundación de la ciudad, y estaba prohibido preguntar nada acerca de ese dios, aunque sólo fuera para saber si era macho o hembra, para evitar que los enemigos de Roma descubrieran su nombre y lo usaran para su propio beneficio.

A medida que las antiguas civilizaciones fueron entrando en contacto unas con otras, los magos de una «probaban» los nombres de los dioses de otro país. Algunos de los más antiguos rollos de pergamino que se conservan con información sobre prácticas mágicas, escritos durante los siglos III y IV, contienen listas enteras de nombres de dioses de muchas religiones, que podían luego inscribirse sobre **amuletos** o **talismanes,** o bien se incorporaban a **conjuros** y **encantamientos.** Uno de los encantamientos más famosos entre los magos griegos y egipcios del siglo III, del que se decía que era tan potente que «el Sol y la Tierra se encogen de miedo al oírlo; los ríos, mares, pantanos y fuentes se hielan al oírlo; [y] las rocas estallan al oírlo», estaba compuesto por los nombres de cien dioses diferentes unidos en una misma palabra.

Magia suprema y magia inferior

En la magia antigua suelen diferenciarse dos categorías: la magia suprema y la magia inferior, que pueden distinguirse sobre todo por los objetivos que persiguen quienes las practican.

La magia suprema, que tiene mucho en común con la religión, surgió del deseo de adquirir la sabiduría que no se podía lograr mediante la experiencia corriente. Cuando los magos supremos (entre los cuales se encontraban el filósofo y matemático griego Pitágoras) invocaban a los dioses o espíritus, lo hacían con los fines más elevados. Por ejemplo, esperaban acceder a visiones proféticas, convertirse en sanadores, adquirir nuevas percepciones y conocimiento personal, o incluso convertirse ellos mismos en seres divinos.

Otros muchos sistemas de magia suprema proclamaban también que cada ser humano era una versión en miniatura del universo, y contenía en su interior todos los elementos del mundo externo. A través del desarrollo de los poderes internos de la imaginación y la intuición, se creía que el mago conseguía provocar cambios reales (y aparentemente sobrenaturales) en el mundo, con sólo concentrar sus sentimientos, voluntad y deseos. Adquirir los poderes prometidos mediante la magia suprema era, sin embargo, una tarea que requería de toda una vida.

Pero la mayoría de la gente recurría a la magia con objetivos más inmediatos y prácticos en mente. Lo que querían era que la magia les trajera buena suerte, riquezas, fama, éxito político, salud y belleza; o dañar a los enemigos, atraer el amor, conseguir victorias deportivas, conocer el futuro y resolver los problemas del día a día. La búsqueda de estos objetivos suele conocerse generalmente como magia inferior, una categoría en la que se incluye decir la buenaventura, elaborar pociones, lanzar conjuros y **encantos**, y usar amuletos. A partir del siglo IV a.C., cientos, si no miles, de hombres y mujeres han desarrollado una carrera profesional como hechiceros y adivinos, ofreciendo sus servicios de magia a cambio de dinero. Aunque muchos tienen fama de ser puro fraude, las crónicas históricas demuestran que la gente de todas las clases sociales consultaba con regularidad a estos magos profesionales, algunos en secreto y otros de forma descubierta.

La reputación de la magia

En general, en el mundo antiguo la magia era más temida que admirada. Incluso quienes no sabían nada al respecto creían que la magia de otra persona podía influirles e incluso perjudicarles. Si un orador se perdía en medio de un discurso, o si alguien de repente caía enfermo, no era extraño achacarlo a la **maldición** de algún enemigo. La reputación siniestra de la magia se acrecentó desde que la imaginación popular empezó a asociarla con la brujería. La literatura griega y romana está llena de descripciones, muy imaginativas y a menudo horripilantes, de **brujas**, y de sus viles prácticas. Erictho, una bruja creada en el siglo II por el escritor romano Luciano, usa partes humanas para preparar sus pociones, entierra vivos a sus enemigos y resucita cadáveres putrefactos. Aunque está claro que se trata de un personaje de ficción (y de lo más memorable), Erictho y otras brujas como ella tuvieron un impacto tremendo en la idea que se hacía la gente sobre lo que eran la brujería y la magia.

Aunque la magia gozaba de la aceptación popular entre quienes deseaban poder consultar a los adivinos y comprar **encantos** y **amuletos** protectores, los que se hallaban en posiciones de autoridad recelaban de los astrólogos que les predecían la muerte y de los **hechiceros** que podían ser contratados por el enemigo para perjudicarles mediante maldiciones. En el año 81 a.C., el dictador romano Cornelio Sila ordenó la pena de muerte a los «adivinos, encantadores y a todos que hagan uso de la hechicería con fines malignos, a quienes conjuren la presencia de demonios, a quienes disturben a los elementos, [y] a quienes usen imágenes de cera con fines destructivos». En los siglos siguientes se promulgaron una serie de leyes similar a aquélla, y hacia el siglo IV d.C. se ilegalizaron todas las variantes de magia y adivinación en el Imperio Romano. Al mismo tiempo, la Iglesia cristiana, cuya influencia iba en aumento a gran velocidad, hizo gran esfuerzo para suprimir las prácticas mágicas, que eran percibidas como una competencia para la fe cristiana. Se declaró que todas las formas de magia estaban asociadas con los **demonios** (y por tanto también con el Diablo) y fueron prohibidas por las leyes eclesiásticas.

La alianza entre Iglesia y Estado en su oposición frente a la magia continuó a lo largo de la Edad Media. De todos modos, las creencias y prácticas mágicas, sobre todo las que estaban asociadas con la medicina popular (curandería mágica), siguieron transmitiéndose en secreto y entraron a formar parte del repertorio de los «hombres ingeniosos» o brujos de aldea de los siglos posteriores (véanse **herbología, mago**).

Magia en la literatura medieval

A partir de mediados del siglo XII, la magia empezó a verse bajo una luz mucho más atractiva, al menos por parte de los escritores de ficción. Primero en Francia, y después en Alemania e Inglaterra, los poetas tejieron cuentos de aventuras maravillosas que tenían lugar en un pasado remoto y trataban de las proezas teñidas de magia de valientes caballeros, hermosas damiselas y reyes heroicos. Estos cuentos, que hoy se conocen como «romances medievales», eliminaron las asociaciones negativas de la magia con demonios y brujas. La palabra «magia» solía evitarse, y en su lugar los autores se referían a «maravillas», «asombros» y «encantamientos». Los héroes recibían espadas que otorgaban fuerza sobrehumana, platos que se llenaban solos, barcas y carros que no necesitaban piloto, y anillos que hacían a sus portadores invulnerables al fuego, a morir ahogados o a otras catástrofes. Aparecían también con mucha frecuencia las hadas y los monstruos de la mitología, y solía ser un hada la que daba al héroe justo lo que necesitaba para cumplir con su tarea. Las pociones, la adivinación astrológica, los conjuros y las hierbas medicinales eran también elementos imprescindibles en estas obras épicas. La magia «negra» seguía presente aún, con hechiceros y encantadoras malvados que aparecían de tanto en tanto, pero la mayoría de estos cuentos presentaban la magia bajo una luz positiva, y los lectores de entonces los encontraban tan entretenidos como los lectores de hoy día.

Magia natural

Durante los siglos XV y XVI, la magia disfrutó de un renovado respeto, debido al surgimiento de la magia natural, que no necesitaba de ayuda alguna por parte de demonios o seres sobrenaturales. La magia natural vino a ser una especie de ciencia en su momento, y se basaba en la creencia de que todo lo existente en la naturaleza (personas, plantas, animales, rocas y minerales) rebosa de fuerzas poderosas, pero ocultas, denominadas «virtudes ocultas». Por ejemplo, se creía que las piedras preciosas poseían el poder de curar la enfermedad, influir en el humor e incluso dar buena suerte. Las hierbas poseían virtudes ocultas que podían facilitar la curación, a veces con sólo colgarlas encima del lecho del paciente. Incluso los colores y los números tenían poderes escondidos. Es más, todos los elementos de la naturaleza estaban conectados unos a otros de forma significativa, aunque oculta

La magia natural enseñaba que las plantas y los animales que se parecen comparten las mismas propiedades mágicas.

también. Los magos naturales, entre los cuales también había médicos, se plantearon el reto de desvelar dichas fuerzas y conexiones, y usarlas de manera beneficiosa.

Pero llegar a ser un buen mago natural no era tarea fácil; requería investigación, estudio y observación minuciosa de la naturaleza. A veces la «virtud oculta» de una sustancia se manifestaba en su aspecto. Por ejemplo, la hierba *scorpio* (denominada así por su parecido con un escorpión) demostró ser un remedio eficaz contra las mordeduras de serpiente. Y se creía que las plantas que se parecen a determinados animales compartían cualidades similares. Pero para el dominio de la magia natural era especialmente importante el estudio de la astrología, dado que se pensaba que muchas de las relaciones y propiedades ocultas en la naturaleza emanaban directamente de los planetas y las estrellas. La esmeralda, el cobre y el color verde, por ejemplo, compartían una serie de cualidades derivadas del planeta Venus. Sabiendo esto, el mago natural era capaz de usar dichos elementos en combinación, cuando se proponía afectar las áreas de la vida «gobernadas» por Venus, como la salud, la belleza y el amor. Se podía conseguir el efecto opuesto usando plomo, ónix y el color negro, ya que los gobernaba Saturno y se asociaban con la muerte y el abatimiento. Además, el practicante tenía que tener conocimientos amplios sobre anatomía y herbología, ya que uno de los objetivos más importantes de la magia natural era el de curar enfermedades, y una dolencia causada por la influencia de un planeta podía llegar a curarse con una hierba que estuviera regida por ese mismo planeta o, en algunos casos, por su contrario. El mago natural era una especie de brujo del mundo natural y un maestro de las combinaciones; mezclaba, emparejaba y explotaba las propiedades ocultas de la naturaleza para lograr resultados milagrosos y beneficiosos.

Si en los siglos IX y X, una persona respetable habría evitado cualquier contacto con la magia, durante el Renacimiento la magia natural era considerada un campo apropiado para el estudio por parte de intelectuales, médicos, religiosos y cualquiera que tuviera curiosidad científica. En realidad, los eruditos de la época se habrían sentido de maravilla en Hogwarts, donde muchos elementos de la magia natural (**herbología, astrología, quiromancia, aritmomancia** y la elaboración de horóscopos) forman parte del currículum escolar.

Magia ritual

Sin embargo, la posibilidad de invocar espíritus nunca llegó a olvidarse por completo. Entre los siglos XVI y XVIII aparecieron en toda Europa una serie de libros conocidos como «grimorios» (o Libros Negros), publicados en muchos idiomas. La mayoría eran de autor desconocido, pero se atribuían a fuentes antiquísimas (cuanto más viejo pareciera el libro, más sabiduría secreta se creía que contenía), como Moisés, Aristóteles, Noé, Alejandro Magno y, el más famoso de todos, el rey bíblico Salomón. En un principio se vendían y circulaban en secreto, ya que tener y usar uno de esos libros era considerado un crimen grave. En estos libros se enseñaban procedimientos que, supuestamente, servían para conjurar espíritus y demonios de épocas remotas.

Los grimorios ofrecían recetas mágicas para todo lo imaginable: conseguir amor, riquezas, belleza, salud, felicidad y fama; derrotar, maldecir o matar al enemigo; emprender guerras, sanar al enfermo y enfermar al sano, volverse invisible, encontrar tesoros, volar, predecir el futuro y abrir candados sin necesidad de llaves. No es de extrañar que semejantes promesas hicieran muy populares estos libros, sobre todo durante el siglo XVII, cuando era fácil conseguir ediciones baratas de algunos grimorios. Todo el mundo, desde estudiantes universitarios hasta clérigos, creyentes devotos o gente simplemente curiosa, seguían las instrucciones para ver qué pasaba.

Dado que implicaban ceremonias y rituales complejos, los procedimientos que enseñaban los grimorios recibieron el nombre de magia ritual o magia ceremonial. En esencia, la magia ritual seguía los mismos pasos uti-

LES CLAVICULES
DE SALOMON
Traduit de l'Hébreux en Langue Latine,
Par le Rabin Abognazar,
E T
Mis en langue Vulgaire Par M. Barault Archevêque d'Arles.

M. DC. XXXIV.

Una edición francesa del siglo XVII de *Las clavículas de Salomón*, el grimorio más famoso.

lizados para convocar espíritus y dioses miles de años antes. En primer lugar, el mago dibujaba un gran círculo en el suelo, dentro del cual escribía palabras mágicas, nombres mágicos y símbolos como estrellas, triángulos y círculos. Entonces, entraba en el círculo (con lo cual quedaba protegido frente a los espíritus que convocaba), y pronunciaba los **encantamientos** que harían aparecer al demonio que le concedería sus deseos. Acto seguido, planteaba sus peticiones y luego enviaba al demonio a cumplir su misión. Esto, al menos, es lo que se suponía que ocurría.

Pero antes de que este ritual pudiera ponerse en práctica, pasaban semanas e incluso meses de preparación. Según los muchos grimorios existentes, todo el aparato

Un mago ritual del siglo XVI ordena a un demonio que cumpla sus designios. Se suponía que el círculo mágico protegía al mago de todo daño.

empleado durante la ceremonia (velas, perfumes, incienso, la espada utilizada para dibujar el círculo mágico y la varita mágica) tenía que ser totalmente nuevo. Y no se podía ir simplemente a comprarlo al callejón Diagon. Las velas ceremoniales tenían que ser moldeadas personalmente por el mago, usando cera de abejas que nunca antes hubieran fabricado cera. La **varita mágica** tenía que tallarse a partir de una rama de almendro, que había que cortar con un solo golpe de una espada nueva. Las tintas coloreadas que se usaban para dibujar los **talismanes** tenían que estar recién preparadas y había que conservarlas en un tintero nuevo, y según el grimorio más conocido de todos, *Las clavículas de Salomón*, la pluma de ganso que se usaba para dibujar los talismanes, tenía que ser la tercera pluma del ala derecha de un ganso macho. Es más, cada paso del ritual tenía que hacerse según los principios de la astrología, bajo la influencia de los planetas apropiados y en el momento correcto del año. El mago también tenía que prepararse espiritualmente para la ceremonia, haciendo una dieta especial, ayuno, abluciones rituales y otras prácticas purificadoras.

Pero, por supuesto, nada de todo esto era garantía de que fuera a ocurrir algo durante la ceremonia. En realidad, las instrucciones eran tan complicadas y específicas, y solían ser tan extrañas, que resultaba casi imposible realizarlas tal como se describían en el libro. Por eso, no es de extrañar que, a pesar de los repetidos ruegos, encantamientos y demostraciones de sinceridad, lo normal era que los espíritus no se manifestaran, salvo en la imaginación de algunos practicantes y escritores de grimorios. De todos modos, siempre había una explicación sencilla que justificara los fallos. Y es que, con tantos detalles, siempre había alguno que se pasaba por alto.

La magia hoy

La creencia en la magia empezó a declinar hacia mediados del siglo XVII, cuando la gente empezó a descubrir métodos más prácticos y eficaces para resolver problemas. La química moderna condujo a la elaboración de nuevos medicamentos que reemplazaron las curas realizadas según los principios de la herbología, la astrología y la magia natural. Con el surgimiento del pensamiento científico, las ideas sobre cómo funcionaba el mundo fueron sometidas a experimentación, y el poder de la magia, los **conjuros**, los **amuletos** y los **talismanes** fueron cuestionándose cada vez más.

Hoy, la idea de obtener poderes extraordinarios recurriendo a los espíritus ha desaparecido en la mayor parte del mundo. Pero resulta cierto también que el mundo actual es más mágico que nunca. Cosas que en tiempos se consideraron imposibles, como volar o hablar con alguien desde la otra punta del planeta, son hoy actos corrientes. La ciencia moderna ha logrado los objetivos de la magia natural: descubrir y usar los poderes ocultos de la naturaleza. Y, si bien se han rebatido los principios de la astrología, resulta que, irónicamente, todas las virtudes ocultas de la naturaleza sí que proceden de las estrellas, ya que ahora sabemos que todos los elementos del mundo natural, incluidos nosotros mismos, tienen su origen en los materiales liberados por la explosión de soles. Así, igual que para los antiguos, el universo sigue siendo para nosotros un lugar asombroso, lleno de maravillas, posibilidades imposibles y magia.

Las aventuras de Harry Potter y sus amigos han hecho las delicias de muchos lectores, igual que ocurrió en la Edad Media con los romances, aunque con la diferencia de que hoy son millones de personas quienes las leen. La magia de teatro es más popular que en cualquier otro momento de la historia. Tanto en forma de literatura como en las representaciones teatrales, la magia confirma nuestra intuición de que existe «otra realidad». Aunque la magia quizá ya no tenga sentido para nuestras mentes lógicas, sí encaja con nuestra parte creativa e intuitiva, que opera en la mente según una serie de reglas diferentes. El atractivo de la magia parece no tener nada que ver con si es algo «real» o no. La magia procede de la imaginación y la alimenta a su vez. Y a nosotros nos parece que eso siempre será así.

Mago

Brujo. Bruja. Hechicero. Curandero. Encantadora. Conjurador. Encantador. Adivino. Son sólo unas cuantas variantes de mago.

Un mago es, simplemente, alguien que hace magia, ya sea magia «real» como la de Albus Dumbledore, o algo que sólo parece ser mágico, como los conjuros que lanzaban las brujas o brujos de aldea, o las espectaculares fugas del mago de escena Harry Houdini.

En casi todas las culturas del mundo se han contado fábulas sobre magos legendarios que podían elevarse por los aires, desaparecer o producir comida para un banquete a partir de la nada. Cada cultura posee también sus magos reales, históricos, que afirmaron tener poderes especiales y usaron una gran variedad de técnicas para ejecutar actos aparentemente mágicos. Aunque no podemos hacer aquí justicia a todos los magos del mundo, os ofrecemos a continuación algunos de los tipos básicos:

El mago legendario

La forma más pura de magia es la que practican los **brujos** y **brujas** de mitos, leyendas y cuentos de hadas, que pueden hacer prácticamente lo que se les antoje. Pueden volar, estar en dos sitios a la vez, aparecer y desaparecer, crear cualquier objeto que necesiten, cambiar de aspecto o transformar a otros, conversar con los animales, dar vida a objetos, predecir el futuro, curar enfermedades y viajar a través del tiempo. Algunos magos legendarios poseen grandes conocimientos acerca de **pociones** y **conjuros**, pero muchas veces no los necesitan, ya que casi siempre les basta con una **palabra mágica** y con agitar un poco la varita.

Los cuentos sobre magos legendarios datan de hace miles de años. En el antiguo Egipto, donde los rituales mágicos formaban parte de la cultura cotidiana, las crónicas imaginativas sobre los poderes de los grandes brujos siempre hacían las delicias de los oyentes. En un cuento especialmente encantador, situado en la época del rey Keops (2600 a.C.), el mago Jajamanekh acude en ayuda de una joven a la que se le ha caído al agua la turquesa de su diadema mientras daba un paseo en barca en un lago cerca del palacio real. Con unas pocas palabras mágicas, Jajamanekh levanta limpiamente la mitad del lago, la apila encima de la otra mitad y recupera la gema, para la alegría de la joven dama. En la literatura de la antigua Grecia, donde los magos legendarios solían ser mujeres, la hechicera **Circe** y su sobrina Medea eran capaces de convertir a los hombres en bestias, devolver la juventud a los ancianos y adivinar el futuro. El poeta romano Virgilio nos habla del brujo Moeris, que puede trasladar los cultivos de un campo a otro, transformarse en **hombre lobo** y devolver la vida a los difuntos.

Durante la Edad Media, los magos de leyenda más famosos se encontraban en las maravillosas fábulas que contaban las aventuras de valientes caballeros andantes, virtuosas doncellas y nobles reyes. **Merlín**, el consejero del rey Arturo, fue el más famoso de todos, conocido por su poder de convertir la noche en día, hacer aparecer ejércitos fantasmas, predecir el futuro y adoptar una gran variedad de formas humanas y animales. Los lectores de *Orlando Furioso*, una aventura épica italiana escrita en 1516, conocían otro grupo diferente de **magos**, **hechiceros** y encantadoras, que parecían enzarzados en una batalla sin fin por acaparar todo el poder mágico. En cierto episodio, el brujo Atlante echa un conjuro sobre el caballero Astolfo (jinete del célebre **hipogrifo**), haciendo que aparezca como una bestia, un gigante y un pájaro, todo a la vez, dependiendo de quién le esté mirando. Más adelante en esa misma historia, la encantadora Melissa se transforma en el doble de Atlante para rescatar al héroe del cuento, Rogero, ¡que a su vez se halla bajo al encantamiento de otro brujo más!

Por supuesto, los lectores de hoy se quedan embelesados con un nuevo grupo de magos legendarios cuyos poderes no son menos maravillosos que los de los hechiceros de antaño. Igual que todo gran mago, los brujos modernos cuentan con el mismo poder de transformar y encantar, y no sólo unos a otros, sino a nosotros también. Durante el año escolar, se los puede ver a todos en la misma dirección: el Colegio Hogwarts de Magia y Hechicería.

El chamán

El tipo de mago más antiguo de la historia es el hechicero de tribu, también conocido como hombre medicina o chamán. Los chamanes fueron los primeros doctores, sacerdotes y especialistas en lo sobrenatural. Su actividad data de hace treinta mil años por lo menos, y hoy día aún hay chamanes en activo en algunas culturas. En muchas sociedades tribales, el chamán ocupaba una posición de poder y prestigio que sólo era superada por

Aunque podemos encontrar chamanismo en muchos lugares del mundo, en un principio se asoció con las culturas siberiana y esquimal. Este grabado del siglo XVIII muestra a un chamán del pueblo tungus de Siberia.

el jefe. Podía tratarse de un hombre o de una mujer, y sus enormes responsabilidades consistían en: sanación y **adivinación**; comunicación con el mundo de los espíritus; garantizar el abastecimiento de alimento a través de rituales de magia para la caza, la pesca y la fertilidad; encontrar objetos y personas perdidos; localizar e identificar ladrones; proteger al pueblo y frustrar el ataque de los enemigos. Los chamanes fabricaban **amuletos** y **talismanes**, ejecutaban rituales y lanzaban **conjuros**, y conocían las propiedades medicinales de las hierbas, plantas y animales. También ejercían de guardianes de la sabiduría popular de la tribu, así como de sus tradiciones y mitología.

En ciertas culturas, el puesto del chamán era hereditario; en otras, era elegido por el predecesor en el cargo. De todos modos, lo habitual era que el chamán fuese una persona aparentemente normal y corriente, que recibía una «llamada» durante un **sueño**, visión u otra experiencia extraordinaria y rara. Entonces, se alejaba de la tribu para ir a vivir solo como un animal salvaje, a menudo durante semanas o meses, y aprendía a controlar sus dones. A menudo guardaba ayuno durante largos períodos. Según la tradición, lo que ocurría era que tenía un sueño o visión en que un espíritu guardián animal le daba instrucciones sobre su futuro, sus dones y su función en la comunidad. Entonces regresaba a la tribu y emprendía su nueva vida.

Se creía que la mayor parte de los poderes del chamán procedían del reino invisible de los ancestros y de los espíritus animales, con los que contactaba entrando en trance. Las ceremonias chamanísticas formaban parte de la vida tribal, y consistían en cantos y danzas ejecutados por la comunidad, mientras se tocaban tambores y el propio chamán bailaba con frenesí, hasta que se salía del cuerpo para comunicarse con sus guías espirituales, y después volvía con valiosa información. Dependiendo de las culturas, el chamán podía llevar pieles de animal especiales para la ceremonia, o se ponía una máscara o unas cornamentas, se pintaba la cara y el cuerpo, o se envolvía en una capa de plumas simbolizando su «vuelo» al otro mundo.

En muchas culturas, los rituales chamánicos se acompañaban de muestras de poderes sobrenaturales, que en realidad se debían a puro truco. Haciendo juegos de manos y otras técnicas secretas, los magos tribales podían, aparentemente, apuñalarse a sí mismos sin herirse, caminar sobre el fuego, liberarse de cuerdas, tragar cuchillos, comer cristal y hacer que muñequitos bailaran. Mediante técnicas de ventriloquía, a veces sostenían conversaciones públicas con los espíritus invisibles. Estas demostraciones debían de causar un fuerte impacto en quienes las contemplaban, y contribuían a la eficacia psicológica de la medicina chamanística.

Resulta interesante que el uso de esos trucos no significara necesariamente que la capacidad del chamán de curar a los enfermos fuera en realidad un fraude. La mayoría de los chamanes creía de verdad en sus poderes, y también lo creía la comunidad. Ése era uno de los factores que los hacían efectivos. Además, no hacía ningún daño ser capaz de mostrar el dominio de lo sobrenatural, sobre todo durante ceremonias importantes.

El hombre ingenioso y la mujer sabia

Desde el medievo hasta bien entrado el siglo XIX, casi todas las ciudades y pueblos europeos contaban con un mago local cuya función era similar a la del chamán de tribu. El mago de pueblo era también conocido como brujo, mujer sabia, o mujer u hombre «ingenioso» («poseedor de ingenio», del latín *ingenium*, «conjunto de cualidades innatas»). A este mago de pueblo se le consultaba sobre cuestiones de sanación y adivinación, y acerca de todas las cosas por las que antes se acudía al chamán. Sin embargo, a diferencia de los chamanes, los hombres ingeniosos y las mujeres sabias llevaban a cabo su función en privado, y no en ceremonias públicas, y aunque a veces se vestían de forma algo más excéntrica que sus convecinos, nunca llevaban pieles de animales ni ejecutaban danzas tribales ni entraban en estados de trance. Pero muchas de sus actividades eran idénticas a las de aquéllos: tenían conocimientos sobre medicina herbal, usaban **encantamientos** sanadores y fabricaban **talismanes, amuletos** y **pociones** de amor. En los pueblos más pequeños, las mujeres y hombres sabios trabajaban como médicos e incluso como veterinarios. Algunos hombres y mujeres sabios tenían conocimientos básicos de **astrología** y **quiromancia** (materias desconocidas para las primitivas culturas tribales), así como de interpretación de los **sueños**, que aprendían leyendo panfletos populares. Pero muchos hombres y mujeres sabios eran analfabetos, y sus conocimientos de remedios tradicionales y fórmulas para pociones procedían de colegas del oficio o de amigos y familiares. Hay quien dice que los magos de pueblo aprendían aquellos secretos porque se los transmitían las hadas.

Aunque hubo leyes que impedían la práctica de la magia, la mayoría de los hombres y las mujeres sabios trabajaba sin esconderse. Había gran demanda de los servicios que ellos ofrecían, y mientras no hicieran daño a nadie, las autoridades les dejaban en paz. Muchos eran vistos como «bichos raros», que no se relacionaban mucho con la gente y vivían a las

Los hombres ingeniosos de las aldeas solían ir vestidos con ropajes extraños y comportarse de manera rara, pero sabían cosas que la gente corriente no sabía.

afueras de la ciudad, donde cultivaban sus jardines herbales para tener a mano los remedios necesarios. Se rumoreaba que sus casas estaban llenas de cosas raras, como **espejos mágicos**, **bolas de cristal**, y otros instrumentos asociados con la adivinación. Los hombres sabios eran respetados, temidos, y a menudo se evitaba el contacto con ellos. Pero prácticamente todo el mundo sabía dónde se los podía encontrar en caso de necesidad.

En las ciudades grandes europeas también había hombres de este tipo. Estos sabios urbanos eran más sofisticados que sus «primos» rurales, pues cobraban precios más elevados y a menudo tenían aristócratas entre su clientela. Uno de los hombres sabios más conocidos en su época fue el londinense Simon Forman, que vivió entre 1552 y 1611. A diferencia de la mayor parte de sus colegas, que no se atrevían a dejar evidencia escrita de sus prácticas, a veces ilegales, Forman redactaba diarios detallados que revelan el tipo de consulta que solían realizarle. Los mercaderes le pedían consejo astrológico sobre asuntos de negocios, las esposas de los marineros le preguntaban por la salud de sus maridos; dueños afligidos acudían a él en busca de información sobre animales perdidos y objetos robados, y la gente en general iba para que lanzara **conjuros** o los eliminara, y muchos le visitaban para pedirle **pociones** de amor, **talismanes**, **amuletos** y medicinas herbales. Forman era astrólogo y vidente de bola de cristal, pero también se consideraba a sí mismo un médico competente. Aunque carecía de instrucción oficial en medicina, parece ser que llevó a cabo muchas curaciones en una época en que la medicina oficial practicaba el sangrado y otras terapias que son más perjudiciales que beneficiosas. A pesar de la oposición del Colegio Real de Médicos, recibió un título médico de la Universidad de Cambridge en 1603, y se convirtió en doctor de muchos de los ciudadanos más adinerados del Londres isabelino.

Según dice la gente, Forman elaboró un horóscopo en el que predijo la hora exacta de su propia muerte, que acaeció el 8 de septiembre de 1611, mientras remaba por el río Támesis. Al morir, su fortuna se valoró en 1.200 libras, una suma muy considerable para un hombre de la época.

El mago erudito

«Hoy día —escribió un inglés en 1600— [un hombre] no es considerado erudito si no sabe hacer horóscopos, expulsar demonios, o posee alguna habilidad como adivino.»

La idea de que un hombre cultivado pudiera ocuparse en estas artes tradicionales de mago habría resultado impensable poco más de cien años antes. Pero a finales del siglo XV y durante el siglo XVI, la magia se ganó un renovado respeto intelectual. En la Italia renacentista, los eruditos habían recuperado la antigua noción de que la magia puede servir como una vía para adquirir la perfección espiritual personal y el dominio sobre el mundo natural. Sugerían que el hombre era una copia en miniatura del universo. A través del estudio diligente, del conocimiento de uno mismo y del poder de la imaginación, se podía aprender a usar palabras mágicas, encantamientos y símbolos, con el fin de controlar las fuerzas ocultas de la naturaleza y conseguir prácticamente cualquier cosa.

Agrippa fue uno de los magos eruditos más famosos del Renacimiento. Hablaba ocho idiomas, ejercía de abogado y médico, y daba conferencias sobre filosofía, astrología y religión.

Estas ideas se abrieron paso enseguida hacia el norte, donde hallaron en el brillante y joven erudito alemán Cornelius Agrippa uno de sus valedores. Aunque Agrippa sea hoy más conocido como el cromo de las ranas de chocolate que le falta a Ron Weasley, en su época se le conocía como autor de la obra en tres volúmenes *Filosofía oculta*, publicada en 1531. En ella argumentaba que todo lo que vemos en la naturaleza (personas, plantas, animales, rocas y minerales) contenían propiedades y poderes ocultos que podían descubrirse y utilizarse. La tarea del mago estudioso, según Agrippa, era aplicar las herramientas de la magia (**adivinación, aritmoman-cia, astrología,** el estudio de los **demonios** y los ángeles) a la labor de descubrir las conexiones y fuerzas ocultas en la naturaleza, y usarlas para resolver problemas y curar enfermedades. En el proceso, aseguraba Agrippa, el hombre podía también descubrir la parte de sí mismo que más ligada estaba al universo, y mediante la fuerza de su propia imaginación y voluntad, podría alcanzar poderes sobrenaturales.

Aunque, para desilusión de sus lectores, Agrippa no explicaba exactamente cómo podía el mago adquirir dicho potencial, ello no fue obstáculo para que mucha gente intentara conseguirlo. Entre los muchos seguidores de Agrippa había estudiantes universitarios que intentaron convocar espíritus en los dormitorios comunes, médicos que trataron de impregnarse de las fuerzas ocultas de la naturaleza para curar a sus pacientes, y hombres de ciencia con afán por desentrañar todos los misterios del universo. El más famoso de todos ellos fue el matemático, astrónomo y astrólogo inglés John Dee, que se ganó una reputación de mago al inicio de su carrera, y que incluso fue encarcelado en 1553 bajo acusación de intento de asesinar a la reina María Estuardo mediante un encantamiento. Dee creía que podía aprender muchos de los secretos del mundo a través de los ángeles y los espíritus, con quienes trataba de contactar mirando fijamente una **bola de cristal** y un **espejo mágico**. Aunque él rara vez obtenía respuesta del mundo de los espíritus, Dee tenía una serie de compañeros que aseguraban que podían ver y oír ángeles. Sin embargo, a pesar de décadas de intentos, ninguno de ellos fue capaz de convencer a estos seres para que les contaran los secretos de Dios y del universo, que con tanto empeño trataba de averiguar Dee.

De todos modos, cuando murió Dee en 1608, la magia se había convertido en tema de moda entre los intelectuales ingleses. A lo largo de gran parte del siglo XVII se ofrecieron debates públicos en la Universidad de Oxford sobre asuntos como el poder de los encantamientos, el uso de la magia para curar enfermos y la eficacia de las pociones de amor. Sin duda, más de un joven estudioso con ambición se hizo ilusiones de convertirse algún día en un gran mago.

El mago de teatro

Aunque sean expertos en trucos, los magos que vemos actuar en teatros quizá sean los magos «más reales» de todos. Los narradores crean una magia que sale de su imaginación y llega a nuestra mente (un gran truco en sí mismo); pero los magos de los teatros toman esas mismas proezas imposibles, descritas en la ficción, para mostrárnoslas en vivo y en directo. Igual que sus colegas legendarios, los magos de escenario aparecen y desaparecen, levitan o vuelan, predicen el futuro, atraviesan paredes, crean algo de la nada y convierten a personas en bestias. Los magos de los teatros también saben lanzar conjuros al público, provocando así que vean cosas que no están ahí, o que no vean cosas que sí hay. ¡No es de extrañar que hace siglos el público asistente a los espectáculos de magia se sintiera muchas veces como si los hubieran embrujado!

La magia de teatro, el arte de crear y presentar ilusiones desconcertantes, se puede encontrar en muchas culturas de todo el mundo, pero los primeros animadores mágicos de la historia escrita son los prestidigitadores

Este dibujo, extraído de un libro alemán de astrología de 1404, presenta
la descripción más antigua conocida de un mago callejero en plena faena.
El truco que ejecuta es el clásico «Copas y bolas». En la parte de arriba
aparecen cinco de los doce signos del zodíaco: Tauro el Toro, Leo el León,
Cáncer el Cangrejo, Aries el Carnero y Capricornio la Cabra.

callejeros de los siglos I y II en Grecia y Roma. Los escritores latinos Séneca, Alcifron y Sextus Empiricus describieron a los que vieron, y sobre todo el truco conocido como «Las copas y las bolitas», que hoy siguen
realizando los magos modernos. Suele hacerse con tres
copitas y tres bolas pequeñas, y es un truco que incorpora en sí mismo muchos de los efectos sorprendentes
de la magia. Bajo la atenta mirada del público, que suele
hallarse sólo a medio metro del mago, las pelotitas se esfuman, reaparecen bajo las copas, se trasladan de mane-

A primera vista, este cuadro de 1480, aproximadamente, muestra a una multitud disfrutando con un espectáculo de «Copas y bolas». Pero si miras con atención verás que hay un ladronzuelo entre el público. ¿Estarán compinchados el mago y el ladrón?

ra increíble de una a otra, penetran por las sólidas bases de las copas, y a veces surgen de las orejas y narices de los espectadores. Y como broche de oro, las bolitas se convierten en algo completamente diferente: ¡fruta, un ratón o pollitos!

Los primitivos prestidigitadores tenían que ser versátiles por necesidad. Aún no se habían inventado muchos trucos, así que, además de ejecutar lo que hoy se considerarían «trucos de magia», también tenían que hacer juegos malabares; piruetas; ofrecer un número con marionetas, o mostrar las habilidades de su animal adiestrado, que podía ser un perro, un mono o un oso. En

Atenas había escuelas para estos artistas callejeros, y muchos de ellos se hicieron célebres por su capacidad para asombrar y divertir incluso al público más exigente y sofisticado. Los ciudadanos griegos apreciaban todo tipo de destreza (artística, atlética, teatral, musical y retórica), y no era raro que disfrutaran también con la prestidigitación.

A medida que el Imperio Romano se expandió, los magos empezaron a aparecer por ciudades y burgos de toda Europa. Algunos actuaban en solitario, otros formaban compañías ambulantes de acróbatas, malabaristas, adivinos, poetas y místicos, y viajaban de una ciudad a otra, entreteniendo a la realeza en los castillos feudales y apareciendo ante el pueblo llano en tabernas, graneros y corralas. Sorprendentemente no se dispone de muchos detalles sobre estos prestidigitadores, aunque sabemos que a mucha gente, sobre todo al estamento eclesiástico, no le hacían ninguna gracia. Aunque estos inofensivos magos de pacotilla eran conocidos en Inglaterra como malabaristas y su arte se llamaba, sin ninguna malicia, malabarismo, la Iglesia consideraba que la prestidigitación era inmoral porque se fundaba en el engaño. Las mismas técnicas de juegos de manos empleadas en los trucos de magia podían también emplearse en el juego o para estafar al público con curas «milagrosas». Otros temían y desconfiaban de los prestidigitadores porque sospechaban que las ilusiones de un mago podrían basarse en poderes sobrenaturales. Dado que solía mantenerse en secreto la naturaleza exacta de los métodos del mago callejero, para los que creían en la brujería y en demonios, como era el caso de mucha gente hasta finales del siglo XVII, era normal sospechar lo peor. Es más, muchos de estos magos jugaban con las creencias populares sobre la magia, pronunciando **palabras mágicas**, agitando una **varita mágica**, y fingiendo echar conjuros y convocar a los poderes sobrenaturales.

Durante el siglo XVIII, la magia de teatro empezó a emerger como una forma de entretenimiento en sí misma, diferente de los juegos malabares, de los números de marionetas y de otras artes de circo. Gracias a las nuevas formas de pensar que surgieron con la revolución científica, los prestidigitadores dejaron de considerarse sospechosos de poseer habilidades sobrenaturales, y quedó clara su condición de artistas de la ilusión, o «magos», como empezaron a llamarse en la década de 1780. Los magos empezaron a cobrar por sus espectáculos (antes trabajaban a cambio de propinas, o vendían, después de su número, pequeños objetos de la suerte como talismanes y tónicos medicinales) y actuaron cada vez más en las cortes reales. Hacia mediados del siglo XVIII, los espectáculos de magos habían llegado al teatro. Giovanni Giuseppe Pinetti, considerado uno de los primeros grandes magos de escenario, actuó en los mejores teatros de Europa durante las décadas de 1780 y 1790, ejecutando proezas tales como quitarle la camisa a un hombre sin siquiera quitarle la chaqueta, leerle la mente (aparentemente) a un miembro del público, y atravesar una carta escogida y lanzada al aire, clavándola al instante en la pared.

La magia de finales del siglo XIX y comienzos del XX se caracterizaba por consistir en dos horas de ilusión sin parar, con montones de maravillas que hacían poner los ojos como platos. Los magos recorrían el globo con auténticas toneladas de utilería y vestidos especiales. Harry Houdini, que alcanzó el estrellato en el vodevil como el hombre capaz de escapar de cualquier atadura, incluidas cadenas, esposas y jaulas, se convirtió en el ar-

225

Giovanni Pinetti fue uno de los primeros grandes magos de teatro. En uno de sus números más famosos, alguien elegía una carta, que luego se volvía a meter en la baraja; entonces, Pinetti lanzaba las cartas al aire, y la carta elegida quedaba clavada en la pared con un clavo disparado con una pistola.

tista más famoso y mejor pagado de su época.

Hoy día, la gente de todo el mundo sigue parándose para contemplar a un artista callejero, o paga sumas elevadas para entrar en espectáculos de magia que se realizan dentro de los teatros. ¿Por qué? Todos saben que «sólo es un truco». ¿Es que quieren averiguar el secreto? En realidad, más bien creemos que se trata justo de lo contrario. Lo que quiere la gente no es el truco, sino el misterio. La magia nos sorprende, pone el mundo patas arriba, y nos regala maravillas y cosas asombrosas. Y también nos recuerda algo que la mayoría de las brujas y brujos saben muy bien: que lo imposible es, al fin y al cabo, posible.

Maldición

Cuando nuestros padres nos decían que no maldijéramos, no pensábamos que fuera una cuestión de vida o muerte. Bueno, en realidad no lo era. El empleo moderno de la expresión «maldecir» significa, normalmente, decir una vulgaridad o una blasfemia. Aunque puede resultar ofensivo y no deja de ser de mala educación, no es letal. Sin embargo, en siglos pasados una maldición era mucho más que un mero insulto; se consideraba una de las formas de magia más poderosas y peligrosas, y su finalidad era provocarle al enemigo dolor, sufrimiento, enfermedad, e incluso la muerte. Por esta razón, sin duda, el Ministerio de Magia recomienda que no se enseñen maldiciones hasta el sexto curso de la educación de

Licencia para maldecir

Desde los tiempos más remotos, la persona que desea hacer daño a un enemigo suele acudir a la ayuda de un profesional: un hechicero del pueblo con fama de crear y lanzar maldiciones efectivas. Los que creían haber sido maldecidos a menudo notaban algunos síntomas, seguramente el miedo y la ansiedad que sentían sólo por la idea de la maldición les provocaban náuseas, vómitos, dolores de cabeza, insomnios y otras dolencias. Si la víctima no quedaba demasiado incapacitada, podía salir a buscar a otro hechicero que deshiciera la maldición o lanzara una contramaldición. De todos modos, en los pueblos donde sólo había un hechicero, éste hacía negocio con las dos partes implicadas, y ganaba así una buena suma de dinero.

un brujo. Al fin y al cabo, lo último que querría un profesor es tener a algún alumno irascible lanzando maldiciones contra un compañero de clase que haya sacado mejores notas.

La práctica de maldecir al enemigo ha existido en las culturas de todo el mundo desde hace miles de años. Las maldiciones pueden ser habladas o escritas. Una forma típica de maldición oral consistía en invocar la ayuda de un ser sobrenatural, como un **demonio** o un dios, y después especificar con todo lujo de detalles macabros lo que se quiere para la víctima, como demuestra esta vengativa maldición del siglo IV: «Te convoco, espíritu maligno, que moras en el cementerio y que le robas la salud

228

La maldición de la momia

Una de las maldiciones más famosas de todos los tiempos, la «maldición de la momia», de la tumba del rey Tutankhamón en Egipto, probablemente no es más que un mito. Según la leyenda, cuando el arqueólogo británico Howard Carter abrió la tumba del rey Tutankhamón en 1922, no hizo caso de una inscripción que decía: «Al que ose interrumpir el descanso del Rey, la muerte le llegará con alas veloces.» Unos meses más tarde, el patrocinador de Carter, lord Carnarvon, murió inesperadamente por culpa de una picadura de mosquito que se le infectó. (¡Sí que fue una muerte que llegó con alas veloces!) Cinco personas más de los que habían estado presentes en la apertura de la tumba fallecieron también a lo largo de los siguientes doce años.

Sin embargo, hay pocos datos que avalen la idea de que hubiera una maldición sobre esta tumba. Aunque muchas fábulas populares describen complicadas maldiciones que garantizan una muerte fulminante y terrible a quien profane la tumba de una **momia***, los arqueólogos sólo han verificado la existencia de maldiciones protectoras en dos tumbas egipcias, y ambas sólo amenazaban a los saqueadores con un juicio implacable por parte de los dioses. La maldición inscrita en la tumba del rey Tutankhamón, si es que la hubo, se ha desvanecido de manera misteriosa. El propio Howard Carter vivió otros diecisiete años después de interrumpir el descanso de Tutankhamón, y acabó siendo uno de los egiptólogos más famosos y admirados de todo el mundo.*

al hombre. Ve y pon un nudo en la cabeza [de la víctima], en sus ojos, en su boca, en su lengua, en su garganta; echa agua envenenada en su estómago. Si no vas y le echas agua en el estómago, te enviaré gran cantidad de ángeles malignos que vayan a por ti. Amén.» Se creía que maldiciones como ésta resultaban efectivas tanto si se gritaban al oído de alguien, como si se susurraban a cientos de kilómetros de distancia. Sin embargo, las maldiciones escritas solían considerarse más poderosas que las de variedad hablada, ya que podían sobrevivir al momento de su creación.

Algunas maldiciones antiguas han pervivido desde incluso el siglo V a.C., aunque seguramente las víctimas a las que iban dirigidas llevan ya mucho tiempo muertas. Se inscribían en «tablillas de maldición»: piezas de plomo, loza o cera, en las se escribía el nombre de la víctima, el efecto deseado de la maldición, algunas **palabras mágicas** y los nombres de los demonios que tenían que colaborar para llevarla a cabo. Una tablilla sencilla podía llevar inscritas las palabras: «Igual que este pedazo de plomo va enfriándose, así le pasará también a Fulano de Tal.» Entonces la tablilla se enterraba y, a medida que iba adquiriendo la misma baja temperatura de la tierra, se suponía que Fulano de Tal iría notando que la temperatura de su propio cuerpo descendía, hasta morir. Se pensaba que el mejor sitio para enterrar las tablillas de maldición eran los lugares que tuvieran algo que ver con la muerte: tumbas recientes, campos de batalla y sitios donde se realizaban ejecuciones. También podían echarse dentro de pozos, pues se creía que eran accesos al mundo subterráneo. Para aumentar los efectos, solía atravesarse el nombre de la víctima con un clavo, o bien atar bien fuerte alambre a la tablilla.

Las tablillas de maldición se usaron mucho en la Grecia y Roma antiguas. Los arqueólogos han descubierto varios tipos de tablillas: en unas se pedía una muerte dolorosa para un enemigo, otras sólo intentaban que se le transtornara la mente o que se le atascara la lengua a un oponente político o a un adversario judicial. Hay una tablilla que estaba pensada para garantizar el resultado de una carrera de carros, ¡mediante una maldición a los caballos y aurigas del equipo contrario! Aunque oficialmente no se aprobaba el uso de las maldiciones con fines privados, parece ser que sí eran aceptables si las aplicaban agentes oficiales contra criminales, enemigos del Estado o adversarios militares.

Durante la Edad Media se redujo el uso de las maldiciones gubernamentales, pero no así las que lanzaban los pobres y oprimidos, las cuales se creía que eran muy poderosas, sobre todo cuando la rabia que las inspiraba era justificada. Por ejemplo, la Maldición del Mendigo, que se lanzaba contra los que no querían dar limosna a los pobres, fue muy temida durante siglos.

En la Inglaterra de los siglos XVI y XVII, las maldiciones en público eran algo habitual. No era extraño ver a alguien en la plaza mayor hincándose de rodillas y clamando a Dios que prendiera fuego a la casa de sus enemigos, arruinara sus cultivos, matara a sus hijos, destruyera sus posesiones y les echara encima «todas las plagas de Egipto». Semejantes diatribas podrían parecer inofensivas, pero se aconsejaba a los maledicientes que llevaran cuidado, ya que, si la víctima caía enferma y se empezaba a creer que el maledicente tenía éxito, podía acabar en la cárcel, acusado de brujería.

Maleficio

Cuando a Hermione de repente le crecen los dientes hasta rebasarle el mentón, sabe que el rencoroso Draco Malfoy le ha echado un maleficio. Un maleficio es un **hechizo** o **conjuro** maligno que se lanza a una persona o a un objeto y con el que se pretende causar algún daño. Para los que no tienen cerca a la señora Pomfrey para que contrarreste sus efectos dañinos, sufrir un maleficio es algo realmente muy peligroso.

La palabra inglesa para maleficio es *hex*, que deriva de la palabra alemana *Hexe*, bruja. Un maleficio suele considerarse una forma de brujería. Aunque la práctica de lanzar maleficios probablemente se originó en Europa, se asocia más con la magia del pueblo de Pensilvania Holandesa, una población de origen germano que se estableció en la América colonial durante el siglo XVII. Se dice que la práctica de echar maleficios es la especialidad de los «doctores en maleficios», que cualquiera podía contratar para que echaran o quitaran maleficios.

Los primeros granjeros de Pensilvania Holandesa atribuían a los efectos de un maleficio cosas tan nimias como no conseguir montar mantequilla con la nata de la leche, pero también asuntos más preocupantes como enfermedades del ganado. Se sospechaba de maleficio si un animal perdía todo su pelo, si dejaba de comer o se le veía extrañamente inquieto. Pero aún más grave era el efecto de un maleficio sobre un ser humano. Una persona a la que se había echado un maleficio podía sufrir de insomnio incurable, debilitamiento mortal debido a una pérdida del apetito o a la incapacidad de digerir los ali-

Dibujo antimaléfico original de Pensilvania.

mentos, sensación física dolorosa o incómoda y persistente, o mala suerte en general.

Todo el que deseara proteger a su familia y ganado frente a un posible maleficio o embrujo disponía de unas cuantas opciones. Se decía que dibujar una estrella de cinco puntas en el marco de la puerta o en el alféizar impedía que entrara en el edificio un doctor en maleficios. También podía colgarse de las vigas del granero una carta de maleficio, una breve declaración de enemistad hacia el doctor en maleficios, para proteger a sus ocupantes. A los animales se los podía proteger también, e incluso curarlos de enfermedades inducidas por algún maleficio, colgando encima de sus establos una pequeña bolsa de tela con mercurio dentro.

Ciertos signos podían ofrecer protección adicional frente a maleficios y otros hechizos malignos. Consistían en figuras geométricas de gran colorido, pintadas tradicionalmente en los muros laterales de las casas y graneros. Del mismo modo que los maleficios parecen tener su origen en Alemania, esta costumbre de pintar signos de maleficio también proviene de allí, aunque en el siglo XIX, los signos pintados eran mucho más comunes en Pensilvania del este que en ningún otro lugar. Hoy son considerados arte popular, pero algunos expertos creen que en otros tiempos se usaron para proteger tanto a personas como a animales contra los maleficios y el mal de ojo (véase **amuleto**). Aunque se ven sobre todo en edificios, los signos de maleficio aparecen a veces pintados en cunas, utensilios del hogar, y en discos de madera o de metal que se colgaban en las ventanas.

Mandrágora

Es una planta verdaderamente rara que requiere que el jardinero se proteja las orejas. Cuando la profesora Sprout insiste a sus alumnos de **herbología** en que se pongan orejeras para trabajar con las plantas de mandrágora, está aplicando los conocimientos de siglos de sabiduría popular. En Europa, según la tradición, la mandrágora profiere un chillido al ser arrancada de la tierra, y todo el que lo oiga perecerá. Recoger mandrágora, sin embargo, bien valía correr el riesgo, porque la planta tenía muchos usos medicinales bien conocidos y se la consideraba dotada de poderosas propiedades mágicas.

La parte de la planta que solía considerarse más valiosa es la raíz, gruesa y marrón, que se adentra entre sesenta y noventa centímetros en el suelo. A menudo es ahorquillada y para alguien con un poco de imaginación

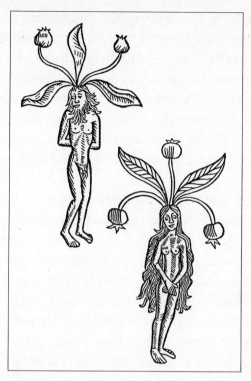

Dibujo del siglo XV de los dos sexos de la mandrágora.

parece una figura humana. Los libros de plantas y hierbas describen a menudo la mandrágora (perteneciente a
la familia de las solanáceas) con características humanas
(como un hombre de larga barba o una mujer de espesa
cabellera) y su parecido con el cuerpo humano se puede
aumentar con facilidad si se talla la raíz con un cuchillo.
Sin duda, este gran parecido con los seres humanos explica la creencia de que la mandrágora puede gritar
cuando es arrancada, como una persona a la que se saca
de repente de una cama calentita.

A pesar de la compasión que los humanos pudieran
tener por la difícil situación de la mandrágora desarrai-
gada, se la arrancaba con mucha frecuencia y se aplicaba

a una amplia gama de usos. Antiguamente se la consideraba analgésica y somnífera, y en grandes dosis se decía que provocaba el delirio e incluso la locura. Se usaba para aliviar a los que padecían dolores crónicos y se prescribía para tratar la melancolía, las convulsiones y el reumatismo. Los romanos usaban la mandrágora como anestésico: daban al paciente un trozo de mandrágora para que lo masticara antes de una intervención quirúrgica.

Los antiguos y sus descendientes en la Europa medieval también valoraban la mandrágora por sus supuestas propiedades mágicas. Era un conocido ingrediente de las **pociones** de amor y se decía que **Circe**, la hechicera más famosa de la mitología griega, la usaba para preparar sus potentes elixires. Según la tradición anglosajona, la mandrágora expulsa a los **demonios** del cuerpo de los poseídos, y muchos creían que un **amuleto** con mandrágora seca podía proteger contra el mal. Por otra parte, según algunas tradiciones, en realidad los demonios «vivían» en las raíces de mandrágora, y quienes poseían una raíz tallada de mandrágora eran a veces acusados de brujería. Los más suspicaces aseguraban que la mandrágora crecía mejor bajo la horca de asesinos ajusticiados.

La mandrágora también se empleaba para la **adivinación**. Los adivinos insistían en que las raíces de forma humana movían la cabeza para contestar a preguntas acerca del futuro. En Alemania, los campesinos cuidaban mucho sus tallas de mandrágora. Les ponían semillas a modo de ojos, las vestían y las acostaban en camitas por la noche, para que estuvieran listas y dispuestas para contestar a cualquier pregunta importante que pudiera surgir.

Los riesgos de la mandrágora

Las historias acerca del grito fatal de la mandrágora eran muy conocidas en la antigua Europa y cualquiera que quisiera usar la raíz con fines mágicos o medicinales debía de tener sus dudas, temiendo lo que pudiera suceder al arrancar la planta. Los que tenían este problema podían consultar un «ḥerbolario»: un libro con información acerca de los usos caseros y medicinales de las plantas. Allí encontrarían la solución al dilema. Muchos autores daban el mismo consejo: atar el extremo de una cuerda a la planta de mandrágora y asegurar el otro extremo alrededor del cuello de un perro. Apartarse hasta una distancia segura, cubrirse los oídos y llamar al perro, que al acudir arranca la planta sin correr riesgo alguno.

Libro del siglo XII sobre herbología, que ilustra el modo más seguro de arrancar la mandrágora.

Mantícora

Si hay una bestia capaz de producirnos pesadillas, ésa es la mantícora. No sólo es una digna pariente del batallador «escregutos de cola explosiva» de Hagrid, sino que, como su nombre en persa indica, («comehombres», de *martiya*, «hombre» y *khvar*, «comer»), su ocupación favorita, como podéis suponer, es devorar carne humana.

La describió por primera vez, en el siglo V a.C., el médico griego Ctesias (a quien también debemos información sobre los **unicornios**). Se decía que la mantícora vivía en las junglas de la India y que era el depredador más peligroso del lugar por su velocidad, su fuerza y su tremenda ferocidad. Según Ctesias, aunque su cuerpo peludo y rojizo parecía el de un león, tenía cara humana, voz melodiosa y cola de escorpión con dardos venenosos. La mantícora podía disparar estos dardos como si fueran flechas, en cualquier dirección, y alcanzar a su presa en un radio de unos treinta metros. Cuando la víctima sucumbía a la rápida acción del veneno, la mantícora estaba lista para poner manos a la obra. En ambas enormes quijadas, de oreja a oreja, tenía tres hileras de dientes afilados, perfectos para reducir su plato favorito, los humanos, a pedacitos. Comedora sin remilgos, la mantícora devoraba a sus víctimas enteras, piel, huesos, ropa y pertenencias incluidos. Si alguien desaparecía de un poblado de la jungla sin dejar rastro, no había duda de que la mantícora rondaba por sus alrededores.

Se pensaba que la mantícora, como sucedía con muchas otras criaturas fantásticas de la Antigüedad, existía

realmente, y posteriores autoridades como Aristóteles y el naturalista romano Plinio se hicieron eco del relato de Ctesias. En el siglo II d.C., sin embargo, cuando aún no había aparecido ningún espécimen de mantícora, se propusieron otras explicaciones para el supuesto avistamiento de la criatura. Pausanias, el viajero y escritor griego, propuso la teoría de que la criatura en cuestión era en realidad un tigre devorador de hombres (conocido en la actualidad como tigre de Bengala). La creencia en la mantícora no sobrevivió, pero su leyenda despertó la imaginación de muchos artistas e ilustradores, y la bestia se convirtió en un símbolo reconocido de la perversidad y la malevolencia.

Merlín

Merlín el Mago, **hechicero**, profeta y mentor del rey Arturo, es quizás el **brujo** más famoso de la historia. Las leyendas inglesas nos cuentan que podía usar magia para ganar guerras, ver el futuro, transformarse a voluntad en galgo o en venado y controlar el destino de los hombres. Aunque tanto Merlín como sus hechos son leyenda, esta figura se relaciona con otra histórica, la del poeta galés del siglo VI llamado Myrddin, que enloqueció en la batalla y se internó en los bosques de Escocia, donde hizo muchas predicciones acerca del futuro. El historiador Geoffrey de Monmouth cambió el nombre de Myrddin por el de Merlín. Geoffrey lo introdujo en el folklore inglés con su *Historia de los reyes de Britania*, un relato sobre los legendarios inicios de Gran Bretaña escrito en 1136. A lo largo de los siglos, la historia de Merlín ha sido ampliada por numerosos escritores, en especial por sir Thomas Malory, autor de *La muerte de Arturo*, un relato del siglo XV sobre los caballeros de la mesa redonda.

Como muchas figuras mitológicas, Merlín tenía unos padres extraordinarios que le habían legado dones especiales. Según Geoffrey de Monmouth, la madre del gran mago era la virtuosa hija de un rey, mientras que su padre era un **demonio** o espíritu maligno, un íncubo. Merlín heredó tanto la bondad de su madre como los poderes mágicos de su padre. Demostró sus capacidades sobrenaturales cuando, siendo todavía un niño, las usó para salvar su propia vida.

La historia comienza con un rey británico del siglo V

llamado Vortigern, cuyos esfuerzos por construir una torre fracasaban. Por mucho que sus trabajadores progresaran, el trabajo realizado a lo largo del día se venía abajo por la noche. Desesperado, Vortigern consultó a sus magos, quienes le dijeron que reforzara la torre mezclando en el mortero la sangre de un niño cuyo padre no fuera humano. Vortigern encargó que se buscara a tal niño. Sus emisarios no tardaron en dar con Merlín y lo llevaron ante el rey. Aunque sólo tenía siete años, Merlín explicó que la torre era inestable porque se levantaba sobre un estanque subterráneo. También predijo que, si drenaban el estanque, encontrarían dos dragones durmiendo en el fondo en dos piedras huecas. Cuando las palabras de Merlín se revelaron ciertas, el rey le perdonó la vida.

Tras la muerte de Vortigern, Merlín se convirtió en consejero de tres reyes: Aurelio, Úter de Pendragón y, el más famoso de todos, el hijo de Úter, Arturo. Según la leyenda, durante el reinado de Aurelio, Merlín levantó uno de los tesoros nacionales de Inglaterra, Stonehenge, utilizando sus poderes mágicos para transportar las enormes piedras desde Irlanda. Aurelio deseaba construir un monumento impresionante, y Merlín escogió el círculo de piedras, conocido en Irlanda como la Danza de los Gigantes, porque se creía que tenía grandes poderes curativos. Aunque quince mil soldados ingleses provistos de cuerdas y escaleras no consiguieron mover las piedras ni un milímetro, Merlín lo hizo en un abrir y cerrar de ojos. Gracias a su magia, las volvió tan ligeras como guijarros, y fueron trasladadas a barcas y llevadas a la llanura inglesa de Salisbury, donde todavía permanecen. (En realidad, Stonehenge fue erigido cerca del año 2100 a.C., miles de años antes de la primera de las histo-

Merlín sucumbe a los encantos de Viviana.

rias acerca de Merlín. Sin embargo, se sabe que algunas piedras azuladas de Stonehenge proceden de Gales, así que parece que, después de todo, algo tiene de cierto la idea de que las piedras fueron tomadas de otra parte y llevadas a Salisbury por el agua.)

Durante el reinado de Úter de Pendragón, Merlín

protagonizó una hazaña todavía más remarcable. Úter se había enamorado de una duquesa llamada Igerna, ya casada. Su marido Gorlois, el duque de Cornwall, la encerró en un castillo celosamente vigilado. Pero Merlín usó un conjuro para conseguir que Úter tuviera el mismo aspecto que Gorlois y pudiera acceder al castillo. Los guardias fueron burlados, al igual que Igerna. Esa noche fue concebido Arturo, el heredero del trono de Úter y futuro rey de Gran Bretaña. Años más tarde, tras la muerte en batalla del verdadero Gorlois, Igerna y Úter se casaron.

Merlín protegió a Arturo durante la infancia, hasta que pudo ascender al trono y, posteriormente, le sirvió como profeta, hechicero y consejero militar para garantizar el gran éxito del monarca.

Cuando Arturo tenía quince años, Merlín lo ayudó a obtener su espada mágica, Excalibur. Tiempo después, en plena batalla, le dijo a Arturo que mantuviera su espada envainada hasta el momento en que él le ordenara sacarla. Arturo siguió este consejo, aunque no era fácil hacerlo porque el enemigo iba ganando. Pero cuando por fin Merlín dio la orden y Arturo blandió la espada, la luz que ésta irradió era tan cegadora que confundió a los soldados enemigos. Eso cambió la suerte y Arturo salió victorioso. En otra ocasión, Merlín aseguró la victoria de Arturo con un conjuro que hizo que todos los soldados enemigos se durmieran en el campo de batalla.

Se decía que Merlín poseía el don de la **transformación** y que podía convertirse en un niño o en un anciano, en mujer o en animal si le convenía. Podía controlar el mar embravecido y hacer que los muros del castillo de Arturo, Camelot, lanzaran al suelo a los enemigos que intentaban escalarlos. Pero a pesar de sus extraordinarias capacidades, el gran mago cometió una locura que fue su fin. Se encaprichó de una hechicera, Viviana (llamada algunas veces la Dama del Lago), y le reveló sus secretos mágicos. Usando estos conocimientos contra él, Viviana lo encerró para siempre en un roble mediante un conjuro.

No obstante, Merlín ocupa un lugar tan destacado en la literatura y la leyenda que ningún otro mago puede comparársele. Su combinación de sabiduría y poderes mágicos ha fascinado a artistas de todo tipo, y ha hecho de él un personaje destacado de innumerables novelas, obras de teatro y películas. No es de extrañar que Albus Dumbledore mencione su pertenencia a la Orden de Merlín en la correspondencia oficial de Hogwarts. Es un honor del que cualquier mago estaría orgulloso.

Momia

Lo que más miedo le da a Parvati Patil es tener que enfrentarse a una momia, y no se lo reprochamos. Después de todo, para ella una momia no es una figura de esas que se pueden ver descansando pacíficamente en el sarcófago de un museo, sino más bien una de las que salen en las películas de terror: un alto monstruo que persigue a sus víctimas con los brazos extendidos y los vendajes que se le van deshilachando poco a poco.

Aunque «momia» es un término muy amplio y sirve para referirse a cualquier cadáver que se conserva durante un tiempo más largo del normal, la imagen común de las momias envueltas en vendajes está inspirada en la antigua práctica egipcia de la momificación, un proceso en el que se extraían todos los fluidos corporales, se embalsamaba el cuerpo con un compuesto químico especial llamado natrón y luego se envolvía con vendas de lino. Entre el 3000 a.C. y el 200 d.C., los antiguos egipcios conservaron de este modo a millones de humanos y animales, guardaron sus restos en pirámides o en tumbas subterráneas y construyeron elaboradas ciudades de los muertos conocidas como necrópolis. Los egipcios se tomaban todas estas molestias porque creían que las almas de los difuntos necesitaban un cuerpo intacto para continuar su viaje hacia el otro mundo. También pensaban que durante ciertas ceremonias religiosas importantes, el espíritu, o *ka*, de un difunto podía volver a entrar en la momia y relacionarse con los vivos.

Aunque los egipcios dejaron de momificar a sus muertos alrededor del siglo I d.C., las momias continuaron formando parte de la imaginación popular. Durante la Edad Media, el polvo de momia machacada era un ingrediente corriente de muchos medicamentos y **pociones** mágicas. Tras la invasión napoleónica de Egipto, en 1798, las momias estuvieron muy buscadas como curiosidad histórica y objeto de coleccionista. El aventurero italiano Giovanni Belzoni hizo una pequeña fortuna robando en antiguas tumbas egipcias, sacando las momias y exhibiéndolas por toda Europa. En la década del 1830, el amigo de Belzoni, Thomas Pettigrew, comenzó a organizar ceremonias, a las que se asistía pagando, en las que se despojaba a las momias de su vendaje. Estos acontecimientos se hicieron tan populares que, al menos en una ocasión, incluso no se pudo dejar entrar al arzobispo de Canterbury por falta de espacio. A finales del siglo XIX, era posible conseguir una momia egipcia auténtica en casi cualquier casa de subastas inglesa, y muchos elegantes caballeros ingleses tenían una momia o dos escondidas en el ático (¡sólo por el gusto de tenerlas, al parecer!)

Estas actividades tan morbosas no tardaron en despertar la fértil imaginación de los escritores, que empezaron a publicar con gran éxito cuentos sobre momias resucitadas. En el relato humorístico de Edgar Allan Poe *Conversaciones con una momia*, escrito en 1845, un grupo de caballeros obsesionados con Egipto se cuelan en un museo en plena noche y resucitan un antiguo cadáver egipcio aplicándole electricidad. Pero se llevan una desagradable sorpresa cuando descubren que su recién resucitado amigo no es el monstruo primitivo y sin cultura que esperaban, sino un amable noble de tres mil años que sabe más de astronomía, ingeniería y ciencia que cualquiera de los eminentes victorianos que lo han devuelto a la vida. El único invento moderno que impresiona realmente a la momia es una pastilla de menta para el aliento, porque ¡nunca había visto cosa igual!

La historia sobre momias más influyente que se ha escrito nunca es, probablemente, la que Arthur Conan Doyle imaginó en 1892, *Lote número 249*. Es un cuento memorable acerca de un antiguo egipcio devuelto a la vida para que asesine y destruya. Conan Doyle describe a su momia como «una cosa horripilante y deforme» que acecha a sus enemigos «con ojos ardientes y deshilachados brazos tendidos hacia adelante». Esta descripción resultó lo suficientemente sugestiva para inspirar a miles de imitadores y construir la imagen moderna de la momia como monstruo.

Hoy en día hay casi tantos relatos breves, libros y películas sobre momias como antes había momias auténticas. Pero que no se entere Parvati Patil. Ya tiene bastantes problemas enfrentándose a los monstruos de uno en uno.

Morgana

La capacidad para lanzar conjuros y encantamientos, flotar por los aires, aparecerse en forma de animal y curar con hierbas mágicas: todo eso le consiguió a la bruja Morgana su lugar entre los cromos de las ranas de chocolate. Conocida también como Morgan le Fay y hermana o hermanastra del rey Arturo, Morgana es un versátil personaje de ficción presente en la literatura y las leyendas de Gran Bretaña, Italia y Francia. Algunas veces es una diosa, otras una **bruja**, una **arpía**, una encantadora o un **hada**. En cualquiera de sus formas, la fuerte personalidad y las habilidades sobrenaturales que posee hacen de ella una figura digna de ser tenida en cuenta.

Morgana entró a formar parte de la leyenda artúrica en los escritos del siglo XIII de Geoffrey de Monmouth, quien se refiere a ella como Morgan le Fay (el hada) y la describe como una mujer bella y sabia, con poderes curativos, y la capacidad de volar y cambiar de forma. Vive

Representación del siglo XIX de Morgan le Fay lanzando un conjuro.

con sus ocho hermanas en la isla de Avalón. Cuando el rey Arturo resulta herido en su última batalla, Morgana se lo lleva a Avalón, lo acuesta en una cama de oro y le devuelve la salud. Muchos relatos posteriores cuentan que Morgana aprendió el arte de curar y otras artes mágicas de **Merlín**.

A finales de la Edad Media, cuando la brujería se consideraba un asunto muy grave en Europa, una poderosa mujer capaz de hacer magia era sospechosa, incluso si se trataba sólo de un personaje de ficción. Por eso, las versiones posteriores de la leyenda de Arturo comenzaron a describir a Morgana de forma negativa. En

Fata Morgana

Morgana cede su nombre a uno de los espejismos más famosos del mundo, la Fata Morgana de Italia. Esta ilusión óptica, que se da en el estrecho de Mesina, entre la península italiana y Sicilia, aparece al principio como un grupo de castillos almenados que surgen del mar atravesando la niebla. Si se mira durante un rato, una torre parece convertirse en una figura humana (se dice que es Morgana en persona) que flota sobre las aguas. Esta sorprendente visión se debe, al parecer, a una compleja interacción entre las diferentes capas de aire marino húmedo, que distorsionan y amplifican la imagen de los acantilados y las casas de la orilla del estrecho.

La muerte de Arturo, de Thomas Malory, Morgana aparece como un personaje malvado, que se dedica a usar la magia para destruir a su hermano, a la reina Ginebra y a toda la corte. Como sabe que Arturo es vulnerable sin la espada mágica Excalibur, la roba y se la entrega al enemigo de Arturo con la esperanza de que sea usada para matar al rey. En otra ocasión, Morgana da a su hermano una capa encantada, aparentemente en señal de buena voluntad. En el último momento éste se salva de ponérsela y acabar convertido en carbones ardientes. Perseguida por los hombres de Arturo, Morgana se transforma en una piedra para escapar de ellos.

Al margen de la leyenda artúrica, Morgana aparece

en la tradición irlandesa como un hada a la que le gusta asustar a la gente y, en el folklore escocés, como la señora de un castillo habitado por una banda de hadas malvadas. En el poema épico italiano *Orlando Furioso*, Morgana es un hechicera que vive en el fondo de un lago y entrega tesoros a quienes la complacen. También se la relaciona con los *morganes* o *morgens*, sirenas que, según se dice, viven frente a las costas de Francia. Tal vez sea una prueba de la naturaleza dual del personaje de Morgana el que, en algunos cuentos, los marineros que se encuentran con una de esas sirenas estén condenados, mientras que en otros entran en un magnífico paraíso subacuático.

Nicholas Flamel

Nicholas Flamel es conocido por los admiradores de Harry Potter como el alquimista medieval que halló la **piedra filosofal**: una sustancia milagrosa que transforma el plomo en oro y produce el elixir de la inmortalidad. Durante el primer curso que Harry Potter pasa en Hogwarts (donde la Piedra está oculta y protegida por **conjuros** y **encantos**), Flamel goza de buena salud y vive, a la venerable edad de 656 años, con su esposa Perenela en Devon, Inglaterra.

Ésa sería aproximadamente la edad que tendría el histórico Nicholas Flamel si aún viviera. Porque Flamel fue en realidad un alquimista, tuvo una esposa llamada Perenela y, si creemos en los escritos que dejó, creó la legendaria Piedra en su laboratorio de alquimia el 17 de enero de 1382.

Mucho de lo que sabemos acerca de Flamel procede de su libro *Hieroglyphica*, en el que nos cuenta cómo llegó a ser alquimista de manera accidental. En la época de su nacimiento (aproximadamente en 1330, en la pequeña pobla-

Nicholas Flamel.

ción de Pontoise, Francia), la alquimia se practicaba en toda Europa occidental. Los secretos de la alquimia, basada en las prácticas de los antiguos maestros metalúrgicos griegos y egipcios, se transmitieron a través del mundo árabe y se difundieron por Europa alrededor del año 1200 por medio de libros escritos en latín. Esos libros describían un sofisticado instrumental de laboratorio, productos químicos y procedimientos complejos mediante los cuales uno podía crear la piedra filosofal y obtener una enorme riqueza, por no hablar de la promesa de la vida eterna. Se decía que la alquimia era también una práctica espiritual y que, con una actitud humilde y mucha dedicación, el alquimista se vería elevado a un estado superior de pureza y nobleza. Muchos eran escépticos respecto a ambas afirmaciones, pero muchísimos otros montaron laboratorios caseros y dedicaron su vida al intento de hallar la piedra filosofal.

De joven, sin embargo, Flamel no parecía tener ningún interés especial en la alquimia, aunque sin duda habría oído hablar de ella. Era un hombre culto para su

251

época; leía y escribía en latín y francés y, cuando le llegó el momento de independizarse, se trasladó a París y se estableció como copista, escribano y librero. Muchos de sus contemporáneos no sabían leer ni escribir y, cuando necesitaban que constara por escrito alguna transacción importante, recurrían a un escribano profesional. Flamel también copiaba libros y manuscritos (faltaba todavía un siglo para que se inventara la imprenta), y obtenía algunos ingresos adicionales dando lecciones de escritura a los ricos, en las que les enseñaba, entre otras cosas, a firmar con su nombre. Su primera tienda fue un diminuto puesto de madera en la calle de los Escribanos, pero a medida que su próspero negocio creció, tomó aprendices, compró una casa cercana y trasladó su establecimiento al primer piso de ésta. También conoció a Perenela, una viuda rica y atractiva, y se casó con ella.

Hasta ese momento la vida del joven escribano era bastante común. Pero un día entró un desconocido en la tienda y le vendió un libro que cambiaría su vida para siempre. «Cayó en mis manos —escribió Flamel—, por la suma de dos florines, un libro dorado, muy antiguo y muy grueso. No era de papel o de pergamino como otros, sino hecho sólo de fina corteza. La cubierta era de cobre, muy delicada y toda ella estaba grabada con extrañas figuras.» Flamel estudió el libro y quedó convencido de que contenía el secreto de la piedra filosofal, si pudiera entenderlo. Pero como todos los libros de alquimia, en su mayor parte estaba escrito en un lenguaje deliberadamente críptico, y los secretos más ocultos no se hallaban en las palabras sino representados mediante misteriosos dibujos simbólicos. Un dibujo, por ejemplo, era un desierto lleno de hermosas fuentes que rebosaban de serpientes. En otro se veía un arbusto azotado por el

Los procesos de la alquimia solían tardar semanas o meses en completarse. Nicholas Flamel sólo contaba con un ayudante, su esposa Perenela.

viento en la cima de una montaña rodeada de grifos y **dragones**.

Flamel copió los dibujos (nadie excepto Perenela pudo ver el libro original), los enseñó a sus colegas y los colgó en la tienda, esperando que alguien pudiera explicarle su significado. Pero nadie pudo hacerlo. Es posible que fuera entonces cuando Nicholas instaló un laboratorio y empezó a experimentar, siguiendo los procedimientos de las partes del libro que lograba entender. Nada funcionó. Según la tradición de la alquimia, quienes desean aprender «el arte» deben ser iniciados previamente en sus secretos por un maestro. Así que, tras muchos experimentos fracasados, buscó y encontró a un maestro en España. Con los verdaderos secretos del libro por fin en sus manos, regresó a París y allí, al cabo de tres años de intensa labor, consiguió su propósito. «He proyectado la Piedra roja sobre una cierta cantidad de mercurio —escribió— en presencia de Perenela exclusivamente, y la he transmutado en la misma cantidad de oro puro.»

Flamel creó oro, según él, sólo tres veces. Pero eso era mucho más de lo que nunca llegaría a necesitar. Él y Perenela vivían modestamente y usaban su riqueza para ayudar a otros. Durante el resto de sus vidas fundaron y financiaron catorce hospitales, costearon monumentos religiosos, construyeron capillas, corrieron con los gastos de mantenimiento de iglesias y cementerios, y fueron generosos con las viudas y los huérfanos pobres. Perenela murió en 1397, y Flamel pasó sus últimos años escribiendo acerca de la alquimia. Murió el 22 de marzo de 1417, y fue enterrado en la iglesia de Saint-Jacques la Boucherie, cerca de su casa.

¿Qué podemos pensar de la historia de Flamel? ¿Realmente creó oro? ¿O todo fue una invención suya, el viejo libro, el viaje a España, la piedra filosofal? Nuestra única fuente de información es el propio Flamel. Pero no existe duda sobre algunos de los hechos. Nicolas Flamel existió; sus regalos y buenas obras fueron reales (algunos de los monumentos que construyó duraron siglos), y la historia de su búsqueda alquímica ayudó a mantener viva la creencia de que la alquimia era una auténtica ciencia y que la piedra filosofal podía hallarse.

En el siglo XVII, la historia de Flamel se había convertido en leyenda. Se decía que, poco después de su muerte, unos saqueadores entraron en su casa y la destrozaron buscando oro. Como no pudieron encontrarlo, abrieron el ataúd del alquimista con la esperanza de encontrar algún trozo de la piedra filosofal. Pero el ataúd estaba vacío: ¡ni piedra filosofal ni Flamel! Según algunos, la verdad era que Flamel y Perenela no habían muerto en realidad, sino que habían usado la Piedra para conseguir la inmortalidad. Mucha gente dijo haber visto a los Flamel. Un emisario del rey Luis XIV dijo que vivían en la India. En 1761 se contaba que los habían visto presenciando una representación en el teatro de la Ópera de París y, más recientemente ha corrido el rumor, difundido por el propio Albus Dumbledore, de que la pareja se está planteando renunciar a la inmortalidad para disfrutar de un largo y merecido reposo.

Palabras mágicas

La medida del poder de un **mago** son las palabras que sabe. Con las palabras se urden los **conjuros** y se lanzan **encantamientos** y **maldiciones**. Como atestiguan historias por todo el mundo, hay palabras mágicas para cada ocasión: para encantar un castillo, volar en una alfombra, hacerse invisible o conseguir que una escoba cocine el almuerzo y luego lo deje todo limpio. Naturalmente, no cualquier palabra sirve. Deben ser las palabras adecuadas para cada tarea y, como aconseja sabiamente el profesor Flitwick a sus alumnos de primer curso en las clases de Encantamientos, hay que pronunciarlas con absoluta precisión. Dilas correctamente y funcionarán de inmediato, como si le dieras a un interruptor. Dilas mal y quizás acabes teniendo tres cabezas.

Muchas de las palabras que suenan a latín usadas en Hogwarts significan exactamente lo que dicen. *Petrificus totalus* petrifica por completo a la víctima y *ridiculus* hace que lo que antes era un aspecto espantoso de *boggart*, sea, bueno, ridículo. Pero las palabras mágicas no tienen por qué significar nada. En un libro medieval de conjuros se nos dice que con las palabras sin sentido *saritap pernisox ottarim*, por ejemplo, se abrirá cualquier cerradura, mientras que *onaim peranties rasonastos* te guiará hasta un tesoro enterrado y *agidem margidem sturgidem* curará un dolor de muelas si se dice siete veces un martes o un jueves. De dónde proceden esas palabras tan curiosas y por qué se creía que funcionaban es algo que nadie sabe. Es indudable que algunas de ellas las inventaron los **magos** para impresionar a sus clientes. Sin embargo, otras palabras mágicas parece que se formaron hace miles de años: eran nombres de dioses y seres sobrenaturales, que pronunciados de un modo confuso y mal traducidos a lo largo de siglos, acabaron por ser irreconocibles. Incluso sin tener un significado claro, se atribuía a la palabra un tremendo poder, capaz de hacer realidad las intenciones del mago. De hecho, la idea de que las palabras son instrumentos de poder es quizá tan antigua como el propio lenguaje, y una de las más antiguas creencias es que decir algo es hacerlo.

Una serie de palabras mágicas, especialmente si se pronuncia de forma ritual, se llama **encantamiento** o fórmula mágica, y se usa para lanzar un **conjuro** o un **encanto**. En muchas culturas tribales tradicionales, los encantamientos se cantaban o entonaban acompañados de baile y percusión (las palabras «canto», «encanto», «encantamiento» comparten una raíz latina que significa «canción» y «cantar»). En la Roma y la Grecia clásicas, los hechiceros solían lanzar sus conjuros ululando o gimiendo, como un perro que aúlla a la Luna. En algunas tradiciones hindúes y budistas se asociaban poderes extraordinarios a la repetición de determinadas palabras o frases, llamadas mantras, que eran secretas y sólo podían ser transmitidas por un maestro especial o gurú. Al parecer un mantra daba a quien lo recitaba 200.000 veces el poder de controlar la naturaleza, y de ser transportado instantáneamente a cualquier lugar del universo si lo repetía un millón de veces.

Abracadabra, la palabra mágica más conocida de la historia, fue considerada durante siglos extraordinariamente poderosa. Aparece por primera vez en el libro *Res Reconditae* («Asuntos secretos») de Serenus Sammonicus, un médico romano que vivió en el siglo III d.C. Serenus recomienda *abracadabra* para curar la fiebre terciana, una enfermedad terrible parecida a la gripe con síntomas recurrentes. La palabra puede decirse en voz alta pero, según Serenus, el tratamiento resulta más eficaz si se escribe *abracadabra* en un trozo de pergamino formando un triángulo invertido y se cuelga al cuello a modo de **amuleto**.

ABRACADABRA
ABRACADABR
ABRACADAB
ABRACADA
ABRACAD
ABRACA
ABRAC
ABRA
AB
A

Al igual que la palabra *abracadabra* se reduce progresivamente, eliminando una letra cada vez, la enfermedad del paciente irá remitiendo gradualmente. Al cabo de nueve días, para finalizar el tratamiento, se quita el amuleto y se arroja hacia atrás en un río que fluya hacia el este.

Abracadabra se seguía usando como palabra mágica bien entrado el siglo XVII. En su *Diario del año de la peste* (1722), el novelista inglés Daniel Defoe relataba que muchos londinenses intentaban protegerse de la epidemia de peste bubónica de 1665 usando «ciertas palabras o imágenes, en particular la palabra "Abracadabra" formando un triángulo o una pirámide».

Algunas de las palabras mágicas más poderosas de la Edad Media eran palíndromos (palabras o frases que se leen igual al derecho que al revés). Especialmente atractivas eran las palabras con las que podía formarse un «cuadrado mágico» en el que éstas se leían igual de arriba abajo, de abajo arriba, de derecha a izquierda y de izquierda a derecha. El más conocido de todos ellos, desde por lo menos el siglo VIII, es el cuadrado formado por el palíndromo *sator arepo tenet opera rotas*.

SATOR
AREPO
TENET
OPERA
ROTAS

El significado de las palabras también es oscuro, pero según muchos libros de conjuros, este cuadrado poseía por lo menos tres propiedades destacadas: era un buen detector de **brujas** (cualquier **bruja** que estuviese en la misma habitación que el cuadrado se veía forzada a huir); servía como **encantamiento** contra la hechicería y la enfermedad, y escrito sobre una bandeja de madera, ¡actuaba como extintor de incendios si se arrojaba a un edificio en llamas! Otros cuadrados mágicos, como los que recomienda el libro de conjuros *La magia sagrada*

ḥocus pocus

Hay por lo menos un lugar en el que las palabras mágicas siempre parecen haber funcionado: en los espectáculos de magia. Los hacedores de portentos del siglo XVII *le tenían mucho aprecio a* hocus pocus, *que era originalmente parte de un antiguo encantamiento más largo:* hocus pocus, toutous talontus, vade celerita jubes. *Como otros encantamientos pseudolatinos, estas palabras no significan nada, pero suenan a misterio y muchísimos artistas las usaban.*

Hocus pocus *fue originalmente una frase del mundo del espectáculo. A diferencia de* abracadabra, *nunca aparecía en amuletos o en libros de conjuros, y su origen es un misterio. Algunos historiadores dicen que viene de Ochus Bochus, el nombre de un legendario mago italiano. Otra teoría se refiere al* hocea pwca *galés, que significa un «ardid de trasgo». También se ha sugerido que este* hocus pocus *es una degeneración de la frase latina* hoc est corpus meum *(«éste es mi cuerpo»), utilizada en la misa católica. Sin embargo, para muchos entendidos, esto no parece probable ya que los artistas de la magia difícilmente se habrían arriesgado a ofender a la Iglesia (cuya oposición a la magia de cualquier tipo era sobradamente conocida) tomando prestadas «palabras mágicas» de los servicios religiosos.*

Todo lo que podemos asegurar con certeza es que hocus pocus *era de uso común a principios del siglo* XVII. *El dramaturgo inglés Ben Jonson nos habla de un mago de salón que se hacía llamar* Hokus Pokus *en 1625, y las palabras forman parte del título de un antiguo libro de magia práctica,* Hocus Pocus Junior, *publicado en 1634. En la actualidad, muchos magos han*

*abandonado el uso de palabras mágicas, y hocus pocus
ha llegado a tener el significado general de artimaña o
engaño. Podría ser la raíz de la palabra inglesa* hoax
(«patraña»).

de Abremelin el Mago, ofrecían palíndromos como *odac
dara arad cado*, que permitía volar «como un buitre» a
quien lo pronunciaba (había otro palíndromo para los
que preferían volar «como un cuervo»), o como *milon
irago lamal nolim* que, escrito en un pergamino y aguan-
tado sobre la cabeza, proporcionaba el conocimiento de
todas las cosas pasadas, presentes y futuras, como si un
demonio las susurrara al oído.

Como cabe suponer, obtener el resultado deseado no
siempre era tan simple como copiar las palabras. Los
cuadrados tenían que escribirse sobre el material adecuado, bajo la influencia astrológica de las estrellas y los
planetas apropiados y en el momento justo. Y los resultados no estaban garantizados ni siquiera así. Sin embargo, cuando un cuadrado o una palabra mágica no funcionaba, el error solía achacarse al practicante, que los
había pronunciado mal, tenía una actitud inadecuada o
había olvidado algún paso crucial. Por otra parte, que un
enfermo se recuperara de una enfermedad o los demonios se alejaran probaba la eficacia de las palabras.

La creencia en el poder de las palabras mágicas
no ha disminuido demasiado a lo largo de los siglos. Todavía se enseña a los niños (al menos algunos lo hacen)
que decir «por favor» o «gracias» obra milagros. Los
universitarios y los expertos en publicidad saben que

con las palabras adecuadas se consiguen buenas notas y ventas espectaculares. Las grandes compañías pagan muchísimo dinero a los creadores que aciertan con el nombre o la palabra «mágicos» que convertirá su producto en una marca conocida, y que les hará ganar una fortuna.

Petrificación

En cierto sentido, todos sabemos lo que es quedarse petrificado: preso del pánico hasta tal punto que resulta imposible moverse. Pero, por suerte, no hemos compartido la desagradable experiencia de Hermione: la petrificación real, ser convertido en piedra.

Muchas almas desgraciadas de la mitología de la antigua Grecia sabían lo que era quedarse con los miembros permanentemente rígidos e inmóviles. Algunos eran víctimas de Medusa, cuya espantosa cara y melena de **serpiente** sibilante la hacían tan terrorífica que cualquiera que la mirara quedaba inmediatamente convertido en piedra. La cueva en la que vivía estaba llena de los cuerpos transformados en estatuas de los que habían osado acercársele. Finalmente, Medusa murió a manos del joven héroe Perseo, quien le cortó la cabeza, usando su escudo como un espejo para acercarse hasta ella sin mirarla. La cabeza de Medusa seguía conservando el poder de petrificación incluso después de la muerte, y Perseo llevó este trofeo consigo en muchas aventuras; lo sacaba de la bolsa y lo alzaba para detener a sus enemigos.

Pero convertir a la gente en piedra no era un placer sólo reservado a los monstruos como Medusa. La petrificación era también uno de los castigos favoritos de los dioses del Olimpo, que lo infligían a los mortales que consideraban arrogantes o desobedientes. La más famosa de todos ellos fue Niobe, reina de Tebas, que encolerizó a los dioses al presumir de que tenía doce hijos mientras que la diosa Leto sólo tenía dos. Los hijos de Leto (Apolo y Artemisa), rápidamente respondieron a este insulto contra su madre bajando de los cielos y disparando flechas mortales a toda la prole de Niobe. La desolada Niobe empezó a llorar de manera incontenible. Postrada en el suelo, inmovilizada por el dolor, quedó transformada en una piedra que permanecería para siempre húmeda de lágrimas.

La petrificación ha sido un tema destacado en el folklore, sobre todo allí donde existen formaciones rocosas con formas curiosas que sugieren animales o seres humanos. Los habitantes de una ciudad de Alemania, donde los acantilados parecen hombres (por lo menos a las personas de imaginación despierta), cuentan una vieja historia acerca de un grupo de **enanos** de las montañas que habían salido a celebrar una boda cuando un **fantasma** maligno los convirtió en piedra. En Escandinavia, suele decirse que unas rocas de formas extrañas son en realidad los cuerpos petrificados de **trolls**, que se convirtieron en piedra porque no pudieron regresar a su hogar subterráneo antes de que amaneciera.

En el folklore británico, la petrificación de gente explica la existencia de centenares de círculos de piedras: monumentos misteriosos construidos en realidad por los pueblos prehistóricos del oeste de Europa entre el 3000 y el 1200 a.C. Según una leyenda local, *Meg la Lar-*

ga y sus hermanas, un círculo de piedras en Cumbria, Inglaterra, era un grupo de brujas reunidas que fueron convertidas en piedra por un brujo que las descubrió. Se dice que uno de los círculos llamados Stanton Drew, de Avon, Inglaterra, son el novio, la novia, los bailarines y los violinistas de un banquete de bodas, todos ellos petrificados por el Diablo, que acudió disfrazado a la fiesta.

En Estados Unidos no hay misteriosos monumentos de piedra, pero eso no ha impedido que sus habitantes se interesen por las historias de petrificaciones. Durante el siglo XIX, los periódicos norteamericanos publicaron docenas de artículos acerca de cuerpos humanos petrificados que habían sido encontrados enterrados, sentados sobre grandes rocas o momificados en troncos de árbol. ¡Incluso hubo algunos que decían haber visto a otros convertirse en piedra ante sus propios ojos! No eran más que patrañas inventadas por periodistas espabilados que necesitaban llenar espacio y entretener a un público crédulo. Mark Twain, el autor de *Huckleberry Finn*, escribió una de las más exageradas de estas historias, precisamente con intención de ridiculizarlas, pero, para su consternación, lo único que consiguió fue que los lectores le pidieran más.

Piedra filosofal

Durante siglos, la legendaria sustancia mágica conocida como la piedra filosofal ha encarnado dos de los sueños permanentes de la humanidad: la vida eterna y la

La alquimia era un arte extremadamente difícil, donde lo más probable era que todo saliera mal. Estos alquimistas del siglo XVI tienen más cara de perplejidad y confusión que de saber lo que están haciendo.

riqueza sin límite. Lord Voldemort espera robar la piedra de Hogwarts para recuperar la fortaleza y alzarse de nuevo para extender la **magia** negra por el mundo. Muchísimos otros personajes, tanto reales como de ficción, han buscado la Piedra para fabricar oro o para obtener el Elixir de la Vida: una poción que hace inmortal a quien la toma.

El mito de la piedra filosofal surgió a partir de la alquimia, un antiguo arte nacido en Alejandría, Egipto, aproximadamente en el siglo I, dedicado a transformar metales comunes en plata u oro. Tal como la planteaban sus creadores, la alquimia (del griego *kemia*, que significa «trasmutación») era un proceso científico en el que se utilizaban fraguas, productos químicos y material de laboratorio. Se tomaba hierro, plomo, estaño, mercurio y otros metales y, después de una serie de pasos secretos, se obtenía oro. Aunque era imposible que tal cosa suce-

diera (las leyes de la física eran las mismas entonces que ahora), eso no impidió que los primeros alquimistas creyeran haberlo logrado. Eran, de hecho, expertos en colorear metales y en fabricar aleaciones con aspecto de oro, que contenían un poco del preciado metal y que pasaban por ser oro puro.

En los siglos posteriores, el conocimiento de la alquimia se conservó, se desarrolló en el mundo árabe y finalmente llegó a la Europa medieval aproximadamente en el año 1200, cuando los trabajos de los alquimistas árabes se tradujeron al latín. Estos manuscritos, llenos de complicadas fórmulas, y que describían sofisticados aparatos de laboratorio hasta entonces inimaginables, fueron una revelación para los eruditos y los clérigos que los leyeron. Por lo visto existía desde hacía más de un milenio un modo de producir una riqueza fabulosa y sin embargo, las mentes más despiertas de Europa no habían sabido nada al respecto. En ese momento, sin embargo, tenían el método al alcance de la mano.

El atractivo de la alquimia era irresistible. A finales del siglo XIV, había florecido en todo el oeste de Europa, muchos habían oído hablar de ella y centenares, si no miles, la practicaban. Y una nueva idea había surgido. Más que intentar trasformar metales comunes en oro, como al parecer habían hecho los primeros alquimistas, los alquimistas medievales como **Nicholas Flamel** pretendían obtener una nueva sustancia: un catalizador extraordinariamente potente que, añadido a los metales vulgares, conseguiría trasmutarlos, al estilo del rey Midas, en oro. Esta nueva sustancia fue conocida como la piedra filosofal. A medida que crecía su atracción, también arraigaba la creencia de que poseía el poder de curar las enfermedades y de prolongar indefinidamente la vida.

Aunque, según algunas definiciones, la piedra filosofal era una sustancia magica, se creía que su origen era completamente natural y que por tanto, en teoría, cualquiera podía obtenerla. Pero eso no significaba que fuera fácil conseguirlo. Los manuscritos que enseñaban alquimia eran difíciles de encontrar y aún más difíciles de entender. No sólo estaban escritos en latín (una lengua que dominaban únicamente los clérigos y los hombres instruidos), sino que para proteger los secretos de la transmutación y evitar que cayeran en las manos equivocadas, los autores se expresaban de manera deliberadamente críptica y escribían, en parte, utilizando un código secreto. Por ejemplo, en lugar de usar el término común *aqua regia* para la mezcla de ácido nítrico y ácido clorhídrico, los alquimistas se referían al «dragón verde». El plomo era el «cuervo negro». Una vez finalizado el proceso de descifrar estos documentos, suponiendo que lo consiguieras, necesitabas fraguas, metales, productos químicos y todos los instrumentos de cristal necesarios para montar un laboratorio de alquimia, además de la paciencia para pasar meses, o incluso años, persiguiendo la escurridiza piedra filosofal. No obstante, muchos alquimistas dedicaron la mayor parte de su vida a esta tarea. Se pensaba también que la alquimia era tanto una búsqueda espiritual como material, así que muchos creían que, mientras se dedicaran al trabajo, podrían «dorarse» y alcanzar un estado «superior».

Tan extendida estaba la creencia en la piedra filosofal, que no sorprende que algunos estafadores emprendedores desarrollaran algunos sistemas de «hágase rico al instante» para birlar los ahorros a los aspirantes a alquimista.

Los embaucadores usaban juegos de manos y artilugios mecánicos para crear la ilusión de que convertían el mercurio en oro. Luego vendían la piedra con la que, supuestamente, habían conseguido la transformación (y, a veces, el material de laboratorio y los productos químicos también) a los crédulos compradores. Al mismo tiempo, tanto los estafadores como los verdaderos alquimistas arriesgaban la vida si aseguraban poseer la piedra filosofal, porque podían ser el blanco de los ladrones. Por este motivo muchos alquimistas trabajaban en secreto.

La alquimia continuó siendo un tema serio hasta finales del siglo XVII, cuando sus teorías fueron sustituidas por la de la química moderna, de mucho más peso. Aunque los alquimistas nunca llegaron a conseguir sus imposibles objetivos, descubrieron muchos productos químicos útiles para la ciencia y la medicina. También inventaron las técnicas básicas de laboratorio y diseñaron prácticamente todos los aparatos químicos que se usaron hasta mediados del siglo XVII.

La obtención de la piedra filosofal.
La teoría en que se basaba la alquimia

Los objetivos de la alquimia pueden resultar rocambolescos para la mentalidad moderna pero, para los que se dedicaban a ella en la Antigüedad y en la Edad Media, tenían mucho sentido. Según las teorías de los primeros filósofos griegos, ampliamente difundidas hasta la llegada de la ciencia moderna, todo lo que forma parte del mundo físico se componía de una sustancia básica llamada «materia prima». La materia prima poseía distintas cualidades y características, pero en esencia era una misma cosa. Aún más, se creía que toda la materia estaba viva. Se decía que los metales y los minerales, así como las plantas y los animales poseían un «espíritu universal» o fuerza vital, que los antiguos filósofos llamaban pneuma *(palabra griega que significa «aliento» o «viento»).*

Dada su concepción del mundo físico, no había razón alguna para que los alquimistas no pudieran tomar metales como el hierro o el estaño, reducirlos a la condición de materia prima (calentándolos en fraguas y tratándolos con ácidos y reactivos), y luego remodelar la materia prima para obtener oro. Los alquimistas de la antigua Grecia y Egipto creían que podían lograr la transmutación añadiendo una pequeña cantidad de verdadero oro al brebaje. Ésta se comportaría como una semilla, que al estar viva, germinaría y produciría una gran cantidad de oro usando la materia prima como nutriente. Los alquimistas medievales, por su parte, creían que calentando sus mezclas, el pneuma *que éstas contenían se desprendería en forma de gas que, junto con otros vapores, podía atraparse y condensarse luego en alambiques. El líquido así obtenido, refinado y destilado sucesivamente centenares de veces (incluso durante años) acabaría siendo esencia de* pneuma *concentrada, purificada y extraordinariamente potente. Ésa era la mítica piedra filosofal. Añadida a la materia prima, podría, al menos en teoría, obligarla a adquirir su forma más perfecta, la del oro. Tomada como elixir, puesto que era la esencia de la fuerza vital, curaría cualquier enfermedad y proporcionaría la vida eterna.*

La falsificación de la piedra filosofal. Fraudes alquímicos

Una demostración de la fabricación de oro era la mejor manera que tenían los falsos alquimistas para probar que tenían un poco de la verdadera piedra filosofal. Muchos trucos ingeniosos se inventaron con este propósito, pero el método más convincente permitía al posible comprador ver con sus propios ojos la transmutación. Eso no era tan difícil como puede parecer. Una demostración impresionante, que se llevaba a cabo, sin duda, en un laboratorio apartado e improvisado, era la siguiente:

El supuesto alquimista vertía una pequeña cantidad de mercurio en un crisol (un recipiente de cerámica usado para fundir metales) y lo calentaba en un horno. Con ademán teatral, sacaba luego un pequeño tubo de polvo rojo, supuestamente la poderosa piedra *filosofal. Después de añadir una pizca de este polvo al mercurio (no más de lo que cabría en una cabeza de alfiler), agitaba la mezcla y continuaba aplicándole calor. Mientras que muchos procesos alquímicos tardaban semanas o meses, éste estaba listo en sólo unos minutos. Enseguida, el mercurio podía verse cambiando misteriosamente de color, y de plateado pasaba a ser dorado. Cuando se apartaba del fuego y se dejaba enfriar, se solidificaba en una pepita reluciente. Sorprendentemente, cualquier experto podía comprobar que esta nueva sustancia no sólo parecía oro, sino que era oro.*

El secreto de esta aparente transmutación era una inteligente combinación de química y truco. El mercurio tiene una temperatura de evaporación muy inferior a la del oro, eso es el hecho químico. El truco estaba en la barrita de aspecto inocente usada para mezclar los ingredientes. Aunque parecía una pieza sólida de metal negro, en realidad era un tubo hueco en el que el estafador había metido previamente una pequeña cantidad de oro en polvo. Un tapón de cera sellaba el extremo de la barrita y mantenía el oro dentro. Cuando se removía el mercurio caliente, la cera se fundía, el oro caía en el recipiente y se unía a la mezcla. Al aumentar la temperatura, el mercurio se evaporaba en el interior del horno y quedaba el oro y, tal vez, alguna traza de la supuesta piedra filosofal, que podía ser muy bien un poquito de tiza de color. La falsa piedra filosofal se vendía entonces a un precio adecuadamente elevado y el falso alquimista se esfumaba.

Poción

Las pociones, notables brebajes con sorprendentes ingredientes, siempre han sido una parte fundamental del equipo de un mago. Las **brujas** de la mitología clásica preparaban pociones que rejuvenecían, convertían a los hombres en animales y las hacían ellas mismas invisibles. Las leyendas medievales y los cuentos de hadas hablan de pociones para dormir, de amor, para olvidar y causar celos y peleas. Alicia, en su viaje por el País de las Maravillas, bebe una poción que reduce su tamaño y otra que la vuelve gigantesca. Y es también una poción lo que transforma a Harry y Ron, al menos en apariencia, en dos de las personas que menos aprecian: Crabbe y Goyle.

Las leyendas acerca del poder mágico de las pociones (del latín *potio*, que significa «bebida») proceden sin duda de los efectos que realmente tienen muchas sustancias sobre el cuerpo y la mente. Desde hace mucho se conocen y usan, tanto para curar como para hacer daño, tónicos que ayudan a dormir, producen alucinaciones, causan parálisis, aceleran o calman el ritmo del corazón, e intoxican o enturbian el cerebro. No cuesta imaginar que, con la combinación adecuada de ingredientes, una poción pueda lograr que el cuerpo cambie de forma o que quien la toma deje de sentir odio para sentir amor.

Lo sorprendente de muchas pociones, incluidas las del libro de recetas de Hogwarts, es los desagradables ingredientes que suelen contener. Esta venerable tradición se remonta a las antiguas Grecia y Roma, donde las verdaderas pociones, usadas como medicamentos y tam-

271

Las damas de la aristocracia tampoco desdeñaban la compra de pociones de amor, ya fuera para su uso particular o para casar bien a sus
vástagos.

bién por sus supuestos efectos mágicos, requerían cosas
como sangre de murciélago, polvo de escarabajo, **sapos**,
plumas, lagarto pulverizado, garras de pájaro y de otros
bichos, huesos de **serpiente** y entrañas animales, así como muchas clases de hierbas frescas o secas. Otros conocidos ingredientes, como inmortalizaron las brujas de
Shakespeare en *Macbeth*, son el ojo de tritón, el dedo de
rana, el vello de murciélago y la lengua de perro.

¿Por qué escarabajos? ¿Por qué sapos? Parece no haber una explicación para los ingredientes de muchas pociones que resulte válida para la mentalidad moderna.
Sin embargo, es evidente que el uso habitual de partes de

animales refleja la antigua creencia de que podían adquirirse las cualidades deseables de un animal comiéndoselo. Por ejemplo, puesto que se creía que los murciélagos eran capaces de ver en la oscuridad, beber una poción que contuviera murciélago u ojos de este animal (o untarse los ojos con sangre de murciélago) se suponía que iba a mejorar la visión. De igual modo, las patas de liebre daban velocidad, y la carne o el caparazón de una tortuga (que son muy longevas) prolongaba la vida. Ron y Harry aplican el mismo principio cuando añaden cabellos de Crabbe y Goyle a la poción «multijugos» para adquirir el aspecto de sus enemigos. (Una antigua superstición desaconseja dejar el cabello cortado o las uñas allí donde una **bruja** malévola o un **brujo** pueda encontrarlas y usarlas contra uno.) El frecuente uso de sapos en las pociones puede que tenga que ver con los verdaderos efectos de una desagradable sustancia que éstos secretan cuando están asustados, y debían de estarlo cuando iban camino del **caldero**. Esta sustancia tóxica, conocida también como «leche de sapo», puede causar alucinaciones y actuar sobre el corazón de manera parecida al digitalis, aumentando la fuerza de contracción del miocardio y disminuyendo al mismo tiempo la frecuencia de los latidos.

Actuar sobre el corazón, aunque de manera bastante distinta, es lo que pretenden las pociones de amor. También conocidas como filtros, estos brebajes (que están prohibidos en Hogwarts) eran parte de la tradición mágica desde la Antigüedad, cuando resultaban tan comunes como lo es hoy en día el chicle. Las pociones de amor que preparaban y vendían «mujeres sabias» y adivinadores tenían fama de conseguir que quien las tomaba se enamorara al instante de la persona que se las administraba. Las usaban sobre todo las mujeres, aunque no sólo ellas (los hombres preferían los **conjuros**), y había que verterlas en la bebida favorita del amado. Como de costumbre, los ingredientes eran estrambóticos; existe una receta que incluye huesos pulverizados de la parte izquierda de un sapo comido por las hormigas. En la antigua Roma, llegó a enfermar tanta gente por beber pociones de amor que los emperadores declararon ilegal la venta de filtros. Por lo visto, sirvió de poco, porque continuaron usándose durante siglos.

En la Edad Media, las pociones de amor eran más digestibles. Muchas se preparaban con hierbas en vez de con ingredientes animales. Una fórmula típica incluía naranjas, raíz de **mandrágora**, verbena y semilla de helecho mezcladas con agua, té o vino. Las pociones de amor empezaron a pasar de moda durante los siglos XVII y XVIII, cuando los **conjuros** y los **encantamientos** se convirtieron en los sistemas preferidos para cortejar usando la magia. Las pociones de amor actuales favoritas actúan de un modo distinto y se las conoce como perfumes.

Poltergeist

¿Te atormentan ruidos y cosas que caen durante la noche? Es posible que hayas heredado un *poltergeist*. Los también llamados «**fantasmas** ruidosos» (su nombre significa literalmente «espíritu que arma jaleo» en alemán) son unos de los espectros más molestos que hay. A diferencia de los fantasmas, las apariciones y otras

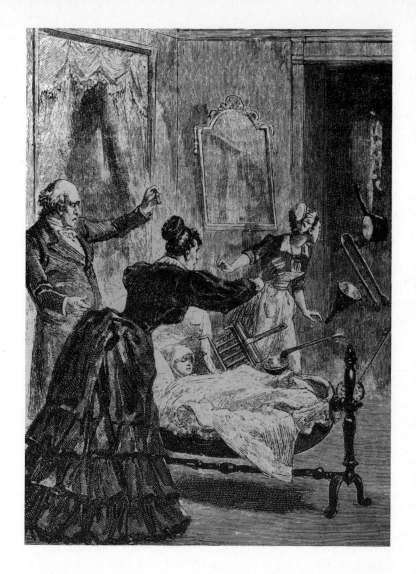

modalidades fantasmagóricas, los *poltergeist* no rondan por una casa o un edificio determinado; escogen a una persona en concreto, a la que siguen allá donde vaya. Sus víctimas suelen ser jóvenes, sobre todo adolescentes con fuertes poderes psíquicos para atraer a las fuerzas sobrenaturales.

Aunque quienes son molestados por el espíritu ruidoso de Hogwarts, Peeves *el Poltergeist*, pueden verlo, la mayoría de estos entes son invisibles. Anuncian su presencia con fuertes golpes o aporreando las paredes (de ahí su fama de ruidosos). Se sabe que algunos *poltergeist* particularmente violentos y de mal carácter vuelcan los muebles, encienden fuegos y lanzan a la gente por los aires al otro lado de una habitación. (Peeves parece ser el único al que le gustan los globos de agua.)

Hace 2.400 años que se cuentan historias de extraños ruidos, mesas y sillas que vuelan y otros fenómenos de tipo *poltergeist*. El político griego del siglo V d.C. Andócides, habla de un conocido suyo que «tiene un espíritu maligno en casa que vuelca la mesa». Unos quinientos años después, el gran historiador romano Suetonio escribió acerca de un desafortunado noble que fue «arrancado repentinamente de su lecho por una fuerza desconocida» y encontrado a la mañana siguiente «semiinconsciente en la puerta junto con las sábanas». Pero el término *poltergeist* no se consolidó hasta el siglo XIX.

Las opiniones acerca de la verdadera naturaleza de los *poltergeist* están divididas. Algunos investigadores aseguran que los *poltergeist* son en realidad «perturbaciones psíquicas» causadas por jóvenes de capacidades extraordinarias. Los escépticos opinan que esas perturbaciones no son más que patrañas de adolescentes con imaginación. Los creyentes insisten en que los fenómenos son genuinas manifestaciones de una variedad única de un fantasma infantil y mezquino. Cuán infantiles pueden ser algunos *poltergeist* queda claro en el popular cuento inglés del siglo XIX *El caso del fantasma de Stockwell*, en el que al espíritu en cuestión le gusta volcar barriles de cerveza y tirar huevos podridos a los gatos. No obstante, es mejor no subestimar nunca la malevolencia de un *poltergeist*. Más de uno ha incendiado casas con sus desafortunados habitantes dentro.

En los últimos años, los *poltergeist* han recibido una amplia cobertura en la televisión y las películas, y lugares supuestamente afectados por este fenómeno son comunes en toda Europa y Norteamérica. Por suerte, los fenómenos *poltergeist* duran sólo unos cuantos días y luego los molestos espíritus se desvanecen por sí solos.

Quiromancia

Si la palma izquierda de Harry es un indicio, entonces puede ser que le quede poco tiempo en este mundo. Al menos eso es lo que parece cuando la profesora Trelawney empieza su lección de quiromancia diciendo que Harry tiene la línea de la vida más corta que jamás ha visto. ¡Menudo tacto!

La quiromancia (del griego *khéir*, «mano», y *manteia*, «adivinación») es un complejo método de predicción del futuro y análisis del carácter basado en las líneas de la palma y en la forma, tamaño y textura de las manos. Este sistema de **adivinación** probablemente procede inicialmente de la India y tiene por lo menos cinco mil años de antigüedad. Se practicaba en la antigua China, Tibet, Persia, Mesopotamia y Egipto. Según la leyenda, el filósofo griego Aristóteles, que definía la mano como el «órgano principal» del cuerpo, enseñó quiromancia a su pupilo más famoso: Alejandro Magno. Se decía que Ju-

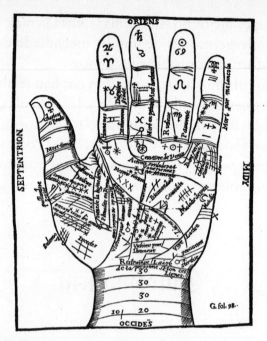

La lectura de las líneas de la mano podía ser muy complicada. Este detallado mapa de la palma de la mano, fechado en 1640, muestra la relación entre los signos del zodíaco y las líneas de la mano.

lio César se consideraba tan experto en el arte de descifrar las palmas que juzgaba a los hombres por el aspecto de sus manos.

Aunque los antiguos apreciaban el valor de la quiromancia, hasta el Renacimiento no se desarrollaron tratados sistemáticos acerca de este arte. El primer manual completo al respecto, *El arte de la quiromancia*, se publicó en Alemania en 1475, poco después de la invención de la imprenta. En este libro y en otros muchos que lo siguieron, los lectores encontraban dibujos detallados de la mano con el nombre y el significado concreto de cada línea, monte y valle de la palma. El análisis de estos detalles proporcionaba claves no sólo acerca del destino y el

278

carácter de una persona, sino también acerca de su propensión a padecer del corazón, del hígado o de otras enfermedades. En el siglo XVII, los cursos de quiromancia formaban parte del programa de estudios de varias universidades importantes.

La práctica de la quiromancia llegó a su punto culminante a finales del siglo XIX gracias al conde Louis Hamon, su más famoso practicante. Con el nombre artístico de Cheiro, Hamon realizaba en Londres miles de lecturas anuales, utilizando un sistema que su madre irlandesa le había enseñado. Su acierto le valió una gran reputación, y acudían a él clientes tan importantes como los reyes Eduardo VII y Eduardo VIII de Inglaterra, el rey Leopoldo de Bélgica, el zar Nicolás II de Rusia, Grover Cleveland, Thomas Edison, Mark Twain y Oscar Wilde. La afición a la quiromancia que el éxito de Hamon provocó no se ha perdido del todo, y los profesionales de la quiromancia todavía prosperan en buena parte de Europa y Estados Unidos.

Fundamentos de la quiromancia

Muchos quirománticos examinan ambas manos. Según se dice, la izquierda revela las características heredadas, mientras que la derecha indica las elecciones que se tomarán, y los éxitos y los fracasos que nos esperan. Cada línea y cada monte de la palma se estudia por separado, pero una lectura en profundidad tiene en cuenta el significado global de todos los aspectos de la mano.

Echa una ojeada a tus palmas y verás docenas de líneas, largas y cortas, marcadas y débiles. Muchos complicados sistemas de quiromancia atribuyen un signifi-

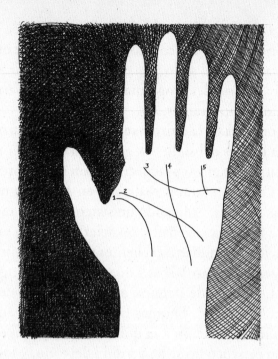

cado a cada línea, así como a la distancia entre éstas y al modo en que se entrecruzan. Sin embargo, todos ellos reconocen unas cuantas líneas fundamentales:

1. La línea de la vida: contrariamente a lo que se cree (y a lo que insinúa la profesora Trelawney), esta línea no indica la longevidad, sino que da una idea general acerca de la vitalidad y la calidad de vida del sujeto. Una marcada curva descendente, aunque sea corta, indica fortaleza física; una línea relativamente recta indica poca resistencia.

2. La línea de la inteligencia: refleja las dotes intelectuales de una persona. Revela su potencial creativo, su capacidad de concentración y su habilidad para resolver problemas. Si es larga indica la capacidad de centrarse en los objetivos deseados.

3. LA LÍNEA DEL CORAZÓN: es la clave para comprender las emociones. Revela el modo en que el sujeto se relaciona con los demás y sus expectativas respecto al amor.

4. LA LÍNEA DE LA FORTUNA: indica el grado de control que uno tiene sobre su propia vida y las circunstancias. También revela cuán bien se afrontan las responsabilidades y se hace uso de los talentos innatos.

5. LA LÍNEA DE APOLO: llamada algunas veces la línea del Sol, da idea del grado de satisfacción personal. No todo el mundo la tiene, pero cuando está presente indica la capacidad de disfrutar de la vida y conseguir satisfacción del trabajo. En algunos métodos, una línea de Apolo larga indica buena suerte.

Runas

Si te interesa aprender el abc de la magia, puedes inscribirte en una clase sobre antiguas runas en Hogwarts. Las runas, una serie de caracteres y símbolos extraídos del primer alfabeto germánico conocido, siempre se han asociado a la **magia** y el misterio. De hecho, la palabra runa significa «misterio» o «secreto» en danés.

Según la antigua leyenda alemana, las primeras runas fueron descubiertas por el dios noruego Odín, quien sufrió con valor un doloroso ritual de sacrificio en su búsqueda del conocimiento. Después de atravesar su costado con una lanza, Odín permaneció colgado nueve días

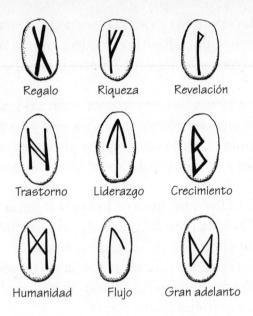

Regalo   Riqueza   Revelación

Trastorno   Liderazgo   Crecimiento

Humanidad   Flujo   Gran adelanto

Algunas runas nórdicas y su interpretación tradicional.

de las ramas del árbol escandinavo de la vida. A medida que su cuerpo se movía con el viento, algunas ramitas se desgajaron y fueron cayendo al suelo, donde dibujaron formas parecidas al alfabeto rúnico.

Por supuesto, las pruebas históricas dibujan un panorama algo diferente: por lo visto las runas fueron inventadas por los mortales en Dinamarca o en Suecia, hacia el año 200 d.C. Las runas germánicas más antiguas (conocidas como runas *futhark*) eran muy rudimentarias y a menudo consistían en apenas unas líneas rectas combinadas de diferentes formas. Se usaban para diversos propósitos que nada tenían que ver con la magia, como escribir cartas, dar instrucciones e identificar a los dueños de una propiedad. Una de las inscripciones rúni-

Echar las runas

La antigua práctica de utilizar runas para predecir el futuro experimentó un notable resurgimiento en el siglo pasado. Cuando los vikingos y los anglosajones usaban runas para la adivinación, empezaron a tallar símbolos rúnicos en finas tiras de madera procedente de ramas de árboles frutales. Estas tiras eran lanzadas al azar sobre un trapo blanco y limpio; luego el maestro de runas escogía tres (mientras miraba hacia el cielo para recibir la inspiración divina) e interpretaba su significado. Hoy día, un aspirante a adivino puede conseguir un lote de entre 16 y 33 «piedras rúnicas»: piezas redondas u oblongas de piedra o arcilla con caracteres rúnicos inscritos. En el moderno sistema de adivinación con runas, las piedras se mezclan en una bolsa y se echan luego sobre una superficie plana. Algunos lectores de runas interpretan todas las piedras que quedan boca arriba. Otros cierran los ojos y escogen sólo tres, que representan el pasado, el presente y el futuro. Mientras que algunos adivinos basan sus lecturas exclusivamente en lo que los entendidos saben acerca del antiguo significado de los símbolos, muchos han inventado su propio método de interpretación.

cas más conocidas, la piedra rúnica sueca Sigurd, conmemora la construcción de un puente.

Ya desde sus comienzos, sin embargo, se daba a las runas un significado mágico. Los vikingos y otros pueblos germánicos las usaban como instrumentos de **adivinación**, y talladas en las espadas los hacían invencibles en la batalla; las inscribían en **amuletos** de piedra para protegerse de las enfermedades y de la hechicería, y las cincelaban en las lápidas para disuadir a los ladrones de tumbas. A partir del 450 d.C., las runas también adquirieron popularidad en Inglaterra, donde los **magos** anglosajones las usaban para hacer **amuletos** y predecir el futuro.

Hasta hoy, han sido encontradas más de cuatro mil inscripciones rúnicas en Suecia, Noruega, Dinamarca e Inglaterra, la mayoría del período de esplendor vikingo, hacia el 800 d.C. Se han hallado runas no sólo en armas, amuletos y lápidas, sino también en monedas, joyas y en unas misteriosas tablas de madera. Incluso hay algunas inscritas en el borde del mágico pensadero del profesor Dumbledore.

Lamentablemente, la popularidad del alfabeto latino hizo que la escritura rúnica decayera de manera drástica durante el último milenio. Hoy día, a pesar de los esfuerzos de instituciones como Hogwarts, sólo un puñado de brujos y *muggles* son capaces todavía de leer los misteriosos caracteres que tanto costaron al pobre Odín.

Salamandra

Muchos sabemos que la salamandra es un bonito y pequeño anfibio de vivos colores con el que podemos encontrarnos mientras paseamos por el bosque. Si has visto

alguna, probablemente te has parado un momento a contemplarla y luego has continuado tu camino sin prestarle más atención. En siglos pasados, sin embargo, estas pequeñas criaturas parecidas a lagartos despertaban exclamaciones de placer y asombro. Las salamandras de antes, como las que lleva Hagrid a la clase de Cuidado de Criaturas Mágicas, tenían fama de juguetear entre las llamas sin quemarse. Según la leyenda, no sólo podían salir del fuego sin chamuscarse, sino que el contacto de su piel helada llegaba incluso a extinguir las llamas.

Las propiedades ignífugas de la maravillosa salamandra se debatían con entusiasmo en las antiguas Grecia y Roma. En su *Historia natural*, Plinio el Viejo cuenta que la valiente salamandra estaba tan fascinada por la visión del fuego que podía lanzarse a las llamas como para derrotar al enemigo. Algunos individuos más imaginativos insinuaban que las salamandras podían acudir al rescate cuando una casa se estaba quemando. Otros pensadores de la Antigüedad, sin embargo, consideraban con escepticismo estas ideas y prefirieron experimentar un poco. El médico romano Galeno, y otros como él, hablaban de agarrar salamandras desprevenidas, arrojarlas a las llamas y verlas achicharrarse.

A pesar de los resultados de varios de estos experimentos, la creencia de que la salamandra era inmune al fuego se mantuvo hasta bien entrado el Renacimiento. Se vendía entonces, a un precio astronómico, una tela de «lana de salamandra» que, según se decía, era incombustible. Esta tela se usaba en la confección de prendas para quienes se dedicaban a oficios que obligaban a acercarse a las llamas y en la fabricación de envoltorios para mandar cosas valiosas (e inflamables). Aunque no existe la lana de salamandra (las salamandras nunca han sido peludas), los compradores de esta tela no iban del todo desencaminados. El material era realmente resistente al fuego. Por lo visto, los comerciantes descubrieron que el producto alcanzaba un precio más elevado si decían que procedía del legendario «lagarto» y ocultaban su verdadera fuente: el amianto, un mineral.

Aunque no es cierto que las salamandras sobrevivan al fuego, está bastante claro de dónde surgió esta creencia. Se ha visto realmente a las salamandras correteando sobre las cenizas. Eso se debe a que a estas criaturas les gusta hibernar en viejos troncos o leños. Cuando los leños van a parar a la chimenea, allá van también las salamandras que viven en ellos. Despertadas de su letargo de este modo tan desagradable, a veces son capaces de escapar de las llamas, protegidas durante uno o dos segundos por las secreciones naturales de su piel. Aunque un hecho así nada tiene de milagroso, le ha valido a la salamandra un lugar en la imaginación popular y en el diccionario: además de un pequeño anfibio, la salamandra es «una estufa de carbón de combustión lenta, de forma cuadrada».

Sapo

Harry tiene a *Hedwig*, Hermione tiene a *Crookshanks* y a Nevill lo acompaña su querido sapo *Trevor*. Al igual que sucede con las **lechuzas** y los gatos, desde tiempos inmemoriales la tradición popular relaciona a los sapos con las **brujas** y los **hechiceros**. Aunque no hay duda de que *Trevor* es un compañero encantador, la mayoría de los sapos tienen la reputación de ser bastante desagradables.

Durante los años de la **caza de brujas**, en la Escocia y la Inglaterra del siglo XVII, se decía que las brujas tenían espíritus aliados en forma de sapo: **demonios** disfrazados de animales que podían ser enviados a realizar cualquier fechoría para sus amas. Después de todo, ¿no era más fácil para un sapo que para una bruja colarse en el pozo de un vecino y envenenar el agua, o colocar a escondidas un **encantamiento** maligno bajo la almohada de su víctima? También corría el rumor de que los sapos desempeñaban un papel importante en la ceremonia de iniciación de las nuevas brujas, que debían alimentar o besar sapos como parte del

Según la creencia popular, las brujas vestían a sus sapos mascota con diminutas capas y les colgaban cascabeles de las ancas. Parece ser que a estos sapos les gustaba la ropa elegante.

proceso de declaración de lealtad al diablo. En ocasiones se decía que las propias brujas se transformaban en sapos.

Durante las declaraciones en los juicios por brujería, algunos testigos aseguraban haber visto a brujas bautizando y dando nombre a sus sapos, vistiéndolos de terciopelo negro o escarlata y atándoles campanillas a las patas. Tantos cuidados sugieren que las brujas estaban muy unidas a sus mascotas, y que mucha gente, por aquel entonces, consideraba arriesgado hacer daño a un sapo, por si era el compinche de una bruja. Un cuento de Somerset, Inglaterra, narra cómo una anciana salió a pasear con sus tres mascotas, los sapos *Duke, Dick* y *Merryboy*, en una cesta. Cuando se paró a mirar a tres

Piedras de sapo

¿No puedes permitirte comprar un diamante?
¿Qué me dices entonces de una piedra de sapo? Estas
piedras, grises o pardas, puede que no brillen al sol, pe-
ro según la leyenda estos objetos mágicos cambian de
color o de temperatura en presencia de un veneno. Las
piedras de sapo, que normalmente se engarzaban en
anillos y otras joyas, eran muy populares en la Edad
Media, y se creía que procedían del interior de la cabe-
za de sapos muy viejos.

Según la tradición, una piedra de sapo podía ex-
traerse de la cabeza de un sapo si era necesario, aunque
el animal vomitaba amablemente su tesoro si se le pedía.
Si alguien te regalaba un anillo con una piedra de sapo,
podías comprobar si la piedra era auténtica colocándola
ante un sapo. Si saltaba hacia delante, era auténtica; si se
daba la vuelta desdeñoso, era un fraude. (En realidad,
las piedras de sapo no son más que piedras vulgares va-
gamente parecidas a un sapo por su forma y color.)

Además de servir como detectores de venenos, las
piedras de sapo eran apreciados **talismanes** *para atraer*
la felicidad perfecta y la victoria en la batalla. Tam-
bién se usaban como **amuleto** *para proteger las casas*
y los barcos de cualquier daño, y se creía que tenían
propiedades curativas contra las mordeduras y las pi-
caduras.

granjeros que segaban trigo, uno se escapó y saltó frente
a la guadaña de uno de los hombres. Riendo, el granjero dejó caer la hoja sobre el sapo y lo mató. «¡Ya veréis!

—les gritó la mujer—. ¡Ninguno de vosotros terminará el trabajo hoy!» Al cabo de unos instantes, el primer granjero se hizo un corte en la mano con la guadaña. El segundo no tardó en cortar la puntera de una de sus botas con la hoja y luego el tercero se cortó la bota de parte a parte. Asustados, los granjeros abandonaron el campo, sin acabar el trabajo del día.

Ahora bien, según algunas tradiciones populares, la relación entre los sapos y las brujas no ha sido siempre tan buena. Cualquier sapo que no tuviera la suerte de ser adoptado como mascota se convertía en un potencial ingrediente para preparar **pociones** y lanzar **conjuros**. Para acabar con un enemigo, una bruja podía bautizar un sapo con el nombre de éste y luego matar al bicho de un modo especialmente desagradable. Se suponía que estuviera donde estuviese, la víctima humana sufría el mismo destino. Para hacerse invisibles, se rumoreaba que las brujas se untaban una loción de saliva de sapo mezclada con savia de cardo.

La idea, muy extendida, de que los sapos eran ingredientes básicos de las pociones nocivas probablemente tenía su origen en el hecho de que estas criaturas segregan un veneno poco potente cuando se asustan. Los efectos de este mecanismo natural de defensa solían exagerarse. Prueba de ello es la afirmación de Elianos, un escritor romano del siglo III, el cual aseguraba que beber vino mezclado con sangre de sapo causaba la muerte instantánea. En 1591, un grupo de brujas confesas admitieron su intención de asesinar al rey Jaime VI de Escocia empapando una de sus prendas de vestir con el veneno de un sapo negro. El complot fracasó, decían, porque habían sido incapaces de conseguir la prenda adecuada. Pero insistían en que si hubieran tenido éxito, el rey habría sufrido una terrible agonía. (En vez de eso vivió para convertirse en el rey de Inglaterra y escribir su *Demonología*, un libro que apoyaba la persecución sistemática de brujas.)

Como resultado de la prolongada asociación entre sapos y brujería, la proximidad de estos animales se consideraba un riesgo. Incluso algunas personas, en una época tan cercana como el siglo XVIII, creían que el simple hecho de mirar a uno de estos pequeños anfibios resultaba peligroso, porque causaba desfallecimientos repentinos, palpitaciones y convulsiones. También se decía que los sapos mordían al ganado y a otros animales, causándoles enfermedades. Pero deshacerse de esta plaga no era tarea fácil. Incluso si no había brujas por los alrededores, uno dudaba antes de matar un sapo, puesto que se creía que hacerlo desencadenaba tormentas eléctricas. Y si se te ocurría simplemente trasladar a estas criaturas, bueno, mejor no tocarlas con las manos, porque podían salirte verrugas.

Serpiente

Cuando los compañeros de Harry descubren que puede hablar con las serpientes, muchos se horrorizan y sospechan lo peor: que Harry es en realidad un **brujo** oscuro. Después de todo, en la comunidad de los brujos las serpientes son prácticamente un sinónimo del Diablo. La Marca Oscura, símbolo de los mortífagos, consiste en una lengua de serpiente que sale de la boca de una calavera humana; el emblema de Slytherin, la casa que aparentemente a más entusiastas de las **artes oscuras** acoge, es una serpiente, y lord Voldemort se nutrió del veneno de su viperina compañera *Nagini*. Pero cabe la posibilidad de que sólo hayamos oído la mitad de la historia respecto a las serpientes, y de por qué Harry puede charlar con tanta facilidad con una boa constrictor u ordenar a una serpiente agresiva que se comporte. En culturas de todo el mundo, las serpientes han sido tenidas en gran estima y se las ha relacionado no sólo con el Diablo, sino también con la sabiduría, la inteligencia y la curación.

La fascinación humana por las serpientes es muy anterior al lenguaje escrito, se remonta a la época de las primeras pinturas y tallas que se han conservado en rocas y en cuevas. Muchos han sido los cultos dedicados a las serpientes, más que a ningún otro animal. En distintas épocas fueron sagradas en el norte de Europa, para los aztecas centroamericanos y para las tribus del oeste de África, así como para los pueblos de Oriente Medio, de la cuenca mediterránea, de China y de la India. En la India, las *nagini* son unas serpientes que se representan como mujeres hermosas con cabeza de serpiente o rodeadas de serpientes enroscadas. La serpiente de Voldemort comparte el nombre con estos benignos seres, de quienes se cree que protegen contra toda clase de peligros, incluidas las picaduras de serpiente.

Incluso cuando se las veneraba, las serpientes eran, sin embargo, temidas. Serpientes perversas y engañosas formaban parte de muchos mitos egipcios. En el *Libro de los muertos* del antiguo Egipto, la monstruosa serpiente Apofis aparece con frecuencia como un agresivo y traicionero instrumento del mal. Conocida como «el demonio de la oscuridad», Apofis mantenía una permanente batalla con Ra, el dios del Sol, y el amanecer y el crepúsculo marcaban las sucesivas derrotas de la enemiga de Ra. En la mitología escandinava, la serpiente *Nidhogg*, también conocida como la Pavorosa Mordedora, vive a los pies del Árbol de la Vida, royéndolo continuamente, y representa los poderes malignos del universo. La serpiente más malévola de Occidente es la del Génesis del Antiguo Testamento: la responsable de que Adán y Eva fueran expulsados del Paraíso. En otros pasajes de la Biblia, las serpientes aparecen con frecuencia como algo peligroso y terrorífico, y en la tradición judeocristiana, la serpiente ha seguido siendo el símbolo del Diablo, mientras que para los musulmanes simboliza la perdición humana.

A pesar de esta poderosa asociación de las serpientes con el mal, se les han atribuido a menudo cualidades nobles en los mitos, el folklore y la religión. Los egipcios, que las temían, reverenciaban a la cobra como depositaria de la sabiduría suprema. La diosa Madre de Creta, protectora del hogar, aparece en las monedas acariciando una serpiente. En muchas sociedades agrícolas, las serpientes eran un símbolo de fertilidad y la clave de una buena cosecha. (Por una buena razón: se comían los roedores que habrían dado buena cuenta de los cereales.) Para los antiguos griegos, la serpiente enroscada alrededor de la vara

La conocida silueta circular de una serpiente que se muerde la cola, llamada ouroboros, simboliza las cualidades positivas que casi todas las culturas primitivas otorgaban a las serpientes. Se dice que esta imagen representa el ciclo eterno de la vida, muerte y renacimiento.

de Asclepio, el dios de la medicina, simbolizaba la curación (véase **varita mágica**). Los ciudadanos de Roma tenían serpientes como mascota y los **amuletos** tallados en forma de serpiente eran muy populares. Debido a que cambia de piel, la serpiente se asocia en casi todo el mundo con el renacimiento y la renovación.

Posiblemente porque la mayoría tenemos muy poco contacto con estos animales, incluso sus características más básicas son poco conocidas. Por ejemplo, cuando Harry habla con las serpientes, está haciendo algo verdaderamente raro, porque estos reptiles no tienen orejas ni pueden oír como los humanos u otros animales, aunque son muy sensibles a las vibraciones sonoras. La inmensa mayoría de las serpientes son inofensivas. De las 2.700 clases de serpientes que existen en el mundo, sólo 400 son venenosas, y menos de 50 especies representan un verdadero peligro para los humanos. Sin embargo, mucha gente les tiene tanto pánico a estos casi siempre amables reptiles, que siente escalofríos ante su simple mención.

El silbido de la serpiente, sus movimientos sigilosos y su inexpresividad le han valido la fama de misteriosa e inescrutable. Escurridiza y sinuosa (aunque no viscosa), la serpiente aparece y desaparece silenciosamente, sin previo aviso. Muchas pueden emitir silbidos penetrantes, hincharse o despedir malos olores y, por supuesto, la capacidad que tienen algunas para matar con venenos letales o con un abrazo fatal es una buena razón para que la gente evite encontrarse con ellas.

Dado que tanta gente siente terror por las serpientes, no es extraño que éstas guarden lugares importantes, como cuevas de tesoros, manantiales que dan la vida o la Cámara de los Secretos de Hogwarts. Eso también explica por qué miles de personas normales y corrientes de todo el mundo tienen toda clase de serpientes, tanto inofensivas como mortales, por mascota. No podemos decir que haya algo de cierto en la leyenda inglesa que dice que tener una piel de serpiente en casa evita que se cuelen dentro los reptiles. Pero, desde luego, una serpiente viva en el salón es una excelente manera de mantener a raya a los visitantes indeseados.

Sibila

La profesora Trelawney, maestra de **Adivinación** de Hogwarts, se llama Sibyl (Sibila). En la mitología griega y romana, las sibilas eran mujeres conocidas por su capacidad para entrar en trance y predecir el futuro. De hecho, la propia profesora Trelawney estaba en trance la única vez que, según recordamos, realizó una predicción acertada.

Según la leyenda, en el mundo antiguo había diez sibilas, repartidas por Egipto, Babilonia, Persia, Libia y Grecia. Cada una tenía un nombre diferente, pero todas ellas eran llamadas sibilas en honor a la profetisa original de la leyenda griega, Sibila, de quien se decía que era hija de Zeus. Mientras que la mayoría de los adivinos trabajaban por encargo, las sibilas realizaban sus profecías cuando estaban inspiradas y solían escribir sus predicciones en hojas. Las sibilas profetizaban guerras, tormentas peligrosas y el esplendor y la caída de gobernantes e imperios.

La sibila más famosa fue Amaltea, conocida como la sibila de Cumas, sacerdotisa del dios griego Apolo. En

Aunque las sibilas fueron originalmente descritas como mujeres salvajes que moraban en cuevas, muchos artistas preferían representarlas como hermosas figuras clásicas.

una leyenda relatada por el escritor romano Ovidio, Apolo se enamoró de ella y le prometió cuanto deseara. La sibila señaló un montón de arena y pidió un año de vida por cada grano. Apolo se lo concedió. Sin embargo, ella olvidó pedir la eterna juventud (un error que cometieron algunos otros personajes de la mitología griega) y por consiguiente, fue envejeciendo y debilitándose progresivamente. Finalmente se instaló en una cueva subterránea en Cumas, cerca de Nápoles, en Italia, donde vivió mil años.

Otra leyenda cuenta lo que sucedió cuando la sibila de

Cumas se acercó a Tarquino, el último rey de Roma, y se ofreció a venderle nueve volúmenes de sus profecías, que contenían el futuro de Roma y el destino del Imperio. Tarquino encontró que le pedía un precio excesivo y se negó a pagarlo, esperando tal vez que ella regateara. En lugar de eso, la sibila quemó tres de los libros. Al cabo de un año volvió y le ofreció los seis libros restantes al mismo precio. Rechazada de nuevo su oferta, quemó tres más y, un año después, le ofreció los últimos tres libros, siempre al mismo precio. Derrotado, Tarquino compró los libros y Amaltea no volvió a ser vista jamás.

La historia de la sibila de Cumas es un mito, pero las profecías que se le atribuyen existen realmente. Alguien desconocido las escribió en forma de acertijos sobre hojas de palma que cosió luego en libros. Estas colecciones, que recogen tanto predicciones como consejos para apaciguar a los dioses en las épocas de penuria, fueron consultadas por el Senado romano durante siglos, hasta que resultaron destruidas durante un incendio en el año 83 a.C. Luego, el Senado romano envió emisarios a recoger profecías de los oráculos de Sicilia y Asia Menor. Estas profecías se guardaron en el templo romano de Apolo hasta que en el año 408 d.C., el edificio fue destruido durante una batalla.

Mucho después de la desaparición de los libros proféticos, la sibila de Cumas continuaba fascinando a la gente. Durante la Edad Media, los escritores cristianos reinterpretaron y añadieron cosas a sus profecías, hasta que pareció que había predicho la llegada de Jesucristo. Su importancia creció hasta igualar a los profetas del Antiguo Testamento, un hecho del que ha quedado una prueba muy bella: Miguel Ángel la incluyó a ella y a cuatro sibilas más en el techo de la Capilla Sixtina.

Sirena/Tritón

Nos sorprendió tanto como a Harry enterarnos de que las sirenas y tritones de piel gris y ojos amarillos del fondo del lago de Hogwarts son parientes de la bella sirena rubia cuyo retrato decora el baño de los prefectos. Como muestran estas distintas visiones, la conocida «belleza» no es sino uno de los miembros de la familia de los habitantes del agua, una población formada no sólo por sirenas y tritones, sino por docenas de parientes de todo el mundo, entre ellos: la sirena de Cornualles; los *merrow* de Irlanda; los hombres azules de Escocia; el *neck*, el *havfrue* y el *havmand* de Escandinavia; el *meerfrau*, el *nix*, el *nixe* y la *lorelei* de Alemania, y la *rusalka* rusa. Como sucede con los humanos, hay habitantes acuáticos de todas las formas y tamaños; algunos son amables, otros malignos, algunos son bellos y otros espantosos. De hecho, por lo visto su único rasgo común es que tienen forma humana de cintura para arriba y cola de pez de cintura para abajo.

Los primeros habitantes de las aguas fueron dioses y diosas de las antiguas civilizaciones. Ea (Oammes en griego) era un dios marino que los babilonios empezaron a venerar sobre el año 5000 a.C. Se le atribuye el haber enseñado a los babilonios todas las artes y las ciencias, y haberlos civilizado en una época de la historia en la que no existían leyes y las personas se comportaban a menudo como animales. La primera hembra de la especie era una diosa conocida como Atagartis por los sirios y como Derceto por los filisteos. Como gobernaba los mares, los sacerdotes de su templo tenían un negocio muy lucrativo: ¡vendían licencias de pesca a los feligreses!

La conocida imagen de la sirena bella y de larga melena tiene su origen en la Edad Media. Se la describe generalmente sentada sobre una roca, cantando una dulce melodía irresistible, mientras se peina y se contempla en un espejo. Diversas teorías han intentado explicar la obsesión de las sirenas por el acicalamiento. Algunos creen que es porque un artista desconocido, al copiar una imagen desgastada por los años, cometió algunos errores, y todos los artistas posteriores los repitieron. Según esta teoría, el «peine» podría haber sido en realidad un plectro (una púa usada para tañer un instrumento de cuerda), mientras que el «espejo» habría sido el instrumento, posiblemente una lira. Otra explicación es que el espejo y el peine simbolizan la vanidad y la belleza femeninas, rasgos que se creía que llevaban a los hombres a la perdición.

A pesar de su agradable apariencia, la sirena era a menudo presentada como una hechicera que arrastraba a los marineros hacia la muerte con su belleza y su música, y que retenía prisioneras bajo las olas las almas de sus víctimas. Las sirenas más malignas llegaban incluso a comerse a sus presas humanas. Ver una sirena se consideraba un terrible augurio. Su presencia anunciaba tormenta, naufragio y ahogamiento. Y además de causar desastres naturales, una sirena que se sintiera ofendida, herida o fuera rechazada, podía volver loco al responsable, ahogarlo o arrasar a su familia, su casa y su pueblo entero.

Por suerte, no todas las sirenas se comportaban de manera tan perversa. Se creía que algunas poseían vastos conocimientos sobre medicina y que era posible convencerlas de que los usaran para curar a los humanos. Sus habilidades sobrenaturales les permitían predecir tormentas, ver el futuro, conceder deseos y sacar a la superficie tesoros hundidos. A causa de estos poderes, las sirenas de las fábulas eran capturadas por los humanos, y obligadas a conceder deseos y a compartir sus conocimientos. Atrapar a una sirena no era tan difícil como puede parecer. Sólo había que robar una de sus pertenencias: el peine o el espejo, o tal vez el cinturón o el gorro que algunas veces llevaban. Una vez capturada, una sirena no podía escapar a menos que recobrase el objeto que le habían robado.

Las sirenas también eran codiciadas por hombres que deseaban casarse con estas bellas y encantadoras mujeres. Convenientemente, se decía que las sirenas deseaban maridos humanos no sólo por amor, sino para conseguir un alma, algo de lo que carecían todos los habitantes de las aguas. Si las sirenas podían obtener o no la eterna salvación mediante esos «matrimonios mixtos» fue una cuestión que la Iglesia medieval debatió. De todas formas, según la leyenda, los hijos de tales matrimonios podían ser identificados porque tenían las manos y los pies palmeados, pero por lo demás, eran indistinguibles de los niños humanos.

También hay historias de matrimonios entre tritones y mujeres humanas, pero son menos frecuentes, seguramente porque, a diferencia de sus compañeras femeninas, los tritones son famosos por su fealdad. Algunas culturas describen grandes diferencias entre los tritones y las sirenas, y aseguran que éstos odian a los humanos, no desean tener alma, son maridos brutales e incluso que llegan a comerse a sus propios hijos.

A pesar de que durante siglos se creyó en su existencia, nunca ha sido vista ninguna criatura de las aguas. Desde la época medieval y hasta hace poco, muchos caballeros respetables han afirmado haber avistado sirenas, entre ellos marineros a las órdenes de Cristóbal Colón y Henry Hudson, pero nunca se han aportado pruebas físicas. Algunos estafadores con iniciativa han exhibido supuestas sirenas, pero todas han resultado ser un fraude. P. T. Barnum, por ejemplo, construyó la «sirena Feejee» cosiendo la parte superior de un mono a la parte inferior de un gran pez. En cuanto a los avistamientos de sirenas relatados por ciudadanos respetables, los entendidos los atribuyen a la confusión con focas, morsas, manatíes o *dugondgs* (los parientes asiáticos del manatí americano). Todos estos animales flotan erguidos con frecuencia y amamantan a sus cachorros como las madres humanas. Desde luego, si has visto alguna de estas criaturas, sabes que no es fácil confundirlas con la bella mujer mítica que canta y se peina. Pero quienes más a menudo veían «sirenas» eran los marineros que se pasaban en alta mar meses o años. Así que tal vez no sea tan difícil comprender por qué sus ojos los recompensaban con la imagen de una bella mujer en lugar de con la de otro *dugong* regordete.

Familiares de las sirenas

Muchos seres sobrenaturales del folklore y la mitología están estrechamente asociados con el agua. Las más conocidas de estas criaturas son las náyades, las sirenas de la mitología griega y las selkies. Aunque se las confunda a menudo con las sirenas, cada una posee rasgos distintivos remarcables.

Las náyades pertenecen a la mitología griega y constituyen una de las tres clases principales de ninfas acuáticas. (Las otras dos son las nereidas, que vivían en el mar Mediterráneo, y las oceánides, que habitaban los océanos.) Las náyades viven en el agua fresca de ríos, lagos, fuentes y manantiales. Antiguamente, se creía que en cada gran manantial residía una náyade, que daba al agua poderes curativos o proféticos particulares. La gente podía beber del manantial, pero bañarse en él estaba prohibido. Los que no respetaban esta prohibición eran castigados con enfermedades o se volvían locos. Aunque las náyades vivían sólo en el agua, tenían aspecto humano y no poseían ni cola ni aletas como las sirenas.

Las sirenas de la mitología griega, como las náyades, tenían su hogar en los ríos. Sin embargo, cuando ofendieron a la diosa Afrodita, ésta las transformó en criaturas malévolas con cuerpo de pájaro y cabeza de mujer. Entonces se marcharon a vivir a una isla deshabitada cerca de la costa meridional de Italia. A pesar de sus diferencias anatómicas, estas sirenas se confunden a menudo con las otras, porque poseen similares dotes musicales. Los marineros que pasaban junto a la isla de las sirenas y oían su bello canto eran atraídos inevitablemente hacia los escollos y lanzados contra las rocas. Según la leyenda, el héroe Ulises fue capaz de es-

capar de este destino ordenando a sus hombres que se taparan los oídos con cera y lo ataran al mástil de su barco mientras éste navegaba frente a la isla de las sirenas.

Las selkies son criaturas parecidas a las focas, y se dice que viven cerca de las islas de Orkney y Shetland. Las hembras son capaces de despojarse de la piel de foca y alcanzar la orilla en la forma de una bella mujer. Si un hombre encuentra la piel, puede obligar a la mujer-selkie a casarse. Si ella consigue recuperar su piel, volverá al mar, dejando atrás a su esposo y a sus hijos. Como las sirenas, las selkies se vengan de cualquier insulto o daño desatando tormentas o hundiendo barcos.

Sueños

Hay personas a las que les cuesta mucho recordar lo que sueñan, pero para Harry eso nunca ha sido un problema. Tanto si está profundamente dormido en Privet Drive como si está dando cabezadas durante la clase de la profesora Trelawney, Harry siempre tiene sueños que le dan mucho que pensar durante las horas de vigilia. Son sueños vívidos y terroríficos; algunos parecen predecir peligros futuros, otros son visiones no deseadas de acontecimientos que están sucediendo en el mismo momento en que sueña. Por lo tanto, no es fácil olvidarse de esas pesadillas.

Desde la Biblia hasta los poemas épicos de la India, en los escritos antiguos se percibe que la gente siempre se ha sentido fascinada por los sueños. En la Antigüedad se creía que los sueños contenían información valiosa, muchas veces bajo la forma de predicciones sobre el futuro del que sueña, de su familia, de su aldea o, especialmente si el que sueña es un rey, sobre el destino de la nación entera. A veces se entiende muy bien el mensaje de un sueño, como le pasa a Harry con muchos de sus sueños más intensos y escalofriantes. Pero a menudo, el significado de los sueños está oculto o velado, y es necesario que los interprete un experto.

La interpretación de los sueños, también llamada oniromancia (del griego *oneiros*, que significa «sueño», y *mancia*, que significa «profecía»), es uno de los sistemas más antiguos de **adivinación**. En épocas remotas se consideraba un trabajo de profesionales, que solían ser sacerdotes o sacerdotisas, o cualquier otra persona a la que se conociera como intérprete de sueños. Su misión era escuchar los sueños de la gente y explicar su significado, a veces ofreciendo después algún consejo sobre lo que el consultante debía hacer. Sistemas de interpretación de los sueños aparecen ya en los escritos más antiguos de la historia: los mitos que tienen como protagonista al rey Gilgamesh, el héroe asirio, que se registraron sobre tablillas de barro alrededor del siglo VII a.C. En el antiguo Egipto se conocía a los intérpretes de sueños como «los hombres cultos de la biblioteca mágica» y residían en templos donde se adoraba al dios de los sueños, Serapis.

Se designaban lugares especiales no sólo para la interpretación de los sueños, sino también para el mismo acto de soñar. Mucha gente esperaba que las soluciones a sus problemas, que se les escapaban durante las horas de vigilia, les serían reveladas durante un sueño enviado por los dioses, siempre que se siguieran los procesos correctos.

Se sabe que, en sus esfuerzos por recibir sueños útiles, los antiguos egipcios dormían a la sombra de la Gran **Esfinge** o en alguno de los templos de Serapis. En el caso de que la persona necesitada de un sueño no pudiera hacer el viaje por sí misma, era aceptable contratar a un durmiente sustituto para que durmiera en el templo y ¡soñara en nombre del que le había contratado! Del mismo modo, un ciudadano de la antigua Grecia que necesitara encontrar un remedio para su salud podía viajar a uno de los muchos templos dedicados a Asclepio, el dios de la medicina, con la esperanza de recibir un sueño en que se le diagnosticara su enfermedad y se le sugiriera una cura. En el Japón medieval, un peregrino podía quedarse más de cien días en un lugar sagrado dedicado a los sueños, siguiendo una dieta rigurosa y un horario rígido de rezos, con la esperanza de recibir un sueño revelador.

La investigación del significado de los sueños se simplificó cuando se extendió el acceso a los libros que trataban este tema. La primera guía exhaustiva sobre los sueños fue la *Oneirocritica*, o *La interpretación de los sueños*, escrita en el siglo II d.C. por el intérprete de sueños griego Artemidorous de Daldis. Esta obra contenía el significado de cientos de sueños diferentes y símbolos oníricos, y fue el libro más importante sobre la materia durante más de mil años. Algunas de las interpretaciones parecen bastante lógicas incluso hoy día, como por ejemplo: «Todos los utensilios que cortan y parten cosas por la mitad significan desacuerdos, facciones, y heridas...» Otras, como el aviso de que da mala suerte soñar con hormigas aladas o con codornices, probablemente reflejan las supersticiones de la época.

La interpretación de los sueños ha estado de moda en diversas épocas durante los siglos, pero siempre ha tenido sus detractores, como el filósofo Aristóteles, que aseguraba que si un sueño se cumple es sólo por pura casualidad. Mientras que muchos ciudadanos de la antigua Roma se afanaban en comprar **amuletos** y **pociones** mágicas, y contar sus sueños a adivinos con turbante, el orador Cicerón se quejaba de que la adivinación por los sueños no era más que mera superstición y de que el pueblo había sido «engañado... con estupideces interminables». De todos modos, a lo largo de la historia mucha gente ha dicho tener sueños que se han hecho realidad, como los de Harry, o que parecen revelar información que el durmiente no podría haber conocido a través de los canales normales. En realidad, una de las características de los **magos** y **chamanes** legendarios es que se supone que son capaces de ver lo que está ocurriendo en cualquier lugar, incluso en los sueños, poniéndose en estado de trance o usando una **bola de cristal**.

Pero dejando al margen la cuestión de si los sueños pueden verdaderamente revelar el futuro o permitirnos viajar místicamente a lugares lejanos para escuchar a escondidas a nuestros amigos y enemigos, sí que pueden sernos valiosos de otras maneras. Mucha gente famosa ha considerado sus sueños una fuente de ideas creativas y de soluciones brillantes para problemas. La escritora Mary Shelley aseguraba que los inmortales personajes del doctor Frankenstein y su monstruo se le habían aparecido en un sueño; el novelista Bram Stoker dijo lo mismo sobre su creación más célebre, el **vampiro** conde Drácula. Y el químico del siglo XIX, Dimitri Mendeleyev, después de esforzarse infructuosamente para elaborar un sistema de categorías para los elementos químicos, «vio en un sueño una tabla donde todos los elementos encajaban en su sitio» y, al despertarse, produjo la tabla periódica de los elementos que hoy utilizan todos los estudiantes de química.

Pensadores modernos como Carl Jung y Sigmund Freud afirman que el verdadero significado de los sueños consiste no en lo que revelan sobre el mundo externo, sino en lo que nos dicen sobre nosotros mismos. Freud pensaba que los sueños expresan nuestros deseos más profundos, y Jung sostenía que todos los personajes fascinantes, temibles o amables de los sueños son en realidad aspectos de nuestra propia mente. En todo caso, no hace falta ser un gran analista de sueños para percatarse de que el mundo onírico, igual que el mundo de la hechicería, es un lugar único donde todo es posible. Podemos experimentar escenas de esplendor asombroso o de horror espantoso, y todo lo imaginable entre esos dos extremos. En los sueños podemos volar, flotar por el aire, realizar proezas de fuerza sobrehumana, o experimentar transformaciones tan alucinantes como las que causan las más poderosas pociones del profesor Snape. Y puede que por eso, cuando leemos sobre magia o cuando la vemos sobre un escenario, a veces nos resulta curiosamente familiar. Con razón. Todo eso ya lo hemos visto en nuestros sueños.

Talismán

Aunque los alumnos de Hogwarts buscan ansiosamente talismanes para protegerse de la misteriosa epidemia de **petrificación**, estos poderosos objetos se usan generalmente más para hacer magia que para prevenirse de ella. A diferencia de los **amuletos**, que están diseñados específicamente para proteger a quien los lleva, los talismanes se valoran por su poder para causar trasformaciones sobrenaturales: hacer invisible a su portador, inhumanamente fuerte, inmune a la enfermedad o capaz de recordar cada palabra que pronuncia un maestro. Un talismán puede ser cualquier objeto: una estatua, un libro, un anillo, una prenda de vestir, un trozo de metal o una hoja de pergamino. Incluso la cola podrida de tritón que compra el aterrorizado Neville Longbottom puede ser un talismán si tiene poderes mágicos. Algunos objetos, como las piedras preciosas, se han considerado tradicionalmente de naturaleza mágica. Pero a lo largo de la historia, muchos talismanes han sido dotados de poder mediante rituales destinados a atrapar en ellos las fuerzas de la naturaleza o el poder de los dioses. Muchos llevaban inscritas palabras mágicas, el nombre o la imagen de deidades, o breves **encantamientos**.

Los talismanes tenían mucha más demanda en la Antigüedad. Los arqueólogos han descubierto talismanes de papiro del antiguo Egipto, así como centenares de talismanes de piedra y de metal por toda la zona del Mediterráneo. Eran muy populares para curar enfermedades, pero también para atraer el amor, mejorar la memoria y garantizar el éxito en la política, los deportes o el juego.

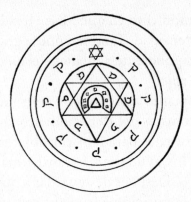

Talismán medieval del que se decía que otorgaba buena suerte a quien lo llevara, así como la capacidad de tomar decisiones sabias en el juego.

En la época medieval, había un talismán para prácticamente cualquier propósito imaginable. Se decía que una pata de liebre atada al brazo izquierdo permitía a una persona aventurarse en un territorio peligroso sin riesgo a sufrir daño. Llevar muérdago evitaba un veredicto de culpabilidad en un juicio. Una brizna de heliotropo atada a un diente de lobo envuelto en hojas de laurel evitaba que la gente murmurara acerca de uno. Tan firme era la fe en el poder de los talismanes en la Inglaterra del siglo XIV que en las reglas de los duelos se incluyó la obligatoriedad de que ambos participantes jurasen que no llevaban un anillo mágico, una piedra o cualquier otro talismán que pudiera darles ventaja.

Puesto que se pensaba que los cuerpos celestes ejercían su influencia sobre la vida en la tierra (véase **astrología**), muchos talismanes se diseñaban para capturar la influencia de un planeta determinado. Alguien que quisiera vencer en un combate, por ejemplo, podía hacerse un talismán con la influencia del plantea Marte que gobernaba sobre la fuerza corporal. El talismán se fabricaría de hierro (el metal asociado tradicionalmente con

Marte), en el momento en que Marte irradiase su poder con mayor intensidad. También podía grabarse en él el número correspondiente al planeta, el cinco, o pintarlo de su color, el rojo.

Estos talismanes astrológicos eran muy populares entre los alquimistas del Renacimiento, que realizaban complicados rituales para fabricar objetos con la esperanza de que los ayudarían a transformar los metales vulgares en oro. Después de aguardar a que los planetas estuvieran en la posición adecuada, recitaban encantamientos para convocar a los espíritus o a los **demonios** que dotarían a sus talismanes del poder necesario. La **piedra filosofal**, fuente de vida eterna y de riqueza ilimitada, era el talismán más deseado.

Los talismanes seguían siendo populares en el siglo XIX. Uno que servía para todos los usos, grabado en plata durante la fase propicia de la luna, daba a su propietario salud, riqueza, satisfacción, simpatía, el respeto de los demás e inmunidad en los viajes. Aunque hoy día la gente no graba palabras mágicas sobre metal, los que llevan consigo una pata de conejo o insisten en ponerse sus «calcetines de la suerte» en cada partido eliminatorio mantienen vivo el uso de los talismanes.

Transformación

La profesora McGonagall no pierde tiempo enseñando a sus alumnos de primer curso en qué consiste la transformación. En un abrir y cerrar de ojos, convierte su mesa en un cerdo. Podría haberse convertido ella misma en un gato con la misma facilidad, o haber transformado a uno de sus alumnos en una tortuga o en un leño. La transformación o transfiguración, el cambio mágico de una persona, animal u objeto en otro, es una materia compleja y peligrosa que requiere años de estudio. Así que los novatos tienen que empezar con tareas menos ambiciosas, como la transformación de los botones en escarabajos.

Las historias de transfiguraciones (del latín *trans*, que significa «a través», y *figura*, que significa «forma») aparecen en los cuentos de hadas, los mitos y el folklore del mundo entero. El hada madrina de Cenicienta transforma una calabaza en una carroza y ratones en caballos. En cuentos clásicos como «El príncipe sapo» y «La bella y la bestia», hermosos jóvenes se transforman en reptiles que croan o en ogros repulsivos. La bruja griega **Circe** convirtió su salón en un zoológico al transformar a sus visitantes en leones, osos y lobos (los menos afortunados acababan en la pocilga).

Quizá las historias más famosas de transfiguraciones se hallen en la *Metamorphosis*, del poeta romano Ovidio. Escrito en el siglo I d.C., este libro cuenta la historia del mundo, empezando con la

La ninfa Dafne es transformada en laurel.

transformación inicial del caos en orden y acabando en la época del propio Ovidio, con la transfiguración del emperador Julio César en una estrella. En medio hay unas doscientas cincuenta historias de dioses, héroes y mortales que logran asombrosas y en ocasiones sorprendentes transformaciones. La diosa Diana, por ejemplo, como castigo por haberla visto bañándose, convirtió al cazador Acteón en un ciervo y ordenó a sus propios perros que lo devoraran. Aracne, una tejedora maravillosa, fue metamorfoseada en araña (algo bastante apropiado) por haber tenido la audacia de desafiar a la diosa Minerva a competir con ella en el arte de tejer. La ninfa Dafne, por su parte, se convierte en un laurel mientras huye del dios Apolo. Ovidio describe así este episodio: «Una profunda pesadez atenazó sus miembros, su pecho se cubrió de gruesa corteza, su pelo se convirtió en hojas, sus brazos en ramas y sus pies, antes tan veloces, fueron atrapados por lentas raíces, mientras que su rostro fue la copa. Nada quedó de ella, excepto su luminoso encanto.»

Mientras que la mayoría de las transformaciones descritas por Ovidio eran causadas por la rabia o por la amabilidad de un dios, muchas criaturas de la mitología y el folklore pueden cambiar de forma voluntariamente gracias a una habilidad conocida como metamorfosis. Los dioses nórdicos Odín y Loki eran especialistas en tomar la forma de animales, al igual que el dios griego Zeus, que se transformaba a menudo en un toro, un carnero, un águila, una paloma o un cisne. Muchas **hadas** y muchos **demonios**, incluidos las *veela*, los **demonios necrófagos** y los **trolls**, son unos maestros de la metamorfosis y se convierten en cualquier cosa: en una mujer seductora, un rastro de humo, un cuenco de agua, una roca, una tormenta de arena o incluso en tu mejor amigo. Los cuentos populares de todo el mundo narran las transfiguraciones instantáneas que se producen cuando estos maestros de la metamorfosis huyen de sus enemigos o se pelean entre sí. En una fábula medieval galesa, un personaje, Gwion Bach, roba el don de la profecía del **caldero** de la bruja Ceridwen. Escapa convertido en liebre, pero la **bruja** lo persigue en forma de galgo. Se tira a un río y se vuelve un pez, pero la bruja lo sigue como una nutria. Cuando levanta el vuelo convertido en pajarito, ella le persigue transformada en halcón. Al ver un montón de trigo recién cortado en el suelo de un granero, Gwion se posa y adopta el que parece ser el disfraz perfecto: un simple grano de trigo entre miles. Sin embargo, no será él quien diga la última palabra. Ceridwen se posa en el granero, se convierte en una gallina negra, picotea hasta dar con el grano de trigo que busca y se lo come.

Las más notables maestras de la metamorfosis han sido las **brujas** o, por lo menos, tienen esa reputación. Ya en el siglo II d.C, el escritor romano Apuleyo describía brujas que podían adquirir la forma de pájaro, perro, comadreja, ratón y, como cierto reportero del *Daily Prophet*, también de chinche, para colarse en la casa de la gente y realizar sus fechorías sin que se detectara su presencia.

Apuleyo era un autor de ficción (muchas de sus obras reflejan el espíritu de su época), pero siglos más tarde durante la **caza de brujas** (1450-1700) era común la creencia de que éstas podían convertirse en animales, sobre todo en gato. Los juicios de este período están llenos de «pruebas» de tales transformaciones, en su mayor parte consistentes en historias sobre heridas infligidas a animales que luego aparecían en el cuerpo de los acusados. Así, en un juicio del siglo XVI celebrado en Ferrar, Italia, un testigo dijo haber golpeado con un palo un gato que había atacado a su bebé. Al día siguiente, una mujer del vecindario apareció cubierta de golpes, prueba de que había sido ella quien, en forma de gato, había atacado al niño. En un juicio por brujería celebrado en Escocia en 1718, un hombre testificó que se había enojado tanto con unos gatos que conversaban con voz humana que había matado dos y herido a varios más. Poco después, dos mujeres de la localidad fueron encontradas muertas en su cama y otra tenía un misterioso corte en la pierna, lo que, una vez más, probaba que los gatos habían sido en realidad brujas transformadas.

El folklore también está lleno de cuentos de hombres y mujeres que, como Sirius Black, James Potter y Peter Pettigrew, pueden asumir una sola forma animal. En Europa, las historias más conocidas son las de los **hombres lobo**: hombres que se convierten en un lobo sediento de sangre por un corto período. Pero en aquellas partes del mundo en que los lobos son poco corrientes, otras criaturas-hombre pueblan la noche. En el Amazonas hay historias de hombres jaguar; en la India, de hombres tigre; en África, de hombres hiena, y en otros lugares se dice que los hombres se convierten en coyote, oso, chacal, cocodrilo o serpiente. Probablemente muchas de estas leyendas tienen su origen en los rituales tribales de los magos y los chamanes, que durante las ceremonias se vestían con pieles de animales e imitaban su comportamiento (resoplaban, aullaban y daban patadas en el suelo) y quizás, en su propia mente y en la de su audiencia, se transformaban temporalmente en un ciervo, un oso o un jaguar.

Sin duda, muchos de nosotros hemos fantaseado también acerca de lo que representaría ser otra criatura: experimentar el poder y la elegancia de un leopardo o ver el mundo a través de los ojos de un águila. Pero pocos querrían compartir la experiencia por la que pasa Draco Malfoy cuando Ojoloco Moody le da a probar la vida de roedor al transformarlo en un inquieto hurón. A veces, al parecer, es mejor ser tú mismo.

Trasgo

Si buscas en el diccionario, encontrarás que «trasgo» suele definirse como «**demonio** travieso y feo». Sin embargo, si te fijas en los trasgos tan listos y eficientes de Gringotts Bank, te darás cuenta de que estos seres mágicos no siempre presentan esa faceta tan poco amable. En el folklore inglés medieval, los trasgos aparecen normalmente como diablillos o espíritus caseros, serviciales, aunque algo temperamentales. Igual que los *brownies* escoceses, los *gobelins* franceses y los *kobolds* alemanes, los trasgos suelen unirse a una persona o familia concreta, y pasearse por su casa. Les gustan sobre todo las granjas apartadas y las casitas de campo.

Aunque los hay de varios tamaños, se cree que la mayoría miden aproximadamente la mitad de un humano adulto. Tienen el pelo y la barba gris, y el cuerpo o los rasgos faciales suelen presentar alguna característica grotesca o deforme. Por ejemplo, pueden tener algún dedo más en las manos o en los pies, o faltarles una oreja, o cerrar al revés los párpados, o que sus extremidades no tengan huesos de unión con el tronco. Algunos trasgos tienen también defectos de habla poco habituales, o labios extraños, o una voz chillona y aguda.

Si se los alimenta bien y se les trata correctamente, la mayoría de los trasgos caseros se afanan en la limpieza y el orden del hogar. Sienten debilidad por los niños, y les gusta hacer regalos a los que se portan bien. Pero ¡cuídate del trasgo enfadado! Si se sienten ofendidos, harán lo que sea por vengarse. Entre sus diabluras preferidas están robar oro y plata, cabalgar toda la noche hasta dejar exhaustos a los caballos, y trastocar las señales de los caminos. Según muchos cuentos de hadas europeos, basta con que un trasgo sonría con malicia para que se coagule la sangre humana, y su risa puede agriar la leche y hacer que las frutas se caigan de los árboles. La única manera de librarse de un trasgo casero es cubrir el suelo con semillas de lino. Así, cuando aparezca el trasgo para causar problemas, se sentirá obligado a recoger primero todas las semillas, y no podrá terminar antes del amanecer. Unas cuantas noches así bastan para convencerle de que más le vale irse a otra casa a molestar.

Sólo a partir del siglo XVII, cuando la histeria contra la brujería se extendió por gran parte de Inglaterra y Escocia, se empezó a asociar a los trasgos con las fuerzas de las tinieblas y del mal. Algunos cuentos de hadas ingleses posteriores a esa fecha tratan de diferenciar entre los espíritus caseros buenos y los malos, clasificándolos como los trasgos, claramente los maliciosos, y los duendes traviesos, más benignos y juguetones. El duende travieso más famoso es el personaje literario de Robin

Goodfellow, también conocido como Puck, que aparece en docenas de cuentos y fábulas populares a partir del siglo XV.

Robin Goodfellow (en español su apellido sería algo así como Buentipo) tenía fama de bromista simpático, vivía en los hogares de los humanos y de vez en cuando realizaba algunas tareas domésticas, pero en algunos cuentos aparece también como el sirviente personal y muchacho de los recados del rey **hada** Oberon. Tiene el don de cambiar de forma (véase **transformación**) y de hacer realidad los deseos, y usa sus poderes para castigar a los perversos y recompensar a los bondadosos. La aparición más célebre de Puck es la que hace en la comedia de Shakespeare, *Sueño de una noche de verano*, donde realiza el papel de Cupido para un grupo de desventurados enamorados perdidos en un bosque encantado. Mientras se ríe de las payasadas de sus víctimas, Puck comenta divertido: «¡Señor, cuán tontos pueden llegar a ser estos mortales!»

Troll

Aunque la palabra «troll» se ha usado para describir a muchos monstruos, los verdaderos trolls tienen rasgos característicos que los diferencian de otros seres que salen por la noche. Los trolls son unas criaturas sobrenaturales extremadamente feas que habitan en las tierras frías de Escandinavia, al norte de Europa. Son seres malignos y feroces a los que les gusta la carne humana y robar tesoros; también son gigantescos, tremendamente fuertes y bastante estúpidos. Pero quizá podemos olvidar todo esto, al menos de momento, si recordamos que fue gracias a un troll tan grande como una montaña que Harry, Ron y Hermione se hicieron amigos.

Se dice que los trolls han vivido en los bosques y las montañas escandinavos desde que los primeros hombres habitaron esta región del mundo, al final de la Era Glacial. Aparecen en los más antiguos mitos y cuentos populares de Noruega y Suecia. Además de ser gigantescos, los trolls destacan por su nariz, grande y torcida, su espesa cola, sus enormes pies planos, su escasez de dedos en manos y pies (tienen sólo tres o cuatro), y por el pelo tupido que les cubre la cabeza y la nariz. También se ha tenido noticia de trolls con un solo ojo en el centro de la arrugada frente, de trolls con dos o tres cabezas y de otros a quienes les salen árboles de la nariz. En los cuentos posteriores, se describe a los trolls como muy pequeños o de estatura humana y son más inteligentes que sus predecesores.

Los trolls viven en comunidades, en las profundidades de cuevas, montañas o colinas. Algunos habitan bajo tierra, o bajo rocas o árboles arrancados. Que prefieran la vida subterránea es muy lógico, puesto que odian el ruido, y si se exponen a la luz solar se convierten en piedra o incluso pueden reventar. Se dice que las curiosas formaciones rocosas que pueblan Escandinavia son en realidad trolls que olvidaron su vital toque de queda.

Los refugios de los trolls son descritos como hermosos palacios relucientes llenos de tesoros robados. Sumamente avariciosos, estos seres roban todo el oro y la plata que pueden encontrar. No sólo codician las riquezas humanas, sino a los propios humanos. Secuestran a

318

los niños humanos y los sustituyen por los suyos, con la esperanza de que sean criados como humanos. Según la leyenda, si una madre sospecha que le han cambiado a su hijo por un troll puede amenazar con quemarlo en una hoguera. Supuestamente, la madre troll caerá fácilmente en el engaño y acudirá al rescate de su bebé; así la madre humana podrá recuperar a su verdadero hijo. Sin embargo, no hay que preocuparse en absoluto si el niño está bautizado, porque los trolls desprecian el cristianismo (el sonido de las campanas de una iglesia basta para que se larguen en dirección opuesta).

Lamentablemente, la inteligencia y las campanas no siempre bastan para proteger a la gente de los trolls, que poseen algunos poderes mágicos invencibles. Son aficionados a cambiar de forma y pueden volverse invisibles.

Estos talentos los ayudan tanto a robar tesoros como a ocultarlos, lo que a menudo consiguen haciendo que el oro parezca algo completamente distinto, como un montón de rocas y piedras. A cualquiera que se encuentre con un troll y no pueda escapar, le espera un destino espantoso: ser apresado, esclavizado o, peor todavía, devorado. A los trolls les encantan la carne y la sangre humanas, y todo lo que queda de sus víctimas es el esqueleto pelado.

Se han dado algunos casos de trolls bondadosos que recompensan a familias con riquezas y buena suerte. Estos trolls, muy buenos artesanos y expertos en metalistería, fabrican espadas, cuchillos y brazaletes inconfundibles. Usan sus conocimientos sobre magia y hierbas para curar, y son muy aficionados a la música y el baile. Sin embargo, las probabilidades de encontrarse con un troll devorador de carne son mucho mayores, así que si estás en un bosque especialmente *trolsk* («espeluznante» en noruego), te recomendamos que *flykte* («salgas pitando» en noruego).

Unicornio

Pocos animales, sean reales o imaginarios, han despertado tanto la imaginación popular como los unicornios. Desde que el médico griego Ctesias describiera por primera vez la criatura de un solo cuerno, hace más de dos mil años, la gente ha escrito acerca del unicornio, lo ha pintado, esculpido y ha ido en su busca, sin dejar de discutir acerca de si existe realmente.

Los unicornios descritos en tiempos remotos tienen poco que ver con las criaturas nobles, inocentes y puras que habitan el **bosque prohibido** de Hogwarts. Según Ctesias, el unicornio era originario de la India. Tenía el tamaño aproximado de un asno, cabello rojo oscuro, el cuerpo blanco, ojos azules y un cuerno de unos 45 centímetros en la frente. Blanco en el nacimiento, negro en el centro y de un rojo encendido en la punta, el cuerno tenía una propiedad destacable: una vez separado de su propietario y convertido en una copa, protegía al que bebía de ella de los venenos, las convulsiones y la epilepsia. Pero una copa así no era fácil de conseguir,

Durante los siglos xv y xvi, los viajeros europeos regresaban de Asia, África y las Américas diciendo que habían visto unicornios. Como las descripciones eran diferentes, se supuso que existían bastantes variedades.

porque la fortaleza, la velocidad y el temperamento salvaje del unicornio hacían prácticamente imposible su captura.

A lo largo de los siglos, aumentó la creencia en la huidiza criatura, aunque seguía sin haber pruebas de su existencia. Aristóteles y Julio César, citados como autoridades en la materia, describían animales con un solo cuerno. El naturalista romano Plinio añadió detalles al aspecto del unicornio; le atribuyó cabeza de ciervo, patas de elefante, cola de oso y un cuerno negro de noventa centímetros de longitud. (Escritores posteriores sugirieron que estas antiguas representaciones se basaban en descripciones equivocadas de los rinocerontes indios o en avistamientos de animales de dos cuernos, vistos de perfil o que habían perdido un cuerno). Plinio confirmó también la naturaleza feroz del unicornio y dijo que la bestia tenía una voz profunda y poderosa.

En la Edad Media, la popular imagen del unicornio había evolucionado. Ya no era una suma de características de otros animales, sino la elegante criatura que conocemos hoy en día. En las pinturas y los tapices de la época aparece como un animal parecido a un caballo, hermoso, blanco, con un blanquísimo cuerno que se alza en espiral y las pezuñas hendidas de un ciervo. En la literatura, el unicornio pasó a representar la fortaleza, el poder y la pureza. Se incorporó al simbolismo cristiano y entró a formar parte del escudo de armas de Inglaterra y Escocia. Los unicornios aparecen en la leyenda artúrica, los cuentos de hadas y los romances de las gestas de Gengis Kan y Alejandro Magno.

Una típica historia medieval que realza la pureza del unicornio cuenta que un grupo de animales del bosque fueron a un estanque a beber, pero encontraron el agua envenenada. Los sedientos animales se salvaron cuando apareció un unicornio y sumergió el cuerno en el agua, que se volvió fresca e inmaculada. Tanto es el amor que sienten los unicornios por las cosas puras e inocentes que, según otro cuento, cuando un unicornio se encuentra con una doncella virgen sentada bajo un árbol, apoya la cabeza en su regazo y se duerme. Esta idea atraía mucho a los interesados en capturar unicornios para quitarles sus valiosos cuernos. La caza del unicornio era una tarea aterradora, porque se decía que estos animales eran capaces de usar el cuerno a modo de espada y que, si se los perseguía, podían saltar a un precipicio, aterrizar sobre el cuerno y escapar ilesos. Una manera más segura y menos agotadora de acercarse a ellos era, por lo visto, usar a una doncella virtuosa como cebo. Una vez que el unicornio se dormía sobre su regazo, los cazadores que estaban al acecho podrían capturarlo.

El interés por atrapar unicornios se perdió en el siglo XVIII, cuando bastantes escépticos señalaron que era imposible encontrar a alguien que hubiese visto realmente una de estas criaturas con sus propios ojos. Unos cuantos escritores insistieron en incluir los unicornios en sus libros de historia natural, repitiendo los relatos antiguos y medievales, pero la mayoría se convencieron de que había llegado la hora de relegar al animal al mundo de lo fantástico. Pero esto no disminuyó apenas el entusiasmo popular por el unicornio, que se mantuvo en el arte, la literatura y la imaginación, y se mantiene todavía en nuestros días.

Cuerno de narval

En el siglo XVI era imposible encontrar a alguien
que hubiese visto un unicornio, pero dar con un cuerno
de unicornio era otra historia muy distinta. Eso era
porque el cuerno de unicornio se vendía en cualquier
botica (una tienda parecida a las actuales farmacias)
como cura para la mayoría de enfermedades y como
protección contra los venenos. Tenía mucha demanda
y su precio estaba por las nubes. El cuerno en polvo,
llamado también alicorno, podía tomarse solo o com-
binado con otros agentes medicinales. Para los que no
podían pagar su precio, existía la posibilidad de hacerse con un vial que contuviera agua en la que se hubiese sumergido un cuerno de unicornio.

Por supuesto, el producto que se vendía en las boti-
cas no procedía de ningún unicornio. De hecho, era
colmillo de narval, una especie de ballena ártica con un
único cuerno que crece en espiral y puede llegar a medir casi tres metros de longitud. A medida que aumen-
taban las expediciones balleneras, en los siglos XVI y
XVI, crecieron las reservas del supuesto cuerno de unicornio. Las pruebas para verificar la autenticidad del
alicorno, la mayoría de las cuales consistían en colocar
arañas cerca del cuerno y observar sus reacciones, fueron muchas, pero por lo visto pocas veces se detectaron
falsos cuernos, por lo que los colmillos de narval continuaron vendiéndose en las tiendas de toda Europa como cuernos de unicornio.

No todo el alicorno se dedicaba a usos medicinales.
La legendaria propiedad de las copas hechas con cuer-
no de unicornio, de la que por primera vez hablara
Ctesias más de mil años antes, continuaba haciendo de

esta copas un producto muy preciado, sobre todo por la realeza, para cuyos miembros el temor al envenenamiento era un hecho cotidiano. Las copas de cuerno de unicornio eran tan valiosas que, en 1565, al rey Federico II de Dinamarca le bastó una como garantía para un préstamo destinado a financiar una guerra contra Suecia.

Dibujo del siglo XVII de un narval, la ballena ártica cuyo colmillo en espiral se vendía a un precio desorbitado como si fuera cuerno de unicornio. Se calcula que la población de narvales es hoy de entre 25.000 y 45.000 ejemplares.

Vampiro

Solitarios y sin amigos, vagan de noche en su eterna búsqueda de sangre fresca. Pasan las horas diurnas en las criptas mohosas de castillos situados en la cima de una montaña. Nunca envejecen y no temen la muerte, porque ya están muertos. Si ves a uno por la calle, puede que no tengas la más mínima idea de que estás mirando a un monstruo a la cara.

De todos los **fantasmas, demonios necrófagos** y **demonios** que se estudian en la clase de Defensa contra las Artes Oscuras, pocos son tan universalmente famosos como los vampiros sedientos de sangre. Su descripción física varía de una cultura a otra, y va desde una bestia de ojos rojos con el pelo rosa o verde (China), pasando por una criatura parecida a una serpiente con cabeza de mujer (la griega *Lamia*), hasta el alto y sofisticado caballero de ciudad con capa de cuello levantado procedente de las leyendas del este de Europa. En muchos cuentos, el vampiro es un ser humano que, una vez muerto, resucita con la compulsión de beber la sangre de los vivos.

Los vampiros han formado parte de la tradición popular y de la leyenda durante centenares de años, aunque la verdadera fama les llegó con la publicación, en 1897, de la novela clásica de Bram Stoker, *Drácula*. El vampiro de Stoker tenía los caninos alargados y puntiagudos, pelo en las palmas de las manos y era sorprendentemente pálido, pero por lo demás su aspecto era relativamente humano. Al parecer, el personaje del conde Drácula está basado en Vlad Tepes, un gobernante de Valaquia (parte de la actual Rumania) del siglo XV, conocido por su carácter cruel y sanguinario. Vlad tenía fama de atravesar el corazón de sus enemigos con estacas de madera y de bañarse en la sangre de los fallecidos después de una batalla especialmente cruenta. Con el paso del tiempo, esas costumbres evolucionaron hasta convertirse en elementos esenciales de la leyenda de los vampiros. Vlad, por lo visto un sujeto muy teatral, firmaba sus cartas como «Vlad Dracul», que puede traducirse libremente como «Vlad, hijo del Diablo».

Los poderes de un vampiro se han ido detallando a través del tiempo. En el siglo XVI, los conquistadores españoles de Suramérica y Centroamérica dieron con una especie de murciélago con hábitos dietéticos parecidos a los del conde Drácula y los suyos. Desde entonces, se ha dicho que los vampiros pueden transformarse en murciélagos. También se creía que podían convertirse en lobos, ratas o ratones, y que algunos eran capaces de controlar a estas criaturas y de comunicarse con ellas. Los vampiros poseen una fuerza y una destreza muy superiores a las humanas, y algunos incluso pueden volar. Por último, algunos de los vampiros más poderosos tienen la capacidad de hipnotizar a un ser humano con la mirada, controlar su actos e incluso ver a través de sus ojos.

Sin embargo, a pesar de estos poderes, el vampiro tiene muchas debilidades. Todo el mundo sabe que no soporta la luz diurna. El sol se ha considerado siempre un símbolo de verdad y bondad, conceptos que van contra la naturaleza de los vampiros. Por lo tanto, la exposición directa a los rayos solares destruye al vampiro, que suele quedar reducido a un inofensivo montón de polvo. Otras maneras sobradamente conocidas de destruir a un vampiro son decapitarlo, quemarlo y clavarle una estaca de madera en el corazón. Contrariamente a la creencia popular, la mayoría de leyendas mantienen que los vampiros no son vulnerables a las armas fabricadas con plata; el hierro es el metal que debes escoger si quieres acabar con una de estas criaturas. En el folklore eslavo, un vampiro puede ser destruido si se lo rocía con agua bendita, se le practica un exorcismo o si se le roba el calcetín izquierdo, se rellena de piedras y se arroja a un río.

Como sabe el profesor Quirrell, los vampiros no toleran el olor del ajo fresco. Pueden colocarse ristras de esta poderosa planta en los dormitorios (o en las aulas) para proteger a sus ocupantes. La gente supersticiosa pondrá dientes de ajo en la nariz, los ojos y las orejas de los recién nacidos para que no se les acerquen los vampiros. También se cree que los vampiros sienten fascinación por el cálculo; si uno pasa entre semillas esparcidas, empezará a contarlas y no parará hasta terminar, aunque eso le acarree una muerte polvorienta con las primeras luces del amanecer. Por último, un vampiro debe dormir cada día sobre tierra de su país natal. Cuando el Drácula de Stoker deja Transilvania (un lugar situado al sur de la Valaquia de Vlad) para ir a Inglaterra, se lleva consigo varios cajones llenos de tierra de Rumania y los instala en su nueva residencia londinense.

Distintas leyendas dan versiones diferentes de la personalidad del vampiro. Algunas lo describen como un asesino sin mente ni alma. El conde Drácula de Bram Stoker, por el contrario, es un ser inteligente y encantador, de maneras impecables y muy educado. En otros cuentos, los vampiros son seres básicamente decentes y eternamente torturados por las terribles cosas que se ven obligados a hacer para sobrevivir. Esta multiplicidad es quizás una de las razones por la que el vampiro continúa inspirando nuevas historias en la actualidad.

Varita mágica

¿Quién no ha deseado tener, aunque sólo sea una vez, una varita mágica? Las varitas mágicas, sencillas, elegantes, de fácil transporte, son conocidas en todo el mundo como símbolo de la capacidad para hacer que las cosas sucedan. Un gesto de varita y la vajilla limpia, la habitación ordenada, la copa de helado es tres veces más grande y tía Henrietta llama para decir que al final no viene. Pero, como nos muestran las experiencias de Harry, tal vez no sea tan sencillo. Quizá necesites una cierta habilidad con **conjuros** y **transformaciones** junto con la varita, además de algunos consejos acerca de qué tipo de madera te conviene. ¿Caoba, roble, avellano o acebo? ¿Y qué me dices de los pelos de **unicornio**, las plumas de **fénix** y otros elementos que debe contener tu varita? Son detalles que no se pueden pasar por alto.

Las varitas mágicas existen desde hace mucho tiempo. Aparecen en pinturas rupestres y en el arte del antiguo Egipto. Los **magos** de la sociedad druídica que floreció en la Europa precristiana presidían las ceremonias religiosas con varitas fabricadas con espino, tejo, sauce y maderas de otros árboles que para ellos eran sagrados.

THE MAGICIAN THE MAGICIAN.

En estas cartas del tarot vemos dos conceptos diferentes de la varita mágica. A la izquierda, la varita del mago callejero le sirve como símbolo de su
profesión y para dirigir la atención del público. A la derecha, un brujo auténtico usa su varita para convocar los poderes de los cielos con intención
de utilizarlos en la Tierra.

Estas varitas se tallaban sólo al amanecer o al atardecer,
que se consideraban los mejores momentos para capturar los poderes del Sol, y era necesario usar un cuchillo
sagrado bañado en sangre. En el Antiguo Testamento,
Moisés usa una varita mágica en forma de cayado de pas-
tor para separar las aguas del mar Rojo y para hacer bro-
tar un manantial de una roca. Una imagen del siglo IV
muestra a Jesús resucitando a Lázaro al tocarlo con una
varita. Estos ejemplos sugieren que, históricamente, las
varitas no sólo se utilizaban para canalizar las fuerzas
sobrenaturales sino también como instrumento en las
ceremonias religiosas y como símbolo de poder.

En la literatura, las varitas mágicas aparecen por primera vez en la *Odisea*, escrita por el poeta griego Homero hacia el siglo IX o el X a.C. La hermosa bruja **Circe** usa su varita para transformar a la tripulación del héroe en una piara de cerdos chillones. El uso clásico que se da en la literatura a la varita mágica, descrito en incontables cuentos de hadas, es la transformación de una cosa en otra distinta. El ejemplo más conocido es el de la varita con punta de estrella que utiliza el hada madrina de Cenicienta para transformar a los ratones en caballos y la calabaza en una carroza. Otras varitas legendarias son la de **Merlín**, mago y mentor del rey Arturo, y la del dios griego Hermes, que usaba su vara (o caduceo) para hacerse invisible a los ojos humanos.

En los primeros tiempos de la Europa moderna, la varita era una herramienta considerada esencial por muchos de quienes practicaban la **magia**. La usaban los magos rituales para lanzar **conjuros** y para dibujar «círculos mágicos» que protegían al mago de la influencia indeseada de cualquier **demonio** o espíritu cuya presencia planeara invocar. Como no disponían de la comodidad de hacer las compras en el callejón Diagon, los aspirantes a mago recurrían a libros de conjuros en busca de instrucciones sobre cómo diseñar y fabricar una buena varita. Según *Las clavículas de Salomón*, uno de los más famosos libros de conjuros de la Edad Media, la varita ideal debía hacerse de madera de avellano cortada del árbol con un solo golpe de un hacha nueva. Algunas autoridades en la materia aseguraban que el poder de la varita podía incrementarse añadiéndole puntas magnéticas en los extremos, incrustándole cristales, o inscribiéndole **palabras mágicas** o nombres sagrados. Una vez tallada la varita, el mago invocaba a los espíritus, demonios o dioses apropiados para que dotaran a la varita de sus preciados poderes: curar enfermedades, controlar las fuerzas de la naturaleza o hacer realidad cualquier deseo del mago.

Mientras que los magos rituales se tomaban muy en serio su trabajo, a principios del siglo XV las varitas también se utilizaban con fines más lúdicos: como utillería de los artistas callejeros para quienes la «magia» era una forma de ganarse la vida. Desde su punto de vista, la varita tenía como mínimo dos importantes funciones: era el agente que, en apariencia, causaba la magia, y ayudaba a distraer a la audiencia atrayendo su atención hacia una cosa mientras el mago hacía otra disimuladamente. Las varitas mágicas son, desde luego, el sello distintivo de los actuales artistas de la magia. Algunos magos que conocemos coleccionan «varitas trucadas» que se pliegan, se doblan, cambian de color, lanzan cintas o se parten en trozos. Eso recuerda aquellas varitas trucadas fabricadas por los emprendedores gemelos Weasley, que parecían haber usado magia para fabricar la misma clase de artículo trucado que cualquiera podría comprar en una tienda de bromas o en una tienda de suministro de conjuros: un gesto de varita y ésta se convierte en un pollo de goma.

El garrote mágico

¿Por qué una varita y no, por ejemplo, una pluma se convirtió en el símbolo de la magia? ¿Por qué ese palito representa los formidables poderes del mago? La respuesta, según algunos estudiosos, debe buscarse en

el primer instrumento de poder del hombre prehistórico: el garrote del cavernícola. Aunque tenía poco de «mágico», el garrote, en la forma de un pesado trozo de rama de árbol, dotaba indudablemente a su portador de un extraordinario poder del que carecía sin él: el poder de defenderse, de vencer a sus enemigos y de llevar comida a casa. En una pelea contra un enemigo, el simple hecho de alzar el garrote con gesto amenazador era reconocido como un signo de poder. Cuando las lanzas y las espadas reemplazaron al garrote como arma, dice la teoría, el garrote dejó de ser de uso cotidiano, pero se mantuvo en su forma más reducida y simbólica. Se convirtió, en una de sus versiones, en el cetro, el emblema del poder del rey o del emperador; en otra, el garrote tomó la forma del bastón del heraldo, que investía a su portador con los poderes del rey a quien representaba. Y en las manos de un mago, el pequeño garrote se convirtió en la varita, que simboliza el domino de los poderes de la naturaleza y de lo sobrenatural. Aunque la varita se parece poco al garrote a partir del cual evolucionó, continúa siendo el arma más poderosa de la hechicería.

El cetro del rey, igual que la varita del mago y el garrote del hombre de las cavernas, es un símbolo de poder.

El caduceo

Una de las varitas más curiosas es el caduceo, alado con **serpientes** enroscadas, que llevaba Hermes, el dios griego de la comunicación y maestro de la magia y el engaño. Lo obtuvo de su hermano Apolo a cambio de una flauta, y se convirtió en su emblema.

El diseño del caduceo (dos serpientes enroscadas sobre una vara central) se halla presente en el arte mesopotámico desde tiempos tan antiguos como el 3500 a.C. Siglos más tarde, los griegos añadieron alas a la vara para representar la ligereza de Hermes y colocaron un orbe o globo en su punta. Según la leyenda romana, el caduceo se creó cuando Hermes (a quien los romanos llamaban Mercurio) se encontró con dos serpientes que luchaban. Colocó su varita entre ambas, en ese momento las serpientes se reconciliaron y se enroscaron juntas a ella, y así han permanecido por siempre. En esta versión de la historia, la varita representa la armonía a través de la comunicación. Durante la Edad Media, los alquimistas como **Nicholas Flamel** creían que las serpientes representaban la unión de los contrarios.

El caduceo se usa a veces como símbolo de la profesión médica, aunque el verdadero emblema de esta profesión es el bastón de Asclepio, el dios griego de la medicina: un bastón largo con sólo una serpiente enroscada. Esta serpiente representa el rejuvenecimiento, porque las serpientes mudan anualmente de piel. Por lo tanto simboliza el rejuvenecimiento físico que aportan la medicina y la curación.

Los médicos de la Edad Media solían llevar una vara o un bastón como símbolo de su

profesión, y muchos le atribuían poderes curativos má-
gicos. Debido a los años de confusión entre el caduceo y
la vara de Asclepio, ambas varitas se asocian en la ac-
tualidad con la medicina, la curación y, en algunos lu-
gares, con garantía de salud.

Veela

Los aficionados a los deportes suelen sucumbir al hechizo de las animadoras, pero no es lo habitual que se
caigan de las gradas como Harry y Ron están a punto de
hacer cuando ven una *veela*, la cautivadora mascota del
equipo de *quidditch* búlgaro.

Las *veelas*, espíritus femeninos del folklore del este
de Europa, son criaturas capaces de metamorfosearse
que habitan en bosques, lagos, montañas y nubes. En su
forma animal pueden ser cisnes, caballos, halcones, serpientes o lobos, pero son más atractivas y peligrosas en
forma humana: hermosas jóvenes de melena larga y suelta que visten nebulosas túnicas y bailan bajo la luz de la
luna en verano. Los jóvenes que caen bajo su influjo
pierden la razón: se aturden y olvidan comer, beber y
dormir, a menudo durante días. Cualquiera lo suficientemente desafortunado como para ver un baile de *veelas*
tendrá que unirse a ellas y bailar, bailar y bailar hasta
morir de agotamiento. Y aquel que pise un círculo de
hada, el círculo de hierba pisoteada por las *veelas* cuando bailan, tendrá a buen seguro mala suerte o enferma-

rá. Aunque las *veelas* pueden ser bondadosas con los humanos y compartir con ellos sus dones curativos y proféticos, son muy temperamentales. No tolerarán que se les mienta o se les engañe, y pueden infligir castigos terribles, en especial a quien incumple una promesa.

En algunas tradiciones, se sabe de *veelas* que se han casado con humanos, y han fundado una familia y criado hijos, por lo visto sin ningún efecto perjudicial para ninguna de ambas especies. Fleur Delacour, la campeona del Torneo de los Tres Magos de Beauxbatons, tenía una abuela *veela* y parecía bastante simpática, pero no quisiéramos hacerla enfadar.

Yeti

En Nepal se le conoce como *rakshasa*, que en sánscrito significa «**demonio**». Si vives en Canadá, puedes llamarlo *sasquatch* («hombre peludo» en la lengua indígena), mientras que en los Estados Unidos es conocido simplemente como *bigfoot* («pie grande» en inglés). Su nombre correcto, sin embargo, es *yeti* y, según se dice, ha deambulado por el planeta durante milenios. Ya en el siglo IV existían relatos acerca de su existencia, y todavía continúa habiéndolos. Mucha gente asegura haber visto a uno, aunque son pocas las pruebas que indican que la criatura sea real. Pero si hay algún experto al que poder consultar sobre el tema, ése es probablemente Rubeus Hagrid, porque en la lengua tibetana *yeti* significa «criatura mágica».

Según la mayoría de las tradiciones, el clásico yeti mide entre dos y tres metros de altura, tiene los brazos muy largos, cara de mono y la nariz achatada. Los miembros jóvenes de la especie están cubiertos por una espesa capa de pelo rojo, que se vuelve negro cuando se hacen adultos. Tremendamente fuertes, se dice de ellos que son capaces de lanzar rocas como si fueran pelotas de béisbol. También se mueven a gran velocidad sobre sus grandes pies; son dos veces más rápidos que los mejores velocistas humanos. Se comunican con rugidos y silbidos. Por desgracia, el yeti no cuida demasiado su higiene personal; prácticamente todas las leyendas hacen hincapié en el hedor que desprende, al parecer tan penetrante que te corta la respiración y se te aguan los ojos.

Con una apariencia tan particular, puede parecer fácil dar con un yeti. Pero incluso el profesor Gilderoy

Lockhart, que asegura haber pasado *Un año con el yeti*, no tuvo probablemente más suerte que la mayoría de los buscadores de yetis. En primer lugar, el yeti es notablemente tímido, y centenares de expediciones que han intentado localizarle han obtenido sólo fotografías borrosas y huellas, muchas de ellas falsas. Sir Edmund Hilary, el explorador inglés que fue el primer hombre en llegar a la cima del Everest, dirigió una búsqueda intensiva de la escurridiza criatura (a la que los periodistas apodaron «abominable hombre de las nieves») por el Himalaya. Todo cuanto pudo encontrar fue una calavera enorme y algunas pisadas de un tamaño desconocido en la zapatería de tu barrio.

Además, los lugares que frecuenta el yeti son bastante inhóspitos. Alguna vez ha sido visto en partes agradables de Australia (la gente de allí los llama *yowies*), en las islas Queen Charlotte canadienses (donde son conocidos como *gogete* y se piensa que son anteriores a los humanos), en Oriente Medio y, más recientemente, en la localidad estadounidense de Spalding, Idaho. Pero en los lugares en los que la criatura prefiere vivir (las Rocosas, el Himalaya y la zona despoblada del interior de Australia), las condiciones ambientales extremas no favorecen la presencia de viajeros.

Y existe todavía un obstáculo más: el yeti no es precisamente el mejor anfitrión. Algunas historias indican que es bastante tranquilo si no se siente amenazado, pero otras describen un comportamiento agresivo con la gente. El presidente estadounidense Teddy Roosevelt contaba la anécdota de un amigo trampero que se aventuró en territorio yeti con su socio. La criatura, asustada por la fogata del campamento, había acechado desde el bosque unos cuantos días sin atreverse a acercarse a los tramperos. Finalmente superó el miedo y se abalanzó sobre ellos. Uno tuvo un destino bastante desagradable y el otro, por suerte, escapó para contarlo.

Si vagas por el Himalaya en una tarde de nieve, y ves el destello de un pelaje rojo y hueles algo que te recuerda el dulce aroma de huevos podridos, no te olvides de saludar; después de todo, estás ante una celebridad. Luego recoge tus bártulos y pon pies en polvorosa. Puede que el yeti no sea más que una amable «criatura mágica», pero la prudencia nunca está de más.

Zombi

Cuando el profesor Quirrel presume de que obtuvo su turbante como un regalo de agradecimiento por deshacerse de un molesto zombi, muchos de sus alumnos no acaban de creérselo. Primero: su inusual tocado huele a ajo, señal de que en realidad está pensado para proteger a su portador de los **vampiros**. Y segundo: el buen profesor cambia rápidamente de tema cuando se le pregunta cómo combatió al zombi. Cualquier profesor de Defensa contra las Artes Oscuras debería ser capaz de responder a eso, porque un zombi es la creación de uno de los practicantes de la magia negra más perversos: un **hechicero** vudú.

Un zombi es, básicamente, un cadáver andante, un ser que parece humano, pero que no tiene mente, ni alma, ni voluntad. Se limita a cumplir las órdenes de su creador. Incapaz de sentir dolor, miedo o remordimientos, un zombi es, por tanto, un arma muy peligrosa en manos de cualquier practicante de las **artes oscuras**.

Aunque no hay pruebas de la verdadera existencia de los zombis, las leyendas acerca de ellos abundan en los lugares donde se practica el vudú.

El vudú es un conjunto de creencias religiosas que desarrollaron los esclavos africanos llevados a Haití durante los siglos XVII y XVIII.

Los ritos mágicos son una parte esencial del vudú. Normalmente se celebran con fines curativos o de culto, pero algunas veces su finalidad es dañar a un enemigo u obtener poder. Se dice que los *bokor*, que se dedican a la magia negra, crean zombis para que les sirvan como esclavos. Según parece, a algunos zombis se les encargan las labores agrícolas o tareas de poca importancia, mientras que otros trabajan en oficinas. Los *bokor* más malvados, sin embargo, pueden utilizar a sus zombis para propósitos más perversos y usarlos para destruir las propiedades de sus enemigos o incluso cometer asesinatos.

Tradicionalmente, un *bokor* puede crear un zombi a partir de un humano vivo o de un cadáver. Según algunos relatos, el *bokor* administra a su víctima viva una **poción** que le produce un coma profundo. Creyéndola muerta, la familia la entierra. El *bokor* la saca de la tumba y, con una segunda poción, consigue que hable, camine y respire de nuevo, pero la mantiene sin voluntad propia y bajo su completo dominio.

Según otros relatos, el hechicero vudú mata a la víctima o roba algún cadáver reciente. Tras capturar el alma de la persona, que según el vudú permanece en el cuerpo, como mínimo, durante un corto período después de la muerte, el *bokor* usa **conjuros** para devolver el cadáver a la vida en forma de zombi. Sea cual sea el método utilizado, crear un zombi es un acto considerado maligno en las islas caribeñas. De hecho, las leyes vigentes en Haití equiparan la creación de un zombi al asesinato y le aplican la misma pena.

El miedo a ser convertido en zombi estuvo muy extendido en Haití durante siglos y todavía lo está. Las familias suelen enterrar a sus muertos con un cuchillo para que puedan apuñalar a un posible intruso *bokor*. Se aconseja rellenar el ataúd con semillas porque, según la tradición, el *bokor* tendrá que contarlas antes de llevarse el cadáver.

Si hay suficientes, no le dará tiempo a terminar antes de que el sol salga y no podrá llevar a cabo su ritual, porque la magia negra no funciona de día.

Deshacerse de un zombi es un verdadero problema. Aunque se dice que algunos hablan despacio, se mueven con torpeza y se comportan como unos estúpidos (de ahí la expresión «parecer un zombi»), se cree que no hay manera de distinguir un zombi bien hecho de una persona normal y que además obedece con rapidez las órdenes de su amo.

Como debe saber el profesor Quirrell (o no), algunas tradiciones tienen la creencia de que echar sal a un zombi hace que éste vuelva a la tumba (presumiblemente también libera al zombi vivo de su estupor).

Otra solución es pedir la ayuda divina. Según parece, Ghede, el dios haitiano de la muerte, detesta los zombis, y se le puede persuadir para que los vuelva a la vida devolviéndoles el alma.

Ahora bien, si eso falla, lo mejor para vencer al zombi es acabar con el *bokor* que lo creó. Como sucede con muchos seres malignos, el zombi sólo es peligroso debido a las órdenes que recibe de su amo.

Agradecimientos

La mayor parte de la información que contiene este libro se habría podido encontrar seguramente en la biblioteca de Hogwarts. Pero como este centro todavía no se ha incorporado al sistema de préstamo entre bibliotecas, hemos tenido que recurrir a las nuestras y a la generosa ayuda de algunos amigos para recopilar los hechos, las costumbres, las ideas y las ilustraciones que hemos incluido en *El diccionario del mago.*

Estamos muy agradecidos a Joyce Seltzer por su ayuda a la hora de poner este proyecto en marcha y en la dirección adecuada y por los valiosos consejos y el estímulo que nos ha proporcionado durante todo el proceso. También nos sentimos agradecidos a nuestra agente, Neeti Madan, por haber encontrado la editora perfecta en Ann Campbell, cuyo entusiasmo por el proyecto ha sido una inspiración.

Damos las gracias a Nancy Hathaway por sus contribuciones a algunas entradas y por contestar con paciencia a todas nuestras preguntas. Frank Ferrara nos ayudó mucho en la investigación sobre diversos monstruos, Bob Fisher nos orientó en cuestiones de astronomía y Rebecca Sokolovsky nos hizo de experta en la caza de brujas en Europa. Queremos expresar también nuestra admiración y gratitud a Ruby Jackson por crear las ilustraciones originales que animan estas páginas.

Queremos dejar constancia también de nuestro agradecimiento especial a tres personas: Jessica Meyerson por sus importantes contribuciones a diversas entradas y su entusiasmo ilimitado por todo lo que se relacione con Harry Potter; Bibi Wein por sus cuidadosas lecturas, excelentes consejos y apoyo inagotable, y Sheri Wilner, quien no solamente llevó a término investigaciones para entradas concretas, sino que además pasó un número incontable de horas en los archivos buscando las ilustraciones históricas que son una parte tan importante de este libro.

Finalmente, y sobre todo, damos las gracias a nuestros cónyuges, Ruby y Vaughn, por su amor, apoyo, paciencia y estímulo durante la redacción de este libro. Sin ellos no lo habríamos conseguido.

Bibliografía

ARIOSTO, LUDOVICO: *Orlando Furioso*. Editorial Planeta, Barcelona, 1988

ARROWSMITH, NANCY: *Guía de campo de las hadas y demás elfos*. J. J. de Olañeta, Palma de Mallorca, 2000.

BARBER, RICHARD, Y ANNE RICHES: *A Dictionary of Fabulous Beasts*. Boydell Press, Woodbridge, Reino Unido,1971.

BURGER, EUGENE, Y ROBERT E. NEAL: *Magic and Meaning*. Hermetic Press, Seattle, 1995.

BESTERMAN, THEODORE: *Crystal-Gazing*. University Books, New Hyde Park, 1965.

BIEDERMAN, HANS: *Diccionario de símbolos*. Paidós ibérica, Barcelona, 1993.

BRIGGS, KATHERINE M.: *An Anatomy of Puck*. Routledge & Keegan Paul, Londres, 1959.

—. *An Encyclopedia of Fairies (Hobgoblins, Brownies, Bogies & Other Supernatural Creatures)*. Pantheon, Nueva York, 1976.

—. *Nine Lives. The Folklore of Cats*. Random House, Nueva York, 1980.

BORGES, JORGE LUIS: *El libro de los seres imaginarios*. Alianza Editorial, Madrid, 1998.

BREWER, EBENEZER COBHAM: *Brewer's Dictionary of Phrase and Fable*. Henry Altemus, Filadelfia, 1898.

BUDGE, E. A. WALLIS: *Magia Egipcia*. Humanitas, Barcelona, 1988.

BULFINCH, THOMAS: *Bulfinch's Mythology*. Avenel Books, Nueva York, 1984.

BURTON, RICHARD (ed.): *Las mil y una noches según Burton*. Selección y prólogo de Jorge Luis Borges. Siruela, Madrid, 1987.

BUTLER, E. M.: *The Myth of the Magus*. Canto, Nueva York, 1993.

—. *Ritual Magic*. Pennsylvania State University Press, 1998.

CAFLIN, EDWARD Y JEFF SHERIDAN. *Street Magic*. Doubleday, Nueva York, 1977.

CARRINGTON, RICHARD: *Mermaids and Mastodons*. Rinhart & Company, Inc, Nueva York, 1957.

CAVENDISH, RICHARD: *A History of Magic*. Viking Penguin, Nueva York, 1987.

—. *The Black Arts*. The Berkeley Publishing Group, Nueva York, 1983.

—. *The Tarot*, Crecent Books, Nueva York, 1986.

—. *Man, Myth & Magic: An Illustrated Encyclopedia of the Supernatural*. The Marshall Cavendish Company, Nueva York, 1970.

—. *The Word of Ghosts and the Supernatural*. Facts on File, Nueva York, 1994.

CENZATO, ELENA Y FABIO SANTOPIETRO: *Owls. Art, Legend, History*. Little Brown, Boston, 1991.

CHRISTOPHER, MILBOURNE: *Magic, A Picture History*. Dover Publications, Nueva York, 1962.

CHRISTOPHER, MILBOURNE Y MAURINE CHRISTOPHER: *The Illustrated History of Magic*. Heinmann, Portsmouth, 1996.

CLARK, ANN: *Beasts and Bawdy. A Book of Fabulous and Fantastical Beasts*. Taplinger, Nueva York, 1975.

COHEN, DANIEL: *Magicians, Wizards, & Sorcerers*. J. B. Lippincott Company, Nueva York, 1973.

COMTE, FERNAND: *Las grandes figuras mitológicas.* Alianza Editorial, Madrid, 1994.

DALE-GREEN, PATRICIA: *The Cult of the Cat.* Houghton Mifflin, Boston, 1963.

CORTÉS, JULIO (trad.): *El Corán.* Herder, Madrid, 1987.

DODSON, AIDAN Y SALIMA IKRAM: *The Mummy in Ancient Egypt: Equipping the Dead for Eternity.* Thames and Hudson, Londres, 1998.

EVANS, E. P.: *The Criminal Prosecution and Capital Punishment of Animals.* E.P. Dutton, Nueva York, 1906.

FELTON, D.: *Haunted Greece and Rome: Ghost Stories from Classical Antiquity.* University of Texas Press, Austin, 1999.

FRAUD, BRIAN Y ALAN LEE: *Faeries.* Harry N. Abrams, Nueva York, 1978.

FRAZER, SIR JAMES GEORGE: *La rama dorada: magia y religión.* Fondo de Cultura Económica, Madrid, 1981.

GORDON, LESLEY: *Green Magic. Flowers, Plants, and Herbs in Lore and Legend.* Webb and Bower, Exeter, Reino Unido, 1977.

GIBSON, WALTER B. Y LITZKA R. GIBSON: *The Complete Illustrated Book of Divination & Prophecy.* Doubleday & Co., Nueva York, 1973.

GRAVES, ROBERT: *Los mitos griegos.* Alianza Editorial, Madrid, 1998.

GRIMAL, PIERRE (ed.): *Larousse World Mythology.* Paul Hamlyn, Ltd., Londres, 1965.

GRIMM, JACOB Y WILHELM GRIMM: *Cuentos completos de los hermanos Grimm.* Revisión y prólogo de Eduardo Valenti. Editorial Labor, Barcelona, 1976.

GUILEY, ROSEMARY ELLEN: *The Encyclopedia of Witches and Witchcraft.* Facts on File, Nueva York, 1999.

HALLIDAY, WILLIAM REGINALD: *Greek and Roman Folklore.* Cooper Square Publishers, Nueva York, 1963.

HAMILTON, EDITH: *La mitología: Grecia, Roma y el norte de Europa.* Daimon, D.L., Madrid, 1981.

HOLMGREN, VIRGINIA C.: *Owls In Folklore and Natural History.* Capra Press, Santa Bárbara, EE. UU., 1988.

HOLMYARD, E. J.: *Historia de la alquimia.* Guadiana de Publicaciones, Madrid, 1970.

HOMERO: *La Odisea.* Edición de Carlos García Gual. Editorial Espasa-Calpe, Madrid, 1999.

CRIADO, EMILIO LORENZO (ed.): *El cantar de los nibelungos.* Cátedra, Madrid, 1994.

INGERSOLL, ERNEST: *Birds in Legend, Fable, and Folklore.* Longmans, Green, and Co., Nueva York, 1923.

JORDAN, PAUL: *Riddles of the Sphinx.* New York University Press, Nueva York, 1998.

KEIGHTLEY, THOMAS: *The Fairy Mythology.* Whitacker-Treacher, Londres, 1833.

KIECKHEFER, RICHARD: *Magic in the Middle Ages.* Cambridge University Press, Cambridge, 1997.

KING, FRANCIS X.: *Magic, The Western Tradition.* Thames and Hudson Inc., Nueva York, 1975.

—. *Witchcraft and Demonology.* Exeter Books, Nueva York, 1987.

LANTIERE, JOE: *The Magician's World.* Joe Lantiere Books, Oakland, 1990.

LUCK, GEORG: *Arcana Mundi: magia y ciencias ocultas en el mundo griego y romano.* Editorial Gredos, Madrid, 1995.

MACGREGOR-MATHERS, S. L.: *The Book of the Sacred Mage of the Abra-Merlin the Mage.* The Aquarian Press, Wellingborough, 1976.

MACK, CAROL K. Y DINAH MACK: *A Field Guide to Demons, Fairies, Fallen Angels, and Other Subversive Spirits.* Henry Holt and Company, Nueva York, 1998.

MCNAMEE, GREGORY (ed.): *The Serpent's Tale. Snakes in Folklore and Literature.* The University of Georgia Press, Athens, EE. UU., 2000.

MALORY, THOMAS: *La muerte de Arturo.* 2 Vol. Prólogo de Carlos García Gual . Editorial Siruela, Madrid, 1999.

MASELLO, ROBERT: *Raising Hell. A Concise History of the Black Arts and Those Who Dared to Practice Them.* Perigee, Nueva York, 1996.

MAVEN, MAX: *Max Maven's Book of Fortunetelling.* Prentice Hall, Nueva York, 1992.

MELCHIOR-BONNET, SABINE: *Historia del espejo.* Editorial Herder, Barcelona, 1996

NIGG, JOSEPH (ed.): *The Book of Fabulous Beasts: A Treasury of Writings from Ancient Times to the Present.* Oxford University Press, Nueva York, 1999.

—. *Wonder Beasts. Tales and Lore of the Phoenix, the Griffin, the Unicorn, and the Dragon.* Libraries Unlimited, Englewood , EE. UU., 1995.

NISSENSON, MARILYN Y SUSAN JONAS: *Snake Charm.* Harry N. Abrams, Nueva York, 1995.

OGDEN, TOM: *Wizards and Sorcerers.* Facts on File, Inc., Nueva York, 1997.

OTTEN, CHARLOTTE F. (ed.): *A Lycanthropy Reader. Werewolves in Western Culture.* Syracuse University Press, Siracusa, EE. UU.,1986.

OVIDIO: *Arte de amar y Las Metamorfosis.* Editorial Vergara, Barcelona, 1967.

PETERS, EDWARD: *The Magician the Witch & the Law.* University of Pennsylvania Press, Filadelfia, 1978.

PHILLPOTTS, BEATRICE: *The Faeryland Companion.* Barnes and Noble Books, Nueva York, 1999.

PICKERING, DAVID: *Cassell Dictionary of Witchcraft.* Cassell, Londres, 1996.

PINCH, GERALDINE: *Magic in Ancient Egypt.* University of Texas Press, Austin, EE. UU., 1994.

RADFORD, E. Y M. A. RADFORD: *Encyclopedia of Superstitions.* Hutchinson and Company, Londres, 1948.

RAUSCHER, WILLIAM: *The Wand in Story and Symbol.* William Rauscher, Woodbury, EE. UU., 1998.

ROBBINS, RUSSELL HOPE: *The Encyclopedia of Witchcraft and Demonology.* Bonanza Books, Nueva York, 1981.

ROSE, CAROL: *Spirits, Fairies, Leprechauns, and Goblins. An Encyclopedia.* Norton, Nueva York, 1996.

ROWLING, J. K.: *Harry Potter y la piedra filosofal.* Editorial Salamandra, Barcelona, 2000.

—. *Harry Potter y la cámara secreta.* Editorial Salamandra, Barcelona, 2000.

—. *Harry Potter y el prisionero de Azkaban.* Editorial Salamandra, Barcelona, 2000.

—. *Harry Potter y el cáliz de fuego.* Editorial Salamandra, Barcelona, 2001.

SCOTT, REGINALD: *The Discoverie of Witchcraft.* 1584. Reedición: Dover, Nueva York, 1972.

SELIGMAN, KURT: *The History of Magic.* Pantheon Books Inc., Nueva York, 1948.

SEYMOUR, JOHN Y HARRY NELIGAN: *True Irish Ghost Stories.* Senate, Londres, 1994.

SIDKY, H.: *Witchcraft, Lycanthropy, Drugs and Disease. An Anthropological Study of the European Witch-Hunts.* Peter Lang, Nueva York, 1997.

SITWELL, SACHEVERELL: *Poltergeists.* University Books, Nueva York, 1959.

SWEENEY, MICHELLE: *Magic in the Medieval Romance.* Four Courts Press Ltd., Dublín, 2000.

TAYLOR, F. SHERWOOD: *La alquimia y los alquimistas.* AHR, Barcelona, 1954.

TESTER, JIM: *A History of Western Astrology.* Ballantine Books, Nueva York, 1987.

THOMAS, KEITH: *Religion and the Decline of Magic.* Charles Scribner's Sons, Nueva York, 1971.

—. *Man and the Natural World. A History of the Modern Sensibility.* Pantheon, Nueva York, 1983.

THRORNDIKE, LYNN A.: *History of Magic and Experimental Science.* Columbia University Press, Nueva York, 1923.

TOLSTOY, NIKOLAI: *The Quest for Merlin.* Little, Brown and Company, Nueva York, 1985.

TOULMIN, STEPHEN Y JUNE GOOFIELD: *The Fabric of Heavens*. Harper & Brothers, Nueva York, 1961.

VAN DE CASTLE, ROBERT L.: *Our Dreaming Mind*. Ballantine Books, Nueva York, 1994.

WALKER, CHARLES: *The Encyclopedia of the Occult*. Crescent Books, Nueva York, 1995.

WHYTE, T. H.: *The Book of Beasts: Being a Translation from the Latin Bestiary of the Twelfth Century*. Dover, Nueva York, 1984.

Yates, Frances A.: *Giordano Bruno y la tradición hermética*. Editorial Ariel, Barcelona, 1983.

Consultas en la red

En español

Mitos Griegos: Una página donde encontrarás toda la información relativa a la mitología griega, así como interesantes vínculos:
http://www.granavenida.com/mythos/index2.htm

Poblado Harry Poter: información sobre tu hechicero favorito:
http://www.pobladores.com/territorios/aficiones/HARRY _POTTER

La página oficial de Harry Potter: para mantenerte informado sobre las últimas novedades
http://www.scholastic.com/harrypotter/home.asp

El mundo de los monstruos: para saber todo lo relativo a monstruos de los cinco continentes:
http://members.es.tripod.de/monstruolandia/index2.html

Seres mitológicos: adéntrate en el mundo de lo fantático y lo enigmático:
http://usuarios.tripod.es/Mytos/myth.html

€n inglés

Polenth's Weir: Página dedicada a los seres mitológicos más conocidos. Su sección de enlaces es imprescindible: http://www.polenth.demon.co.uk/index.html

Gareth Long's Encyclopedia of Monsters, Mythical Creatures and Fabulous Beasts. http://webhome.idirect.com/~donlong/monsters/monsters.htm. (en inglés)

The Encyclopedia Mythica. An Encyclopedia on Mythology Folklore and Legend. M.F. Lindemans, ed. 1995-2000. http://www.pantheon.org/mythica/info/about.html.

Folklore and Mythology Electronic Texts. D. L. Ashliman, ed. University of Pittsburgh, 1996-2001. http://www.pitt.edu/~dash/folktexts.html.

Gareth Long's Encyclopedia of Monsters, Mythical Creatures and Fabulous Beasts. http://webhome.idirect.com/~donlong/monsters/monsters.htm.

Greek Mythology Link. Carlos Parada. http://www.hsa.brown.edu/~maicar.

Mything Links. An Annotated & Illustrated Collection of Worldwide Links to Mythologies, Fairy Tales & Folklore, Sacred Arts & Traditions. Kathleen Jenks, ed. http://www.mythinglinks.org.

Natural Magick. The Works and Life of John Baptist Porta. http://members.tscnet.com/pages/omard1/jportat5.html.

The Perseus Digital Library. Gregory Crane, ed. Tufts University. http://www.perseus.tufts.edu.

The Witching Hours. Medieval Through Enlightenment Period European Witch History. Shantell Powell. 1995-1999. http://shanmonster.bla-bla.com/witch/ index.html.

Fuentes de las ilustraciones

Hemos hecho todos los esfuerzos posibles para dar con los propietarios de los derechos de todas las ilustraciones. Lamentamos cualquier omisión cometida, siempre inintencionada. Nos complacería insertar el oportuno reconocimiento en siguientes ediciones de esta publicación.

Página 12. Página inicial de John Melton, *Astrologaster or the Figure-Caster*, 1620.

Página 13. Grabado del siglo XV de Israhel von Mechenen.

Página 14. Grabado del siglo XIX. Reproducido en Jim Harter, *Animals: 1419 Copyright-Free Illustrations of Mammals, Birds, Fish, Insects, Etc*, Nueva York, Dover, 1983.

Página 21. Cartas de tarot suizo inspiradas en la baraja marsellesa, ca. 1800.

Página 26. Ankh, en Ernst Lehner, *The Picture Book of Symbols*, Nueva York, William Penn Publishing, 1956.

Página 27. Ojo de Horus, en Ernst Lehner, *Symbols, Signs and Signets*, Nueva York, Dover, 1950.

Página 37. Ilustración de Yvonne Gilbert, en Katharine Briggs, *Abbey Lubbers, Banshees & Boggarts: An Illustrated Encyclopedia of Fairies*, Nueva York, Pantheon, 1979. Con permiso de Pantheon Books, una división de Random House, Inc.

Página 39. Edward Kelly y Paul Waring resucitando a los muertos en el cementerio de Walton-le-Dale. Grabado inglés del siglo XVII.

Página 43. Grabado en madera de una edición de 1513 de Macrobius, *In Somnium Scipionis*.

Página 45. Retrato de Nostradamus. Grabado de Jean Charles Pellerin, ca. 1800.

Página 51. En *The Random House College Dictionary*. Copyright © 1975 de Random House, Inc. Con autorización de Random House, Inc.

Página 55. En T. Crofton Crocker, *Fairy Legends and Traditions of the South of Ireland*, 1828.

Página 57. Basilisco, en Richard Huber, *Treasury of Fantastic and Mythological Creatures*, Nueva York, Dover, 1981.

Página 59. En Trevor Smith, *Amazing Lizards*, Londres, Dorling Kindersley, 1990.

Página 63. Anuncio del espectáculo de Claude Alexander. Copyright © 1978 de Robert Lee Jacobs. Con autorización del editor. www.LeeJacobsProductions.com, P.O. Box 363, Pomeroy, OH 45769.

Página 70. Grabado en madera en Ulrich Molitor, *De Ianijs et Phitonicius Mulieribus*, 1489.

Página 71. Bruja, en Carol Belanger Grafton, *Medieval Life Illustrations*, Nueva York, Dover, 1996.

Página 74. Grabado en madera en John Ashton, *The Devil in Britain and America*, 1896.

Página 75. Milbourne Christopher, *Magic: A Picture History*, Nueva York, Dover, 1962.

Página 79. Ilustración de Zuber, en M. Carron, *La vie exécrable de Guillemette Babin, sorcière*, 1926, Fortean Picture Library.

Página 82. En Collin De Plancy, *Dictionnaire infernal*, 1863.

Página 84. Ilustración de John D. Batton, en Joseph Jacobs, *English Fairy Tales*, Nueva York, Dover, 1967.

Página 87. Página inicial de una edición del siglo XVII del *Malleus Maleficarum*.

Página 91. Fragmento de la página inicial de *Witches Apprehended, Examined and Executed for Notable Villainies Committed by Them Both by Land and Water*. Londres, 1613.

Página 95. En Johannes Hevelius, *Firmamentum Sobiescianum sive Uranographia*, Gdansk, 1690. Por cortesía de la Linda Hall Library of Science, Engineering and Technology.

Página 97. Ilustración de Walter Crane en *Echoes of Hellas*, Londres, Marcus Ward, 1887.

Página 102. Demonio volador, en *La tentación de san Antonio*, de Martin Schongauer, 1480-90. Reproducida en Richard Huber, *Treasury of Fantastic and Mythological Creatures*, Nueva York, Dover, 1981.

Página 103. Asmodeo, de L. Breton, en Collin de Plancy, *Dictionnaire infernal*, 1863.

Página 104. Demonio con lechuzas, en *Orpheus in the Underworld*, de Pieter Brueghel el Joven, *c.* 1600, reproducido en Richard Huber, *Treasury of Fantastic and Mythological Creatures*, Nueva York, Dover, 1981.

Página 110. De un grabado alemán del siglo XV. Reproducido en Richard Huber, *Treasury of Fantastic and Mythological Creatures*, Nueva York, Dover, 1981.

Página 116. Ilustración de John D. Batton, en Joseph Jacobs, *English Fairy Tales*, Nueva York, Dover, 1967.

Página 120. Enano. Ilustración original de Ruby Jackson.

Página 126. Grabado en madera en Thomas Erastus, *Dialogues touchant le pouvoir des sorcières et de la punition qu'elles méritent*, 1579.

Página 129. Esfinge babilónica, basado en un antiguo relieve sobre piedra del Palacio Nimrud, Nineveh. Ernst and Johanna Lehner, *A Fantastic Bestiary*, Nueva York, Tudor Publishing Company, 1969.

Página 137. Grabado del siglo XIX.

Página 139. En Ernst Lehner, *Symbols, Signs and Signets*, Nueva York, Dover, 1950.

Página 147. Ilustración de John D. Batton, en Joseph Jacobs, *English Fairy Tales*, Nueva York, Dover, 1967.

Página 151. Gorra roja. Ilustración original de Ruby Jackson.

Página 153. *Grim*. Ilustración original de Ruby Jackson.

Página 154. *Grindylow*. Ilustración original de Ruby Jackson.

Página 157. En Carol Belanger Grafton, *2.001 Decorative Cuts and Ornaments*, Nueva York, Dover, 1988.

Página 160. Frances Griffiths con hadas, fotografiada por Elsie Wright en Cottingley Glen, West Yorkshire, 1917. Fortean Picture Library.

Página 161. Dibujo de T. H. Thomas para el libro de Wirt Sikes, *British Goblins: Welsh Folklore, Fairy Mythology, Legends and Traditions*, 1880. Fortean Picture Library.

Página 167. En Giambattista della Porta, *Phytognomonica*, 1588.

Página 170. Ilustración de T. H. Thomas para el libro de Wirt Sikes, *British Goblins: Welsh Folklore, Fairy Mythology, Legends and Traditions*, 1880.

Página 171. Sello italiano del siglo XVII. Reproducido en Ernst and Johanna Lehner, *A Fantastic Bestiary*, Nueva York, Tudor Publishing Company, 1969.

Página 175. Hombre lobo. Detalle de un grabado en madera, en Geiler von Kayersberg, *Die Emeis*, 1517.

Página 179. Grabado inglés del siglo XVII.

Página 181. En Ernst and Johanna Lehner, *A Fantastic Bestiary*, Nueva York, Tudor Publishing Company, 1969.

Página 182. Fragmento de grabado en madera de Alberto Durero, del siglo XVI.

Página 185. Grabado del siglo XIX de una adivina zíngara. Mary Evans Picture Library.

Página 191. Ilustración de Bill Terry para *Other Worlds*, 1950. En Peter Haining, *The Leprechaun's Kingdom*, Nueva York, Harmony Books, 1979.

Página 203. En Giambattista della Porta, *Physiognomonica*, 1588.

Página 206. Portada de una edición del siglo XVII de *Las claviculas de Salomón*.

Página 207. Página inicial de Christopher Marlowe *The Tragicall Historie of the Life and Death of Doctor Faustus*, Londres, 1631.

Página 213. Grabado del siglo XVIII de un chamán Tungus.

Página 216. Hombre ingenioso, en Larry Evans, *Illustrators' Resource File*, Nueva York, Van Nostrand Reinhold, 1984.

Página 219. Retrato de Agrippa von Nettesheim, de la página inicial de *De Occulta Philosophia*, 1533.

Página 222. Dibujo de 1404 de Joseph de Ulm. Manuscrito original conservado en la Biblioteca de la Universidad de Tubingia, Alemania. Reproducido en Milbourne Christopher, *Magic: A Picture History*, Nueva York, 1991.

Página 223. *El escamoteador*, de Hieronymus Bosch, 1480. Reproducido en Milbourne Christopher, *Magic: A Picture History*, Nueva York, 1991.

Página 226. Grabado en H. Decremps, *La magie blanche dévoilée*, 1784. Reproducido en Milbourne Christopher, *Magic: A Picture History*, Nueva York, 1991.

Página 233. En *Legendary Hex Signs*. Con permiso de Jacob Zook™ Hex Signs, P.O. Box 176, Paradise, PA 17562. www.hexsigns.com. Reservados todos los derechos.

Página 235. En Johannes de Cuba, *Hortus Sanitatis*, 1485.

Página 237. Mandrágora, de un manuscrito del siglo XII atribuido a Dioscórides.

Página 239. Mantícora, en Edward Topsell, *A History of Four-Footed Beasts*, Londres, 1658. Reproducido en Ernst and Johanna Lehner, *A Fantastic Bestiary*, Nueva York, Tudor Publishing Company, 1969.

Página 242. Grabado de W. Ridgway siguiendo un modelo de Gustave Doré.

Página 245. Momia. Ilustración original de Ruby Jackson.

Página 248. Pintura de Morgan Le Fay por Frederick Sandys, 1862-63. Fortean Picture Library.

Página 251. Dibujo del siglo XIX de Albert Poisson.

Página 253. En J. J. Manget, *Bibliotheca Chemica Curiosa*, 1702.

Página 264. En *An Alchemist at Work*, de H. Weiditz, hacia 1520.

Página 265. En Philippus Ulstadius, *Coelum Philosophorum*, París, 1544.

Página 272. En Carol Belanger Grafton, *Medieval Life Illustrations*, Nueva York, Dover, 1996.

Página 275. *Poltergeist*. The New York Public Library Picture Collection.

Página 278. Diagrama de la mano izquierda, según Jean-Baptiste Belot, 1640.

Página 280. Ilustración original de Ruby Jackson.

Página 282. Runas. Ilustración original de Ruby Jackson.

Página 285. En Michael Majer, *Scrutinium Chymicum*, 1687.

Página 293. Representación más antigua conservada de Ouroboros, del siglo XI. Ernst and Johanna Lehner, *A Fantastic Bestiary*, Nueva York, Tudor Publishing Company, 1969.

Página 296. Sibila. The New York Public Library Picture Collection.

Página 299. Sirena, en Richard Huber, *Treasury of Fantastic and Mythological Creatures*, Nueva York, Dover, 1981.

Página 300. Tritón, en Ernst and Johanna Lehner, *A Fantastic Bestiary*, Nueva York, Tudor Publishing Company, 1969.

Página 309. Talismán de Júpiter. Ilustración original de Ruby Jackson.

Página 311. *Daphne y Apolo*, grabado de Erhard Schön. The New York Public Library Picture Collection.

Página 319. Troll, en *Norwegian Folktales* de Peter Christen Asbjørnsen y Jørgen Moe. Copyright © 1982. Ilustrado por Erik Werenskiold y Theodor Kittelsen. Reproducido con autorización de Pantheon Books, una división de Random House, Inc.

Página 321. Ilustración de Erhard Renwick en *Perigrinationes ad Terram Sanctum*, 1486.

Página 325. En Peter Pomet, *Histoire des drogues*, 1694.

Página 326. Vampiro. Ilustración original de Ruby Jackson.

Página 330 izqda. Carta del Tarot de Marsella, (c) 1996, Reproducido con permiso de U.S. Games Systems, Inc. Stamford, CT 06902 / Carta Muni, Turnhout, Bélgica.

Página 330 dcha. Carta del Tarot Rider-Waite Deck® Copyright © 1971. Reproducido con permiso de U.S. Games Systems, Inc. Stamford, CT 06902.

Página 333. Rey con cetro, en Jacobus De Teramo, *Das Buch Belial*, 1473.

Página 334. Mercurio con su caduceo, de la página inicial de *The Merchant's Avizo*, Londres, 1616.

Página 336. *Veela*. Ilustración de Ruby Jackson, según un modelo de Ivan Bilibine.

Página 338. Ilustración de Harry Trumbore, en Loren Coleman y Patrick Huyghe, *The Field Guide to Bigfoot, Yeti and Other Mystery Primates Worldwide*, Nueva York, Avon Books, 1999.

Índice

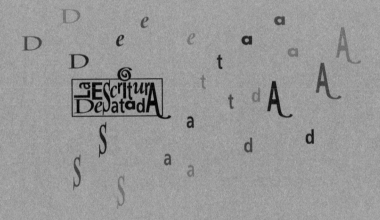